U0611072

"十四五"国家重点图书出版规划项目

国家出版基金项目

国家出版基金项目
NATIONAL PUBLICATION FOUNDATION

百年中国播音史

高国庆 主编

百年中国播音教育发展史

马玉坤 著

九州出版社 JIUZHOUPRESS 全国百佳图书出版单位

图书在版编目（CIP）数据

百年中国播音教育发展史／马玉坤著 . -- 北京：
九州出版社，2024.3

（百年中国播音史／高国庆主编）

ISBN 978-7-5225-2691-1

Ⅰ.①百… Ⅱ.①马… Ⅲ.①播音—教育史—中国
Ⅳ.①G222.2

中国国家版本馆 CIP 数据核字（2024）第 055018 号

百年中国播音教育发展史

作　　者　马玉坤　著
策划编辑　云岩涛
责任编辑　周红斌
封面题字　程奎东
封面设计　张万兴　李永刚
篆　　刻　武生明
出版发行　九州出版社
地　　址　北京市西城区阜外大街甲 35 号（100037）
发行电话　（010）68992190/3/5/6
网　　址　www.jiuzhoupress.com
印　　刷　鑫艺佳利（天津）印刷有限公司
开　　本　710 毫米×1000 毫米　　　16 开
印　　张　19.25
字　　数　280 千字
版　　次　2024 年 3 月第 1 版
印　　次　2024 年 11 月第 1 次印刷
书　　号　ISBN 978-7-5225-2691-1
定　　价　108.00 元

★版权所有　　侵权必究★

《百年中国播音史》编委会

学术顾问：杜晓红　曾　致
实践顾问：方　亮　蒋红梅

主　　　编：高国庆
编委会成员：詹晨林　罗景昕　高国庆　马玉坤
　　　　　　　曾　致　陈晓兵　秦　霄　张嘉宇
　　　　　　　陈枻豪　宋雨潼　赵文丽　邱　蔚
　　　　　　　王　贞　刘兴宇　张　伟　王一婷
　　　　　　　周雯雯　史华平

作者简介

马玉坤,四川传媒学院有声语言艺术学院院长、山西传媒学院播音主持学院名誉院长,中国传媒大学播音主持艺术学院原副院长。

总　序

高国庆

自中国第一座广播电台于 1923 年 1 月开始播音,到 2023 年,中国播音走过整整 100 年的发展历程。播音是现代科技的产物,在近现代百年中国历史的巨变中,播音既是参与者、见证者,也是时代社会发展的推动因素。

"百年中国播音史"以中国近现代百年历史为研究背景,梳理、总结并研究了中国播音在风云激荡的一百年里发生、发展的自身逻辑、历史动力、社会动力、行业动力、技术动力,以及整个过程中代表性人物所发挥的作用等。"百年中国播音史"对我国播音百年历史进行了学理性的总结,展现了播音传播知识和信息、开展宣传、提供娱乐,以及规范语言文字、开展口语表达教育、提高全民族的语言表达能力,甚至建立现代国家声音形象、传播中华优秀传统文化、讲好中国故事等立体功能的全方位发展变化。

本项目包括《百年中国播音事业发展史》《百年中国播音创作发展史》《百年中国播音学术发展史》《百年中国播音教育发展史》《百年中国播音文献史料集成》(含《20 世纪中国播音学研究论著集成》《民国时期播音研究史料集》),从五个各具特色的方向分别进行研究。本项目从通史的整体研究视域出发,以专题史的研究视角切入,以系列专题史的方式呈现,构建百年中国播音史。

2020 年,"百年中国播音史"选题由中国传媒大学播音主持艺术学院马玉坤教授与浙江传媒学院播音主持艺术学院高国庆研究员正式在九州出版社立项,同年入选国家社科基金重大项目招标选题,这是播音学术研究选题第一次被列为国家社科基金重大招标项目。2021年,"百年中国播音史"入选"十四五"时期国家重点图书出版专项规划,这是播音类图书第一次入选国家出版专项规划。2023年,"百年中国播音史"入选国家出版基金资助项目,这是播音类图书第一次受到国家出版基金资助。

　　"百年中国播音史"是对我国百年播音历史的总结,客观而言,难免挂一漏万,恳请方家指正,同时寄望更多志同道合的学人,在张颂先生构建的播音学学术框架下,相互扶助,共同完善对中国播音史的研究,推动中国播音学进一步繁荣发展。

目　录

第三编　播音教育的特殊性

引言:播音教育与语言、传播、艺术及其他

　　播音与现代无线电广播同步诞生,可以说播音是现代科技的产物,因此,播音就同大众传播、同新闻学建立了天然的直接联系;播音是以有声语言——也就是口语——作为最基本的传播工具,但它以最古老的语言传播着现代文明。所谓最古老的语言,既是指具有几千年书写历史的汉语,也是指具有十万年以上历史的口语,①因此,播音就与语言学发生了密切的关系。播音是运用有声语言来进行传播的,当运用多种多样的方法使这种传播更有效率、效果更好,使人的语音和表达的方法更具有技巧性和艺术性时,播音就与艺术发生了密切的联系。换句话来说,播音是以"说",也就是口语的形态呈现的,因此,作为声音的艺术、表达的艺术,它就开启了对语音,对有声语言,对"说"的方式方法的讲究和研究。总而言之,播音,说到底是用口语、通过艺术的方式传播的文化,播音同文化紧紧地联系在一起,因此,如何运用有声语言来传播文化成为播音教育的重要课题。由此,播音教育也就同新闻传播教育,同语言教育,同艺术教育,同文化紧密地结合在了一起。

　　历史的发展往往有许多意想不到的拐点,这些拐点,有的是具有发展逻辑的,而有些则是莫名其妙的。就拿语言来说,从语言本身的"说"和"写"来看,虽然"说"(口语)的历史要比"写"(文字)的历史几乎长出十或几十倍,

---

　　① 《语言本能》一书的作者史蒂芬·平克认为,人类的语言必然经历过一个极其漫长的发展过程,时间大约是 700 万至 500 万年前,即人类与黑猩猩分道扬镳之后,人类开始有了"语言"。

但是在科学技术的作用下,语言的发展却拐向了"写"的方向,于是,"写"后来居上——从书写工具到文字的书写字体,从书写的各种内容到书写的各种文体,发展出了若干个文化艺术系列。如书写工具的"笔、墨、纸、砚",书写字体的"行、草、篆、隶",书写内容的事无巨细、包罗万象,写作文体的"诗、辞、歌、赋"等,浩若星辰,蔚为大观。而"说"因为无法保存、无法跨越时空交流,则一蹶不振,几乎退出庙堂,退出社会语言运用的主流,隐居市井江湖了。这当然和科学技术的发展有直接关系,也基本符合事物发展的逻辑。

传播在人类社会发展的历程中,同样经历了丰富多彩的发展变化。从文字符号的传播到图像传播,从影像传播再到今天的声音传播,无论从传播行为的本身来说,还是从传播研究的角度来说,无不经历了由繁到简、由难到易的过程,特别是在当下,在现代科学技术的强力推动下,以有声语言表达为代表的声音传播,以其简洁、快速、准确、直接,情感化、个性化、人性化等一系列无可替代和比拟的优势,越来越受到关注和重视,从学习、应用到研究,呈现出如火如荼的局面。可以预见,关于有声语言表达的声音传播的教育和研究,既是未来播音教育的重要内容,也是传播学研究的重要方向,更预示着社会语言运用和人工智能语言发展的广阔空间。

从同是人类声音艺术的"声乐"和"有声语言"来说,声音艺术的发展同样拐向了声乐,经过几千年的创造、发展、完善,声乐已经成长为枝繁叶茂、独特的、独立的纯粹艺术表现形式。无论是演唱方法和演唱技巧,还是灿若繁星的声乐演唱艺术家;无论是演唱的风格流派,还是丰富多彩的声乐艺术作品;无论是歌唱人才选拔和培养机制,还是声乐艺术教育、声乐理论研究、声乐艺术实践,都取得了系统的、全方位的、卓有成效的、举世公认的艺术成就。而有声语言,在经历了历史上曾经的辉煌之后,在此后的近两千年的历史发展中几乎被湮没。无论是在社会语言运用的主流范围内,还是在艺术表达的范畴之内;无论是在语言艺术运用理论研究方面,还是在语言艺术运用实践方面,都难觅有声语言表达的踪迹。有声语言似乎仅存在于日常生活的交流交际范围,仅有限地存在于勾栏瓦舍、下里巴人之间,更遑论代表性艺术家、代表性作品、风格流派和理论研究。

但历史的发展,现代科学技术的进步,跨越千年,把历史与现实再一次联系在一起,使人们重新认识有声语言,重新认识声音的另一种艺术——有声语言表达艺术,进而重新认识语言及有声语言的学习教育。而播音教育就是在这历史的关键时刻担当起了这一历史的重任——在时隔近两千年之后,为历史也为现实补上了这一堂失落近两千年的"说"的口语语言教育课。播音教育既创建了一个崭新的专业和学科,又使我们跨越千年重新认识语言和语言教育,使语言从"说"的角度重新回到社会语言运用的主流地位,并且探讨了有声语言表达的基本规律,在语言学历史上,第一次创建了有声语言表达的基本理论体系,为有声语言表达创造建立了基本的标准、规范和实践范式,为今后在文字书写的"文体"表达的基础上,进一步建立口语表达的"语体"奠定了良好的发展开端和坚实的发展基础。

⊙ 第一编　播音教育的学科历史渊源 ⊙

　　播音,是现代广播诞生之后出现的一种运用口语——有声语言——表情达意、传递信息的创造性活动,如同声乐艺术一样,是人类所独有的一种用自己的声音创造的艺术形式。

　　播音教育,是对播音这一有声语言创作实践活动基本规律和特点的理论总结和系统的专业教育。简言之,播音教育是对如何运用声音——有声语言——进行信息传播活动的专业教育,是对声音——语音——的认识、理解和运用的系统专业教育。

　　声音,广泛地存在于大自然中,风声、雨声、雷声,以及其他的自然声响等,但它们都不代表任何的意义;声音,还普遍地存在于动物的叫声之中,龙吟、虎啸、狮吼、猿啼、小鸟啁啾、燕子呢喃等,无论是虚拟的还是现实中存在的,这些叫声使得动物的声音具有了一定的、简单的意义。但是,由于动物四肢着地,在抬头观察前方的时候,嘴和喉头处于一条直线的基本状态,发声受到限制,因此,只能发出单调的声音,难以表达复杂的情感和内容。

　　声音,最终在人类成长、发展的呐喊声中,开始变得复杂、丰富、多彩,变得有目的、有内容、有意义、有情感。由此诞生了人类的语言——口语,也就是今天我们所说的“有声语言”。远古的先人把声音转换创造成了语音,以至于后人在给“语音”这个概念下定义时,依然下意识地在区分声音和语音的不同,并揭示了语音的本质特点:“由人所发出的、具有一定意义的声音叫语音。”语言是人类最伟大的发明和创造,是人类区别于其他任何动物的最显著的标志。人类之所以能够发出并最终发明和创造出语音,其重要原因之一在于人的直立行走。有专家研究认为:人类由于直立行走,使得口腔和喉头之间形成了一个近乎90度的角度,这就彻底改变了发声的环境和条件,使气流的呼出和声音的发出之间产生了一定的阻碍,为发出各种代表不同意义的声音奠定了生理基础。从这一刻起,人类发出的声音便具有了具体的意义,并在发展中使声音具有了完整的、丰富的内涵意义和表达方法。

播音教育从它诞生的那一刻起,就强调内容表达的准确、规范,强调表达方法的丰富、多样,强调正确的创作理念,重视对内容的理解,重视表达的艺术性,重视传播的最终效果,并且强调和突出它的独立价值,强调理论话语构建的独创性和中国特色,因而使其具有鲜明的中国特色,鲜明的文化价值、传播价值和艺术价值。

从语言学的角度来讲,首先,关于语言,前辈的专家学者从"写"的角度已做出了汗牛充栋的研究成果,而播音则是从"说"的角度开始了近乎史无前例的语言研究和实践,并以此在国内外创造性地建立了以有声语言为研究对象的新学科——中国播音学。其次,播音教育在时隔近两千年之后,重新开始了口语表达的教育,从"说"的方面补上了语言教育、语言学习、语言应用的另一面。最后,在现当代汉语规范化的建设发展上,在普通话的推广普及上,播音及播音教育也做出了巨大的贡献。

从传播学的角度来讲,播音借助现代科技开启了声音传播——有声语言传播的崭新时代。首先,有声语言的真实感带来的直观性、感染性的传播效果,是文字、图像等传播所无法比拟的。其次,有声语言的优越性也是文字、图像等传播所无法比拟的。例如,不识字的文盲可以听得懂广播里的有声语言传播,这使得传播的到达率和传播范围大大增强和扩大。

从艺术的角度来讲,首先,播音从一开始就不仅仅局限于一般意义上的信息传播,而是着眼于传播的效果,因此强调传播的艺术性,强调有声语言表达的创造性。正是从创造性出发,建立起播音有声语言表达正确的创作观念、创作道路、创作原则、创作方法、创作目的等一系列创作要求,使播音作为一个独立的专业和学科发展起来。其次,播音作为有声语言的表达,为使传播效果实现最大化,就要从有声语言表达的方式方法上下功夫,艺术的表达就需要一系列方法和技巧的学习训练,这使得播音教育具有了艺术教育的特性。

因此,播音教育,不仅仅只是有声语言表达技巧的学习,也不仅仅是理解文本的学习,更重要的是一种文化的学习。说到底,播音表达是一种文化的表达,播音教育是文化的教育。

第一章　从语言"说"和"写"的历史发展说起

　　语言起源于"说",发展于"写","说"和"写"相当于一枚硬币的两面。语言作为一个整体,"说"和"写"应该均衡发展,比翼齐飞,然而事实却无情地告诉我们,在语言发展的历史过程中,"说"和"写"的发展是极其不平衡的。

第一节　语言是从"说"开始的

　　人类的语言是从"说"开始的,"说"在人类社会的发展历程中经历了漫长的时间。根据语言学家的研究和估计,人类使用口语的历史大约有八万—十万年。而考古学家从距今 30 万—10 万年前的智人的生活遗迹考古发掘里,发现有巨兽的骨化石遗存,并据此推测如此巨兽的猎捕非群体不能,必须要有语言来进行指挥、沟通、协调,说明在这个时候人类已经开始有了相对熟练的语言交流。也就是说,考古学家认为人类使用口语的历史至少应该有三十万年左右的时间。恩格斯从另一个角度阐明了语言的诞生,他说:"随着社会的发展,人和人之间到了有些什么非说不可的地步,这时候语言便产生了。"①这"非说不可"与"群体猎捕"既是生存需要,也是社会发

---

　　①　恩格斯.马克思恩格斯选集[M].中共中央翻译局,译.北京:人民出版社,1972:510.

展的必然。虽然这些问题还有待进一步的探索,但它至少已经说明人类运用口语的历史,至今已有最少 10 万年的历史。

虽然口语的历史要比书面语的历史长得多,口语在社会中占据主流地位的历史也要比书面语长得多,但它的发展毕竟受到许多制约,例如,口语只能共时地存在于一个时空中,交际交流的范围受到时间、空间的制约;例如,口语无法保存,不能跨越时空交流,更谈不上跨时空传播,等等。文字刚刚诞生的时候,由于书写的困难,口语的方便快捷、直截了当,鲜活的表达和生动的感染力,使它依然占有优势地位。但随着与书写有关的笔墨纸砚的发明和制造技术的快速进步,书写的方便和普及程度迅速提高,书写的语言可以保留和跨时空交流、传播的优势日益突出,口语的社会主流地位随之迅速下降,逐渐被边缘化,直至"开科取士",官方制度性地确立了"书写"的正统地位,书写的语言迅速发展,而口语的"说"则几乎完全失去了官方和公共使用的地位。"说"为什么没有发展起来,完全取决于技术原因:口语无法保留、无法跨时空交流和传播,而书写的文字既可以保留,又可以跨时空交流、传播,因而说出的话随风飘散,无影无踪,而写下的文字则刻骨留痕、万世留存。由此,我们认为,所谓"重文轻语"并不是完全人为的结果,而实在是由于科学技术的发展带来的制约和社会现实因素的影响。当然,在这一发展过程中或多或少也存在人为影响的因素,如开科取士等。

一、"说"的辉煌时期

"说"在经历了至少十万年之后,终于进入了其历史发展的辉煌时期。这个时期,在中国被叫作先秦时期,在欧洲则是古希腊罗马时期。德国哲学家雅思贝尔斯把这个时期称作人类的"轴心时代",大约公元前 2500 年—2200 年之间。这个时期对于人类来说至关重要,因为包含东西方在内的人类的原创思想都诞生在这个时期。在东方以中国的孔子、老子,印度的释迦牟尼等为代表,在西方以苏格拉底、亚里士多德、柏拉图等为代表。对于语言来说,这个时代虽然文字已经诞生,但是,由于书写的困难,口语依然独行天下,甚至独霸天下。因而,这个时代是口语表达的时代,是口语建功立业的时代,也是口语最辉煌的黄金时代。

在中国历史上口语最辉煌的是两千多年前的先秦时期,当一部分人在吃力地往骨头上刻字的时候,另外一部分人则坐着马车等交通工具,带着理想、带着学问、带着安邦定国之策、带着门生故吏周游列国,凭着三寸不烂之舌,向各国国君宣讲他们的思想、政治主张、改革发展大计。在那时,面对面地说,慷慨激昂;面对面地交流,唇枪舌剑。听一个人或激情四射,或苦口婆心,或据理力争,或滔滔雄辩地当面陈述,那思想的锐利、政治的智慧、语言的犀利、语气的铿锵、态度的诚恳、情绪的感染,远远要比看书面文字来得更直接、更有力、更能穿透人心。所以,"说"得好要远远优于"写"得好。孔子奔走列国之间,老子、庄子论道讲学,卫鞅与秦孝公连续畅谈三天三夜成就商鞅变法,苏秦、张仪合纵连横,都是"说"的功劳。孔子"述而不作",就是只说不写,而《论语》则是在他去世后,由他的弟子们经回忆编纂而成的。此外,在《左传》《战国策》《国语》《晏子春秋》等先秦典籍中,也记载了大量关于"说"的人物和事迹,但是好景不长。从东汉蔡伦优化了造纸术,纸的产量和质量大幅度提高,普及程度也大大提高,此外,还有其他方面的进步,如,笔的改进等。短短几百年间,就已经出现了旷世书法家王羲之,诞生书法家的一个重要前提是纸的普及和大量运用。由此可见科学技术带来的社会发展进步。之后,随着开科取士制度的确立,"说"除了用于日常生活的交流之外,已经完全退出了社会主流,失去了官方语言应用的地位,几乎完全沉寂了。之后的一千五百多年间,几乎没有什么关于"说"的记载和相关人物的记载,更没有关于"说"的研究。直到宋元话本说书及戏剧演出的出现,"说"才再次进入人们的视野,在一个极为有限的范围内,被屈指可数的研究者和实践者关注。

西方历史上口语的辉煌时代同样是在两千多年前的古希腊罗马时代。那时,几乎是每天早晨,在希腊城邦的街头,苏格拉底等先哲正在等待或者已经开始了热烈的、激烈的、充满智慧的辩论。英国的阿姆斯特朗在《轴心时代》一书中写道:"苏格拉底是一位石匠的儿子,长相丑陋,嘴唇向外突出,鼻子扁平而上翘,大腹便便。……尽管出身卑微,苏格拉底仍然吸引了来自雅典名门望族的一小批弟子。他们对苏格拉底大为折服,将他尊为哲学英雄。苏格拉底会同任何人进行交谈。确实,他需要对话。……与苏格拉底交谈是一种令人烦心的体验。他的朋友尼西亚斯说,凡是能在理性上引起他共鸣的人,'都有可能被他拉进辩论的漩涡……'苏格拉底形容自己是一个助产士:让真理在他的对话者心中诞生。""与孔子类似,苏格拉底也是通过讨论来教育学生的……每个人都必须在与他人的对话中探索对他来说什么是正义和善。在这样的竞赛中,他们会体验到一种启迪,使他们清醒地认识自己。""柏拉图对苏格拉底对话录的阐释充满了深切的感情,他在辩论的每一个阶段给思想以活力。……在柏拉图的对话录中,我们可以感到苏格拉底对他人产生的影响。伯里克利的侄子阿尔基比亚德似乎爱上了苏格拉底,把他看作不可思议的人物。苏格拉底会在最令人意外的时候出现。他就像森林之神西勒诺斯的小雕像,被旋开之后,里面还有一个小神像。他就像森林之神玛耳绪阿斯,他的音乐使听众如醉如痴,渴望与神灵合为一体。但苏格拉底并不需要乐器,他的言语足以触动人们的内心深处。'每当我听他讲话时,我的心都会比处于一种宗教迷狂时跳的(得)更快,眼泪会夺眶而出',阿尔基比亚德坦言。他在听叔伯伯里克利讲话时从未有过这种感受。当苏格拉底讲话时,他会使阿尔基比亚德'深感自己的卑微'。苏格拉底是世界上唯一让他感到羞愧的人。苏格拉底看上去像个小丑,吊儿郎当,爱开玩笑,和年轻男子相爱,整夜饮酒。但是,阿尔基比亚德说:'我不知道是否有人曾在他严肃的时候把他的内心打开,看到里面隐藏的珍宝。但我曾经见过一次,并发现它们是那样的神圣、优美、奇妙,以至于,简单地说,我除了一切服从苏格拉底的意志之外别无选择。'苏格拉底的言谈使他的听众充满了像在酒神节入会仪式上一般的'欢欣鼓舞'。听众感到'狂迷',仿佛濒于启蒙的边缘。"①

以上所引的几段描写,充分地说明:1.苏格拉底擅长口语表达,而且他口语表达的水平相当高超;2.苏格拉底善于通过口语表达传授自己的主张,并且说服对方;3.苏格拉底的口语表达,既有震撼人心的力量,也有抚慰心灵的

---

① [英]阿姆斯特朗.轴心时代[M].孙艳燕,白彦兵,译.上海:上海三联书店,2019:319-324.

魔力,像音乐一样潺潺流入心田,产生感人至深的精神力量。还有就是,同孔子一样,流传至今的苏格拉底的著作,都是由他的学生及其他后人记录整理的。由此可见苏格拉底的辩论语言及其内容,给辩论者和听众留下了怎样震撼人心的力量和感人至深的印象,以至于过耳不忘,很久之后还能准确、清晰地回忆起来。

二、东西方不同的政治体制决定了"说"的不同发展

从语言发展的历史来说,口语在东西方的社会发展中,曾经同步地发挥过建立人类的基本思想、推动社会进步的巨大作用。但是,由于政治体制的不同,使得口语的运用和口语的地位,在东西方走上了完全不同的道路,口语在政治生活、社会生活中的地位也完全不同。

在西方,从古希腊城邦时代开始,从苏格拉底时代开始,口语就成为政治生活和社会生活最主要的工具之一。从苏格拉底的辩论,到议会的辩论,口语表达从个人的基本能力和素质,到社会政治事务中的应用,历经两千多年传承至今。口语表达的传统,语言中"说"的能力的教育,一直延续到今天。我们可以很直观地观察到,从个人的口语运用来说,在西方的教育体制中,关于口语表达的教育一直贯穿始终,最突出的表现就是面对公众演讲的教育训练,因此,西方演讲学非常发达,关于演讲的研究著述非常多。国内的许多演讲学著述,最初也大部分是从国外引进的。从社会口语运用来说,在西方的政治制度中,议会演讲、质询、辩论的传统从来没有中断过,一个政治家最基本的从政能力是从面对公众的演讲开始的,演讲是一个政治家的基本功。大家熟知的林肯在葛底斯堡的著名演讲,丘吉尔在第二次世界大战中的著名演讲,美国黑人牧师马丁·路德金的《我有一个梦想》的著名演讲等都是生动的例子。

在东方的中国,从先秦时期的百家争鸣,从孔子、老子等诸子百家开始,虽然开启了高水平的口语表达时代,也积累了丰富的口语表达经验,并且也有对于口语表达的点滴理论思考,但是由于科学技术的制约和政治制度的不同,使得口语的发展和应用走上了与西方完全不同的道路。从技术的角

度来说,由于声音无法保留,极大地制约了口语的应用和发展,而随着造纸术的不断改进,纸张运用的普及,书写越来越方便,写的功能和地位大大提高。从政治体制的角度来讲,从隋朝开始的开科取士的文官体制的诞生和建立,等于以国家和政府的意志确定了"写"的正统和官方地位,从此,"写"正式代替"说"登上历史舞台中央,"说"逐渐退出了社会语言运用的主流地位,一直退到了语言最原始、最基本的交流、沟通的地步。

我们还可以从众多描写"说"和"写"的词语中,窥见古人有意或无意的褒贬倾向。关于"写"的描写,褒义词居多,如,妙笔生花、如椽巨笔、笔底风雷等,而关于"说"的描写,则贬义居多,如,油嘴滑舌、能说会道、鼓唇摇舌、口无遮拦、滔滔不绝、口若悬河等,这或许从某一个侧面,见证了"说"和"写"的历史现实地位。

第二节 从"写"的角度来看语言的发展

语言虽然诞生于口语,且延续的时间悠久而漫长,但语言真正的完善和发展是在文字诞生以后。下面我们从"写"的角度来看语言的发展。

人类在使用了十万多年口语后,终于在八千年前发明了文字,然后又在两千一百年前左右发明了造纸术(灞桥纸),蔡伦只是改进了造纸术,使纸的质量和产量得到了提高和扩大。毛笔,一般的说法是"蒙恬造笔",事实上毛笔的起源要早于造纸术。又过了几百年,随着书写的越来越方便和普及,"说"和"写"的地位乾坤颠倒,随着隋朝的开科取士,这种局面一直延续到今天。

一、"写"改变了语言存在的形态

首先,"写"固化了语音的表达,突破了交流沟通的时空限制,记录和保留了现实、思想和文化。文字的发明,使语言的发展发生了质的改变。随风飘散的口语,得以保留和固化。曾经的历史和当下的现实可以被保存,人和人、部落和部落之间扩大了交流，甚至可以超越时间和空间。这种交流极大地开阔了人们的视野，促进了社会的进一步快速发展，奠定了"写"的坚实地位。"写"开启了语言突飞猛进的发展历程。

其次，科学技术促进了"写"的发展，制约了"说"的进步。人类在"说"了至少约十万年之后，终于迎来了"写"的历史新时代，而这一变化是与技术的发展息息相关的。笔、墨的发明和创造，特别是纸的发明和造纸术的不断改进、提高，仅千年左右的时间，就确立了"写"的牢固历史地位。从东汉蔡伦改进和提高造纸术，纸的产量大幅度提高，纸的应用得到普及，到"书圣"王羲之横空出世，中间只隔了几百年。与口语发展的至少十万年相比，几百年只不过是历史长河中的一瞬。

二、官方制度性的规定和引导

政治体制上，从隋朝开始确立的科举考试制度，在国家的最高层面制度性地确立和保证了"写"的正统、官方和权威地位，保证了"写"的利益最大化，写得好就可以当官，就鸡犬升天。而对于"说"，从古至今的国家制度中、教育体制中、考试制度中都几乎完全被忽略了，没有明确的规定性要求。两千多年来，由于政府体制的保障——科举制度的创建和发展，使得书写的汉语或汉字得到全面发展，从此，引领语言文字发展的是"写"而不是"说"，"说"已经被彻底地边缘化了，退出了社会语言运用的主流地位，仅成为日常生活中基本的交流工具。在中国，书写对语言发展的引领，一直到二十世纪五十年代确立普通话为止，依然鲜明地表现出来。我们来看普通话定义的第三项"以典范的现代白话文著作为语法规范"，依然凸显了"写"的规范和引领作用。但是今天，在现代科学技术的推动下，随着传媒、通讯、交通的发达，有声语言的使用频率、使用范围，在社会语言运用中的地位、作用，在逐步提高，大有超越书面语言再次成为社会主流语言运用的发展势头。

三、与"写"相关的语言文化艺术形式

首先,从技术上来看书写材料的发展。从书写工具的角度来说,或者从技术上来说,几千年来围绕文字书写,我们发明、发现和发展创造了一整套的书写工具:笔、墨、纸、砚。这些书写工具又分别发展了不同层次、不同流派、不同质地、不同风格的品种,例如,笔,以湖笔最为著名;墨,以徽墨最为著名;纸,以宣纸最为著称;砚,以端砚最具价值。而这一整套书写工具本身在两千多年的发展过程中,又积淀了丰富和丰厚的文化内涵,使其自身具有文化性和艺术性。例如,笔的制作材料有羊毫、兔毫、狼毫等的不同;砚,除了端砚之外,还有红丝砚、洮砚、澄泥砚等不同产地、不同材质,以及不同的制作工艺、风格特色等。

其次,从文字书写形式的角度看书法艺术的独特发展。汉字作为象形文字,表意为主,其自身所具有的形象性,书写过程中线条的曲折繁复,为其艺术性的创造发展带来了与生俱来的便利。从文字书写的角度来说,从点横竖撇捺的总结归纳,到字体结构的规范统一,我们创造了独具中国特色的书法艺术,并形成了多种体式和流派,如,楷书、行书、行草、草书、大篆、小篆、魏碑体、汉隶等。同时还涌现了大批风格各异的书法大家,如,王羲之、王献之、柳公权、颜真卿、欧阳询、张旭、米芾、黄庭坚等,他们的作品光耀千秋,他们的影响跨越千年,一直延续至今。中国书法成为一个独特的文化现象,成为人类艺术花园中的一朵奇葩。

最后,各种文体的发展和发达。从远古的歌谣,到先秦散文;从诗词歌赋,到戏剧小说,各种文体丰富多彩、琳琅满目,数不胜数。有文体学家研究,仅中国古代就有各类文体超过千种;从文字表达的题材内容上来说,大到家国情怀、宇宙自然、英雄豪杰、亲情爱情,小到花鸟鱼虫、生活感悟、情趣爱好、诗酒茶饮,生活中所有的,无所不包,甚至可以说,只有你想不到的,没有前人没写过的。

从作者来说,历朝历代的作者可以说是灿若繁星,数不胜数,屈原、陶渊明、李白、杜甫、韩愈、柳宗元、欧阳修、苏轼及现当代作家,星河灿烂;从作品

类型和风格特点来说,有边塞诗、田园诗,有豪放派、婉约派等;先秦诸子、竹林七贤、初唐四杰、唐宋八大家、苏门四学士等都青史留名,深深影响着一代又一代的后起之秀。

从文章写作的角度来说,前人创作了浩如烟海的各类作品,历朝历代,诗词歌赋,经典名篇,多如繁星。先秦散文、两汉辞赋、唐诗宋词、元明散曲杂剧、明清小说等,数不胜数。仅保留至今的唐诗就超过五万首,宋词也超过五万首,更有不计其数的其他各类作品;精品佳作不胜枚举,历朝历代的各类选本,如《诗经》《楚辞》《昭明文选》《唐诗三百首》《古文观止》等,不仅引领和影响了当时的文坛和社会,而且其影响一直延续至今。

以上,我们总结归纳了"写"在中国两千多年的丰富多彩的发展状况。接下来,我们再来看语言的另一面"说",或叫"口语",或者用更有时代特色的说法,应该叫"有声语言表达",在这两千多年的发展变化。

第三节　语言中"说"和"写"的不平衡发展

前文所述是"说"和"写"的历史发展写照,说明这些问题,是想让大家明确,语言的发展既有自身的规律,也有技术、机制等人为因素的影响,有时产生的结果是出人意料的。值得庆幸的是,在现代科学技术的推动下,我们再次迎来了有声语言表达发展的大好历史机遇,我们要抓住这一千载难逢的发展时机,在两千年前秦始皇"书同文",今天推广普通话"语同音"的基础上,为创造有声语言表达的经典范式而努力。

"写"和"说"发展的不平衡,都有哪些具体的表现呢?

作为一枚硬币的两面,"说"和"写"的发展处于极大的不平衡状态。"写"因着制度保障等原因,发展出多种蔚为壮观的文化艺术系列,留下了叹为观止的文化艺术瑰宝,而"说"则逐渐地没落,一路后退到最基础、最本质的地位,后退到民间艺术的地位。

我们都知道,语言是由说和写两个方面共同组成的。打个比方,这就相当于人的两只手或两只脚,缺一不可,而且它们还要共同成长、协同发展、协调配合,共同发挥作用。但是,几千年的现实生活中,语言这两个方面的发展却是很不平衡的。虽然"说"的起源远远早于"写",而且在人类历史发展的过程中发挥过极其重要的作用,但是受制于科学技术的发展,前人无法将转瞬即逝的口语表达予以保存。"写"后来居上,占据了语言发展的主流地位,而且这一占就是两千多年。而这两千多年,正是人类社会突飞猛进发展的时期,于是乎,人们似乎已经忘记了在我们的语言中,还有"说"这一项技能也是需要通过学习才能得到的。于是,在社会的概念中,在教育的概念中,在语言的概念中,对一个人的启蒙,是从学会认字、写字开始,而不是从学会说话开始。但事实上,一个人学会说话比学会写字要早很多啊!这个过程与人类语言产生的过程是一致的。另外,我们对认字和说话的评价也不一样。不识字的叫文盲,不会说话的叫什么呢?没听说过"话盲""言盲""说盲"吧。事实上,不识字的文盲是听得懂别人说话的,是自己也会说话的。于是,我们的语言学习和教育就成为瘸腿的教育、偏颇的教育,就成为无声的教育。在语言教育和学习中,"写"的教育成为重中之重,占据了几乎全部的语言学习,而几乎完全忽略了"说"的学习教育,以至于我们的语文教育变成了书写的教育,变成了无声的教育,变成了不会说话更不会用有声语言表达的教育。通过学校的系统教育,我们学会了用文字来叙述、来描绘、来抒情、来议论,而我们却不会用有声语言来叙述、来描绘、来抒情、来议论,甚至在我们日常生活和工作的语言应用中,同样存在不会说话的问题。就拿最基本、最简单的例子来说:两个人见面,该怎样寒暄?面对各种不同的关系、身份、年龄、性别、民族、文化等背景,该怎样具体、得当地去把握,仔细想想这并不是一件简单容易的事,这正是我们现实生活中严重缺失的语言应用能力和令人尴尬的现实。这既是我们在以往语言教育和学习上的重大缺失,也是今后有声语言教育学习的巨大发展空间。

我们再把"说"和"写"一一来对照一下。

从制度上来看,对"说"没有相应的保障,说得好并不能像写得好那样能获得各种认可,而且社会的基本共识是,能说会道往往与油嘴滑舌,甚至巧言令色相提并论。

从技术上来看,我们能够听到的被保存下来的声音只有一百多年,这就意味着录音技术只有百余年的历史。录音技术的普遍使用,声音能够比较方便地保存、传播,只不过是近十几年的事,特别是近几年的事。录音技术只是近些年才较为彻底地平民化普及,普及到甚至需要随时防范被录音的地步。

从作品来看,写出来的经典名篇比比皆是,可"说"出来的经典名篇寥寥无几,且基本是以文字的形式被广为流传的。例如,恩格斯在马克思墓前的演说,林肯的"葛底斯堡演讲",闻一多的"最后一次演讲",还有毛泽东的"为人民服务""纪念白求恩"等著名讲话。其中还有一个原因就是,写的文章可以修改,不受技术和时空限制,而说出的成篇的话则很难修改,因为受技术和时空的制约,今天说的话录下来,到明天要修改,录出的声音和状态与之前就不一样了。

从语言表现形态来讲,"说"的基本的语言样态有说、念、诵:说——说话,话语状态;念——比说话高一级,更规范、正式的语言状态,比如朗读;诵——最高级的,是进入艺术创作、艺术表达的审美境界,在很大程度上脱离了世俗的语言状态。但事实上,这些只是一个说法,我们并没有建立起相应的、像书写的文体那样的"体式"。同时,有声语言的样态远不止这些,就拿广播语言来说吧,基本样态有新闻播音、专题(通讯)播音、评论播音、文艺播音、主持人口语等,都没有能够像文体、像书法那样建立起严格的规范和标准。在这中间,新闻播音的语言是最有鲜明特点的,也是最有希望建立第一个有声语言规范的语言样态,遗憾的是新闻播音的实践远远走在了理论研究的前面,而我们对新闻播音有声语言的认识却远远落在了后面,还没有能够准确认识到新闻播音有声语言的本质性和规律性。研究尚且远远不够,更何谈建立规范,建立有声语言口语的"语体"。所以,中国传媒大学张颂教授一再反复强调"催生有声语言的典范",任重而道远。

从有声语言表达的代表人物来讲,广播电视有齐越、夏青、林田、费寄平、潘捷这五大名播以及后来的葛兰、林如、铁城、方明、关山、陈醇等。即便从广播电视的行业角度来讲,这也与数以万计的从业者和丰富多样、色彩斑斓的语言现实极不相符。戏剧影视界,有以北京人艺等为代表的一大批艺术家,如于是之、董行佶、朱琳、周正、苏民等,以及瞿弦和、张家声、曹灿等,他们的有声语言艺术实践令人印象深刻;有以上海电影译制片厂为代表的影视配音艺术家如邱岳峰、李梓、毕克、尚华、刘广宁、乔臻、丁建华等,以及上海人艺的焦晃等,他们创作了大量脍炙人口的作品。但对他们的研究也仅限于表演,而对有声语言表达则几乎没有太多的、深入的研究,更不要说规范、流派、风格、特点了。还有像著名演讲家李燕杰,曲啸等,他们在20世纪80年代曾红极一时,但对他们的语言表达也研究得很不够。

通过以上的对比我们可以看到,有声语言和书面语言的发展是极不平衡的。两千多年来,我们只重视了书写的教育,而几乎完全忽略了"说"的教育,以至于我们的语文教育是无声的教育、是哑巴的教育。1.我们学会了用文字书写来表达思想、表达感情,但我们却不会用没有书面文字依托的有声语言来表达思想、表达感情。2.在纸上写,是间接的,当面不好说的话都可以写。而当面说,就是直接的,话该怎么说,就要考虑,这个"考虑"就是说的学问。3.写在纸上的强烈的感情,我们可以用两个、三个感叹号表示,可是通过声音如何表达呢? 是用音量,还是用音强,或是用音高,用重音,还是语气?我们就完全不知道了,这是一个很现实,也很严重的问题。所以,有声语言表达的教育,应该是今后重点发展的方向。

第四节　广播的横空出世是"说"的本质复兴

1920年11月,在美国的匹兹堡诞生了人类历史上第一座无线电广播电台,人类的声音第一次通过无线电波传向广阔的天空、传到远方无数人的耳朵里,这是人类的有声语言传播第一次发生了质的改变。此后仅仅过了两年多,1923年1月,在中国广袤大地的上空,同样响起现代无线电广播传出的声音。从此,开启了人们对有声语言口语及其有声语言表达的全新认识和实践。

一、广播对有声语言的发展和推广，从功能、效率和价值等多方面展开

第一，广播的横空出世，播音这个以有声语言表达为传播介质的岗位和职业的诞生，改变了人们对语言的基本认识，在以"写"为主的书面语言畅行了两千多年以后，书面语言的功能得到充分发挥之后，口语，也就是有声语言的功能和重要性被重新发现、重新认识。"说"通俗易懂、直截了当，"说"声情并茂、生动活泼，"说"丰富多彩、少长咸宜，"说"直抵人心。任何一个听力没有问题的人，不受时间和地点的制约，都可以毫不费力地直接接受有声语言传播的信息，都可以从中受到启迪和教育。这种传播效率和效果，对于一个当时文盲占绝大多数人口的国家和社会来说，都是一件无法估量、不可思议的成就，有声语言表达及其传播的特殊功能由此可见。

第二，从传播的角度来说，广播诞生之前，最先进的大众传播媒介是报纸，为了突出和强调报纸的实效性，人们还在日报的基础上，衍生出早报、晨报、晚报等一系列的报纸形态，以求在最短的时间内把最新的新闻传达给读者。而广播的出现，却极大地缩短了从新闻事件发生到传播给读者的时间，极大地提高了新闻信息传播的时间效率和价值。听广播成为人们获取最新新闻的首选，所以在当时广播被称作"没有距离的报纸"。

第三，由于广播传播的范围广，不受时间和空间的限制，传播的语言通俗易懂，有声语言表达的接受性强等普及性和接近性等特点，是当时中国传播知识、推广统一语言的最好的工具。在广播诞生的初期，就有一些社会有识之士敏锐地认识到广播传播以及有声语言表达将会给社会发展带来的重要作用和意义。叶圣陶就曾以《文明的利器》为题发表文章认为，广播是传播文化科学知识，传播现代文明，普及文化教育的最有利的工具，因此把它叫作文明的利器。还有人认为，"自各国推行播音教育以来，人类传播知识之方法，遂开一新纪元。我国文化落后，民智未开，文盲既极多，交通尤甚阻滞，故借印刷品传播知识之缺点在我国尤为显明，播音教育之推行在我国尤

感需要。"①"播音在新教育上已经成为一种重要的利器,普遍力再没有其他工具比它更广大更迅速,这是它的特性,也是它的价值所在。"②与此同时,为了更好地发挥广播的社会教育功能,很多社会名流、文化界、教育界等专家学者,纷纷受邀到广播电台做各种内容的专题演讲,讲解普及各类知识。为了使初次接触广播的各界人士在广播演讲时能够有更好的表现,著名语言学家赵元任专门撰写了《广播须知》,从声音、语言、形式、材料、技术、礼貌等六个方面对演讲者提出具体要求和注意事项,对第一次做广播演讲的人有极大的帮助。随后,类似于20世纪80年代的教育广播讲座也逐渐开办。

第四,广播的快速蓬勃发展,在取得重大社会效益的同时,也出现了一些不容忽视的问题。如广播语言运用的混乱、广播语言的庸俗化等,引起社会的强烈反响,也引发有识之士的思考和研究。对广播社会价值的研究,对广播功能、属性的研究,特别是对标准语的研究,对有声语言表达的研究,都吸引了当时的专家学者积极参与其中,并取得了多方面的研究成果。

关于标准语的研究和推广,著名语言学家赵元任就是其中的典型代表。他通过广播和演讲等形式积极推行国语统一运动,到南京金陵大学和戏剧学校讲中国语调问题,到当时的中央广播电台做一系列国语训练演讲,还作为考官,到中央广播电台参加对播音员的面试。他还于1922年、1934年出版了由他自己编著的《国语留声片课本》和《新国语留声片课本》,以及两版由他自己发音录制的《国语留声机片》等。

广播的发展,收听设备的不断增加,广播的社会影响力越来越大,使得社会各界对广播、对广播节目内容、对播音员的播音等,结合当时的社会环境,从广播的社会价值、审美导向等方面提出了越来越高的要求。浦娄修在《播音台与播音者之自觉》一文中就告诫播音者:"在播音者抱得人钱财与人消灾之旨,但至少亦当负一种责任,此一责任,即不欺蔽听众,不使社会蒙害。"凤娇在《播音员应知之点》一文中指出:"播音广告之优点,就在于妇孺皆知。因为妇孺皆知之故,所以播音员于说白的措辞方面,以至于所唱歌曲

① 詹行煦.一年来我国之播音教育[J].播音教育月刊,1936(1).

② 陈礼江.播音教育的本质及其使命[J].播音教育月刊,1936(1).

等等的词句方面,似乎都应加以相当的考虑,否则一种恶劣的印象给予妇孺,影响于社会风化不少。"还有《滑稽节目应速猛醒》《滴滴娇与娇滴滴》《无线电播音与社会改革》等,都对当时的以有声语言表达为代表的不良播音现象提出严厉的批评,从一个侧面表明了社会对广播及其有声语言表达的关注。

第五,还有至关重要的一点是,以广播播音为代表的有声语言对近代以来推动中国社会现代化发展所做出的贡献。这一点目前还没有被人们所认识到,也没有人从播音有声语言表达的角度来进行研究。但是我们注意到,一些专家学者已经开始关注到语言和有声语言在中国现代化进程中所发挥的作用。清华大学历史学教授王东杰在《声入心通——国语运动与现代中国》这本书中,谈到现代国语运动与国家现代化的关系是通过语言文字塑造民族国家。国语运动作为现代中国国家建构过程中的重要一环,既有文化想象的层面,也有知识分子与普通大众的参与和实践过程。作者引入社会文化史的视角,通过这一场上下合谋的文化运动,透视出现代中国国家重建的艰苦历程。值得一提的是,在国语运动中人们开始认识到"声音"的重要性:"声音可以直达人的心灵,其力量之大,可想而知。""声音的'天然性'与'自然性'也使其最能直接打动人心。"书中还特别说道:"值得注意的是,对于'声音'的注意绝非切音字运动的独家特色,而是 19 世纪末 20 世纪初开始勃兴的整个'声音文化'的共同取向。所谓声音文化,我这里特指一系列围绕着声音和口头表达形成的文化现象。其中既包括宣讲、演说、辩论、国语、无线电播音、大合唱乃至喊口号等用口头形式传播的文化……"[①]还有黄华的《语言革命的社会指向——对中国近代史的一种传播学考察》一书,对清末民初以来的切音字运动、白话文运动、国语运动进行论述,也用了相当的篇幅探讨声音对近代中国的影响。黄华从汉字·汉文的历史演变中归纳出一条线索:为何表音的维度在语言革命当中趋于逐渐突出的位置,从媒介学的角度对"声音中心主义"在语言革命中的具体呈现进行阐释,分析其背

---

① 王东杰.声入心通:国语运动与现代中国[M].北京:北京师范大学出版社,2019:139-140.

后的社会隐喻。从媒介化的视角来看"语言",提供了另一种我们认知社会历史事实的视角,即从观念的物质化实践角度了解语言的沿革是如何影响到观念的生产及表现形式,什么样的社会条件的准备促逼语言发生革命性的变化,以及书写方式的下放与社会各群体力量的沉浮有何关系,等等。北京大学的陈平原教授在《有声的中国》一书中从文化的意义上探讨了以演讲为代表的有声语言对近代中国发展进步的影响。作为"传播文明三利器"之一的演讲,从晚清时期兴起,是现代中国非常重要的文化现象之一。整个20世纪的中国,但凡有效的思想启蒙或广泛的社会动员,都离不开"演讲"这一利器。而这演讲声音的背后,有人、有文、有思想、有时代。虽然相较于文字,声音更易消失于历史的深处,但那些留存下来的珍贵演讲,那些关于演讲氛围的生动描摹,那些对于演讲现场的光影留念,都为我们复原了一个"有声"的现代中国。通过钩稽"演说"的变化,兼及阅读(文字)、倾听(声音)与观看(图像)三种触摸历史的路径,呈现出一个有声有色、有动有静的现代中国,也借以透视整个时代的政治与文化氛围。

从古文到现代白话文,从国语运动的汉语读音到有声语言的演讲,再到现代广播的有声语言播音,语言文字的通俗化发展,带来了现代新思维、新理念、新的思想意识和社会观念的通俗性的快速传播和普及,从而推动现代中国社会的快速发展。有声语言的演讲使得文化的普及更加人格化,但演讲的人际传播属性,注定它的传播范围、传播效率的有限。而广播作为大众传播媒介,作为新闻媒体,全社会最新的思想动态、科学技术、文化发展、日常生活、新鲜事物的出现,都会第一时间通过广播媒体,通过播音员的有声语言表达传播出去。这种日复一日、年复一年,日积月累,水滴石穿的影响力,在那个广播作为最先进的大众传播媒介的时代,可以想见它的无与伦比的强大功能。

二、播音主持专业对有声语言表达的开创性研究

广播作为现代科技的产物,不仅给我们展现了全新的世界,而且,在口语沉寂了两千多年之后,再次全面介入每一个人的生活,再次逐渐进入社会语言运用的主流地位。更主要的是,随着广播影响力的越来越大,人们也再

次认识到口语表达的价值,开始了对以广播播音为主要对象的口语表达的系统研究。

播音主持专业从自身的实践开始,对有声语言表达的具体方法和基本规律开启了艰苦的探索和研究,这种研究非常难得的是从业者的一种岗位自觉和职业自觉,是开创性的,是来自实践,又通过实践得到进一步检验的。更难能可贵的是,这种研究和探索,从一开始就自觉地确立了"创作"的意识和概念,使有声语言表达直接进入"创作"的高起点、高层次的状态,并由此建立了一整套有声语言艺术创作的正确道路、创作原则、创作方法等基本规律研究的理论体系。

第一,播音主持专业认识到,用声音表述、叙述、表达具体内容和情感的艰巨性、复杂性。因为这不仅仅是发声的问题、语音的问题、有声语言的问题,而是涉及发音主体的人生经验、情感、文化、专业技能等多方面的生理、心理、社会等问题。

第二,播音主持专业认识到,即便是用文字写得很清楚的一件事,用有声语言播讲出来未必就清楚,因为从文字到有声语言不是一个简单的对应和翻译过程,其中包含着有声语言发出者对文字、文本的理解、认识、情感、态度,以及表达的价值取向、审美感受、方式方法等诸多因素。

第三,播音主持专业认识到,与书面语的写作需要有一套语法规则,包括组词造句、标点符号等一样,有声语言表达也同样需要有一套相应的规则,这样一套基本规则的建立,停连、重音、语气、节奏等具体表达方法的使用,将使有声语言表达进入准确、鲜明、生动、形象的新高度和新境界。

第四,播音主持专业认识到,与书面语的写作需要不同文体一样,有声语言表达也同样需要不同的"语体",而一系列各有特色的有声语言语体的建立和表达,将使有声语言表达进入内容丰富、形式多样、多姿多彩的崭新境界。例如,新闻播音的语体、文学作品朗诵的语体等。

第五,播音主持专业认识到,有声语言表达同书面语的写作一样,同样涉及精神、思想、道德、价值的表达,同样涉及文化、审美、风格、品位等的体现。因此,播音员、主持人的主体性问题,是值得高度重视的。

第六,播音主持专业认识到,有声语言的发出是有目的、有对象、有情感、有条理、有语境的。因此，对接受主体的了解和认识，也就是对传播对象的了解和认识，是从业人员做好工作的重要方面，也是播音主持工作的重要组成部分。

有声语言表达理论就是在这样不断认识的基础上，逐渐发展建立起来的。有声语言表达理论研究的就是如何用声音来叙述内容、表达情感、体现精神气质，最终实现文化的传播和传承的。

现代社会的发展给"说"开辟了全新的、全方位的发展天地，我们或将再次进入以"说"为主的有声语言应用时代。

第二章 从中国古代的语言教育说起

在我国古代,专门的、系统的语言教育学习几乎难觅踪影,这当然和语言本身的发展和语言学科的建立和发展有直接的密切关系,也与我们的语言观念有直接关系,同时,也与口语和书面语发展的不平衡有直接关系。但从我们所见的与语言相关的零散、片段的历史记载来看,我国古代的语言教育学习在某些局部的范围内,以不同的形式或侧重点伴生在其他的学习中持续地存在着,其学习的基本内容,同我们前面所讲到的语言的起源和发展过程基本是相一致的,也就是说,在先秦时期的语言教育学习,以"说"的有声语言表达为主,其后,随着科学技术的发展推动语言文字"写"的发展,有声语言逐渐退缩,书写的语言教育逐渐成为主流,并由此逐渐形成自两汉以来中华传统文化中重眼学轻耳学的特点,"说"的有声语言表达在夹缝中艰难地生存着。

第一节 "说"和"唱"是古代人类创造的
两种声音艺术形式

我们现在所能见到的最早的关于语言的教育的记载见于《周礼》:"大司乐,以乐语教国子,兴、道、讽、诵、言、语。"这句话的意思是说:宫中的教师在用可以配合着音乐来歌唱的语言教授贵族子弟学习,主要有兴、道、讽、诵、言、语六种方法。今天看来,可以说,这六种方法主要都是有声语言表达的方法,这其中表现出两个鲜明的特点:一是所有的内容都是可以配合着音乐歌唱的,表明语言文字的韵律感和节奏感;二是表明了有声语言表达的不同样态,类似于说、念、诵等的不同语言形态。很多研究朗诵艺术的专家学者,大多也都把朗诵的起源确定于此。因为"诵"的有声语言形态是朗诵艺术的最显著特征或基本属性。朗诵艺术就是以有声语言的二度创作为主要手段,以"诵"的语言形态将书写的文字作品创造性地转换成有声语言作品,并将其准确、鲜明、生动、形象地传达给受众的一种有声语言创造性艺术活动。在这一过程中浸透了创作者对原作的准确、深入的理解和感受,融入了创作者全部的人生经历和感悟,完美地体现了创作者对有声语言表达能力的驾驭和对表达技巧的运用。由此,也表明朗诵艺术具有悠久的历史传统。

迄今为止,人类用自己的声音创造的艺术只有两类:一类是声乐艺术;一类就是有声语言表达艺术。音乐史家认为,语言起源和音乐萌芽,大约在一百万年以前。而语言学家从考古学家的发掘中推测,根据生活在距今30万—10万年前的智人的生活遗迹里发现的巨兽的骨化石,推测那时已有群体猎捕,需要通过语言来进行指挥、沟通,这个时候的人开始使用语言。虽然这些问题无论从音乐史还是从语言史都有待进一步的探索和研究,但它至少已经表明,人类用声音创造艺术的历史,至今已有至少10万年以上的历史。但是,由于历史的、科技的、认知的等多种原因,这两类艺术表现形式,无论是从各自的发展和所取得的成就来说,还是人们对它的认知和研究来说,在人类社会中的地位却截然不同。声乐,早已脱离世俗生活,进入高雅的艺术殿堂,成为一种独立的、成熟的艺术形式;而以朗诵为代表的有声语言艺术,虽然一直伴随着人类发展、成长的脚步,也曾在不同的历史时期发挥过应有的作用,但至今还在通往艺术的道路上苦苦追寻、艰难跋涉。造成这种现状的原因,是人们对这两类艺术在实践和认识上存在着巨大的差异。

从实践上来看,声乐经过几千年甚至上万年的发展,声乐艺术以其鲜明的区分性,丰富的表现力、感染力,以及演唱的艺术魅力和吸引力,已经成长为成熟的、独具特色、雅俗共赏的并被全人类普遍接受的艺术形式。各种演唱流派异彩纷呈,各类声乐作品琳琅满目,声乐艺术家层出不穷,声乐艺术教学和实践绵延千年不断。我们从两千多年前先秦典籍的记载,来领略古代歌唱家的风采和他们超群绝伦的演唱技巧。我国古代先秦时期的典籍《列子·汤问篇》中有这样一段记载："薛谭学讴于秦青，未穷青之技，自谓尽之，遂辞归。秦青弗止。饯于郊衢，抚节悲歌，声振林木，响遏行云。薛谭乃谢求反，终身不敢言归。秦青顾谓其友曰：'昔韩娥东之齐，匮粮，过雍门，鬻歌假食。既去而余音绕梁欐，三日不绝，左右以其人弗去。'"这段记载讲了两位歌唱家的故事：一个名叫薛谭的学生，向当时著名的歌唱家秦青学习唱歌，还没学会多少唱歌技巧，就自以为已经完全学会了，便要结束学业回家。秦青也没有挽留，就在城外的大路旁设宴为他饯行，席间秦青敲起音乐的节拍，放声高唱，嘹亮的歌声振动了四周的林木，直冲云霄，把飘动的流云都拦住了。薛谭听了之后，立即向老师认错，请求返回重新学习，从此一辈子也不敢说回家的事了。这也就是成语"响遏行云"的来历。接着，秦青回头对他的朋友说："从前有一个歌唱家叫韩娥，东去齐国，路上带的干粮吃完了，路过雍城的时候，就靠卖唱换了一些食物。她走了以后，歌声的余音还在梁上久久萦绕，三天不断，附近的居民还以为她没走呢。"这就是成语"余音绕梁"的来历。

　　从这两个音乐家的故事中，我们可以鲜明地感受到，在两千多年前中国的声乐艺术已经具有多么高的水平。文学的描写难免有夸张的成分，但我们仍然可以感受到他们的发声能力和演唱技巧的感染力。从这一段记载中，我们还可以感受到我国古人对人声的独特理解和认识，对用人声表达情感的认识和运用，以及对人声表现力的技术性开发和实践运用，都达到了前所未有的高度和超前性。

　　而作为有声语言表达"说"的重要方面的朗诵，或者说重要的一极，虽然我们也能追溯到它久远的历史，虽然在历史的发展中也曾有过相当辉煌的成就，虽然也曾在政治、军事、文化、艺术等方面发挥过它独特的作用，也一直是深受人们喜爱的艺术表现形式，但是，由于科学技术等多种原因，有声语言表达在历史的长河中时隐时现，在日常生活的交际和艺术表达之间不断变换发展的身姿，却始终难舍难离、纠缠不清，始终没有发展成为真正的、独立的艺术形式，至今仍然在探索的路上艰难前行，更何谈流派、风格、代表作品和代表艺术家。

从认识上来看,声乐艺术和朗诵艺术虽然都是用人的声音进行创作和表达,但是,由于它们的表现形态不同,影响到人们对两者同是声音艺术而产生的不同认识:第一,声乐艺术中的歌唱能力是很难自然生成的,必须经过特殊的训练才能提升,而朗诵的言语能力有一部分是在社会环境中自然生成、发展的,一些基本声音条件较好,具备一定理解、感悟能力的人,甚至不需要特殊训练就能提高。第二,声乐艺术虽然也是源于生活,但它对生活的表现具有一定的抽象性,或者说离生活中的自然状态有一定的距离,许多方面已经超出了生活中自然状态的范围,在表现的时候有一定的难度,如超越生活中自然状态的特殊的发音能力、高音的演唱能力等,这些是需要对演唱者进行特殊的训练才能形成的,因而人们以为这样的表现是需要特殊能力的,是艺术的。而朗诵等有声语言艺术表达,虽然也是源于生活,但它对生活的反映和表现恰恰是相对写实的。一方面,在人们约定俗成的概念中,并不认为有声语言表达能力是需要像声乐那样经过训练才能形成的。另一方面,由于有声语言表达与人们日常生活中自然言语的状态离得太近,特别是那些语言表达能力较强的人,他们有声语言表达的状态和生活中的言语状态几乎就是一致的,以至于人们有时很难区分哪些是完全自然的状态,哪些是经过训练才能达到的艺术表达的状态。作为一种艺术表现形式,它与日常生活中自然的状态太相接近,使人几乎无法区分,因此,人们往往容易鄙薄和轻视有声语言表达的艺术性和训练的作用,不认同有声语言表达是艺术。第三,声乐表达具有夸张的性质,声乐表现的张力、感染力也远远大于朗诵等有声语言表达的张力。换句话来说,声乐表达的用声状态,离生活中的发声状态越有距离,艺术性便表现得越强,越能得到人们的认可。而朗诵的有声语言状态,与生活状态越接近,人们的接受感就越强,就越真实。反之,稍有疏离,就会有虚假、造作之感,听者就难以接受。第四,声乐艺术演唱有严格的量化指标,音高、节拍等都是绝对指标,都有严格的规定,要按写好的歌谱来唱。而有声语言表达则是相对质化的指标和总体判断,音高、语气、节奏等都是相对指标,虽有基本的创作要求、表达方法,但也是见仁见智,难以达到绝对的要求。

第二节 有声语言表达的运用实践表明语言教育的存在

我们日常生活、学习和工作中接触或运用到的语言,实际上是以两种形式出现在我们面前的:一种是口语,一种是书面语。书面语不是我们今天要关注的内容,暂且略去不说。我们主要关注口语,也就是有声语言表达。

要讲口语或有声语言表达,我们先要给口语确定一个基本概念,有一个基本了解。口语或者叫作有声语言,按照我们今天对语言的认识,从口语使用的具体场景、范围来说,至少可以划分为四个大的范畴。

1.以人际交流为主要表现形式的私域(私人领域)有声语言交际、交流活动。这是本能的、最基本的人类需求。生活中自然的交流,包括家庭、亲友、邻里、同事、朋友等。

2.以人际交流为主要表现形式的公域(公众领域)有声语言交际、交流活动。这也是人类基本的但是更高一级的需求。包括社会各行业、各阶层、各种语境下的有声语言交际活动,包括政务口语表达(就职演说、讲话、谈话、新闻发言等)、商务口语表达(包括谈判、交流营销等)、行业口语表达(包括教师口语、窗口服务口语等)、社会口语表达(包括演讲、人际交往、各类公众场合的即兴发言等)等。

3.以人际交流为主要表现形式,同时带有大众传播特点的有声语言交际、交流活动。以朗诵、影视戏剧台词等为主要表现形式的舞台艺术口语表达。

4.大众传播口语,主要以广播电视播音主持有声语言表达为主,以广播电视传播中的其他有声语言内容为辅。以有声语言为主要表现形式,其中有些部分采用人际交流的方式,但是通过广播电视大众传播媒体进行大众传播的、以广播电视播音主持新闻口语表达的有声语言交流、交际活动。这是对全社会影响最大的,因此,也格外引人注目,从业人员也格外重视。

通过这样的划分,就可以看到存在于我们生活中的有声语言表达,是那么多、那么丰富,几乎无处不在。它的应用范围和使用频率,远远超过书面语言。而且,随着有声语言表达范围的不断扩大、层级的不断提高,大家从心理上对有声语言表达的要求,也逐渐变得越来越高。这说明,我们对有声语言表达的要求,是有一个基本的社会要求共识的。

上述四个范畴中,每一个范畴的语言表达,都会有不同的要求,这既是社会规范的结果,也是个人自律的必然。

但是,在我国古代,有声语言——口语的运用情形我们无法具体地观察,这既是历史的无奈,也是历史记载的欠缺,更是言文脱离的直接结果。但是,我们从一些片段的、零散的记载中,明显可以感受到古人口语表达在不同场合的运用,以及取得的显著成效,从中可以隐约感受到古代有声语言教育的影子。令人感到遗憾的是,我们所能见到的古代记载的口语表达,基本都是特定场合的口语表达,因此,分析和结论难免具有偏颇性和局限性。

就拿朗诵来说吧,作为口语的一种表达方式,是高于日常生活交际的口语形式的。虽然受到客观条件的制约,但是,在文字发明之前或之初,朗诵在社会政治、文化等生活中曾经发挥过巨大的作用。

从文化的角度来讲,现在大多数研究者在追溯朗诵的历史时,都把时间点定格在周朝,大部分的研究者也都认可这一时间点。《周礼》中有这样的记载:"大司乐,以乐语教国子,兴、道、讽、诵、言、语。"这段话的意思是说,老师用可以配合着音乐来歌唱的语言教授贵族士大夫的子弟,主要有"兴、道、讽、诵、言、语"六种学习方法,其中绝大多数学习内容都跟有声语言相关,而这里的"诵"就是高于日常生活的表达,就是要大声地、有节奏地把文字念出来,要读出文字的韵律和节奏来。这里的"诵"还清楚地向我们表明了它既是一种教学和学习方法,也是一种口语表现的形式,严格地说应该是"诵读",而不是"朗诵"。后来的"诵经",也属于大声念出来。这种作为教学和学习的方法,一直延续到今天,只不过我们注重的只是形式,而几乎完全忽略了它的内容和本质。

从日常生活的角度来讲,无论在古代还是今天,朗诵都给我们的日常生活增光添彩,带来意想不到的喜悦和收获。晚唐诗人李商隐曾经在他的《柳枝诗》的序中记载了一段因听人朗诵而产生的爱情故事。柳枝是李商隐家乡一个非常聪明的女子,有一天,李商隐的一个叔伯兄弟让山,在家里朗诵李商隐的《燕台》诗,恰巧被柳枝听到了,她立即就被吸引住了,惊问:"谁人有此?谁人为是?"意思就是:什么人有这样的感情?什么人能写出这样的诗来?让山说,这是我的堂兄李商隐写的。于是柳枝就约李商隐见面。据说这位柳枝姑娘过去从来不注意好好地修饰化妆,可当她和李商隐约会的那天,却是妆饰得非常整齐美丽,因为她被李商隐的诗深深地感动了。从这个例子中,我们一方面可以感受到诗歌的朗诵是很能够感动人心的,因为它所传递的是一种心灵上的感应和情感;另一方面我们也可以感受到让山的朗诵水平、表达技巧和声音的表现能力是非常高超的,他能把作品的真情实感充分地表现出来,从而感染和打动了"听众"柳枝,成就了一段佳话。由此可见,让山的口语表达也就是朗诵能力,显然是经过一定的学习和训练的。

从政治生活的角度来讲,朗诵也曾发挥过意想不到的效果,甚至带来无法挽回的结果。甚至《左传》襄公十四年记载:"孙蒯入使,公饮之酒,使大师歌《巧言》之卒章。大师辞,师曹请为之。初,公有嬖妾,使师曹海之琴。师曹鞭之。公怒,鞭师曹三百。故师曹欲歌之以怒孙子,以报公。公使歌之,遂诵之。"这里的"诵"就清楚地表明是"朗诵",区别于歌唱,而且目的性非常明显,带有鲜明的、突出的"表现"和"表达"的意思,因为乐师唯恐"歌唱"这首诗对方有可能听不清楚、听不明白,于是,放弃歌唱,而是非常刻意地"诵"了一遍,以使对方完全、彻底地听清楚,从而达到"诵"的目的。

这段记载说的是,卫献公手下有一个大臣叫孙林父,他跟献公的意见不合,就逃回自己的封地去了。然后他派自己的儿子孙蒯到朝廷来见卫献公,想试探一下献公对他是什么态度。卫献公就招待孙蒯喝酒,席间让乐师歌唱《诗经·巧言》这首诗的最后一节。这一节的歌词是:"彼何人斯,居河之麋。无拳无勇,职为乱阶。'既微且尰,尔勇伊何?为犹将多,尔居徒几何?'"诗的意思是:那究竟是什么人,住在大河水草旁。没有勇力与勇气,只为祸乱造机缘。"腿上生疮脚浮肿,你的勇气哪里见?诡计多端徒奈何,你的同伙剩几个?"唱这首诗的言外之意是:"你孙林父算个什么东西?你跑回黄河边你的封地,又没有足够的武力,难道还想发动叛乱吗?"乐师知道唱这首歌一定会激怒孙蒯,他回去告诉父亲孙林父,必然会引起叛乱,所以他就推辞不肯唱。乐师不肯唱是为了国家着想,不愿意引起战争。可是另外还有一个小乐师叫师曹,他就主动要求代替乐师唱这首诗。献公本来只是叫他配合着音乐来歌唱,可是这个小乐师恐怕在音乐声中孙蒯听不明白,就不歌而诵——朗诵了这首诗,让孙蒯听个清楚。师曹为什么要这样做呢？这里有一个原因:早先卫献公派师曹教他的一个宠姬学弹琴,这位宠姬总是学不好,师曹就责打了她。于是,宠姬就到献公那里告状,献公就打了师曹三百鞭,所以师曹怀恨在心,找机会报复卫献公。此时,机会来了,他唯恐天下不乱,通过朗诵有意激怒孙蒯,最终导致孙林父发动叛乱,把卫献公赶出了卫国。通过这个例子我们看到,朗诵的作用、威力是多么巨大。而这个朗诵者师曹作为专业演员,他的朗诵——有声语言表达能力更应该是经过专业学习训练的。类似的记载还有很多。这些记载不仅证明了朗诵的存在,而且说明了朗诵在政治生活、文化生活和日常生活中巨大的现实作用。

宋人周密在其《齐东野语》中还有一段记载,题目叫《读书声》:"昔有以诗投东坡者,朗诵之而请曰:'此诗有分数否？'坡曰:'十分。'其人大喜。坡徐曰:'三分诗,七分读耳。'此虽一时戏语,然涪翁所谓'南窗读书吾伊声',盖善读书者,其声正自可听耳。"这段记载广为人知,从中我们同样感受到朗诵的魅力,诗虽然写得不是很好,但朗诵却深深感染了大文豪苏轼,他缓缓地从萦绕在耳边的朗诵声中回过神来,毫不吝啬地给出了意料之外的高分,也使其他人对有声语言表达——朗诵有了全新的认识。

通过以上几个较为典型的古代有声语言表达的具体事例,我们可以鲜明地感受到有声语言表达在古代政治、文化和生活中的现实存在,以及在不同层面所发挥的应有作用。通过这种鲜活的存在,也可以感受到古代关于有声语言表达教育的某种存在,它也许不是专门的,也许是伴生的,也许是对特定环境中的特定的某些人的,或者是文人墨客之间的诗文吟赏,等等。总之,从"说"的角度来看,虽然古代没有有意识、有目的的专门学习和训练,但作为口语表达,它不可能完全被淹没,它总会在各种需要它的场合不失时机地表现出自己的存在和水平。

第三节　古人对汉语声音的认识局限于
声音形式的表现与变化

以今天我们对语言及语言学研究的认识来衡量和评判古人对语言及语言学研究的认识是没有道理的。因为古代对语言的认识和所谓语言研究完全不是今天意义上的,不是今天的概念。我们今天对语言的认识、研究和运用,是建立在现代语言学理论基础之上的。但是,即便如此,在我们现当代语言学研究中,无论中外,对"写"的语言的研究依然是一统天下,而对于"说"的有声语言的研究几乎无人问津。20 世纪 80 年代,英国曾出版一套语言学经典著作丛书,在全世界范围内精选 500 种语言学经典著作,命名为"牛津语言学经典",其中没有一本是关于口语,也就是有声语言表达研究的。今人的研究尚且如此,又怎能苛求古人呢!

中国文字独体单音,每个字都是单一的形体、单一的声音。我们说"花",这是一个方块字,读音也只有一个音节。一个音节形成不了高低顿挫语调,读起来很单调,这与英语大不相同,你看英语的"flowers",读起来抑扬顿挫,多么有姿态。由于有这样的特点,中国的文字必须组织配合起来,才能够形成声调的变化和顿挫的节奏。在《诗经》逐步成型的时代,写诗并没有格律的规定,当然,那时候还没有发展到格律的地步。诗里边的节奏和顿挫都是自然形成的。为什么《诗经》里的诗大多数是四个字一句? 这是由于在诵读的时候,至少要有四个字才可以"成声为节",也就是说才可以形成节奏。比如说"花",一个字,没有一点节奏的变化,说"红花",两个字,还是形不成节奏。而说"红花绿叶",四个字,说起来和听起来就都不一样了,就有了节奏的变化。而我们说"关关雎鸠,在河之洲",这叫"二、二"的节奏,也就是说,至少四个字组合起来才能形成节奏,才能有节奏的变化。所以这种"二、二"的节奏是由我们中国语言文字的特点自然形成的最简单的节奏。

但是,四言的节奏毕竟太简单,变化太少,太单调了,特别是失去音乐的伴奏以后,诗歌的韵律和节奏之美就显得更加重要了。汉语以及诗歌正是在不断的发展过程中,逐渐地成熟、发展、丰富起来的。从汉代开始,五言诗逐渐开始流行起来,这在诗歌体裁的发展上是一件大事,对于文体、诵读的发展都是一件大事。因为从五言诗开始,诗歌与散文就分道扬镳了,五言诗是诗、文划界的开始。先秦的四言诗是"二、二"的停顿,散文中有许多四言的句子也是"二、二"停顿。从这种停顿的节奏来看,诗与散文并没有显著的区别,如《前出师表》《滕王阁序》《阿房宫赋》等。可是五个字的节奏就不一样,比如"客路青山外,行舟绿水前""白日依山尽,黄河入海流",它是"二、三"的节奏。再分得细一点就是"二、二、一"的节奏,一般的散文不做"二、三"的停顿,而是做"一、四"或"三、二"的停顿。所以说,这是诗、文划界的开始。同时,由于人们对汉语自身特点的认识,在写作时注重阴、阳、上、去的四声的搭配,通过声调的交替变化形成诵读时的声音之美、韵律之美。①

汉魏以来发现了汉语四声、平仄等的声音特点,但更多地还只是注重了形式,最终都被归入了"写"的范畴,而没有从声音表达内容的角度发展起来。

实践上,随着佛教的传入,佛经"转读"盛行,诵的运用范围变得更加广泛。而佛教徒对于佛经的诵读很讲究声调和节奏,于是,人们开始探讨"诵"的声音变化规律。理论上,受印度梵文拼音字母的启迪,南朝文人周颙在《四声切韵》中确定"平、上、去、入"四声,同时代的沈约在《四声谱》中进一步提出写诗应该讲究四声,以求其和谐。他在《南史·陆厥》中具体提出:"前要浮声,后有切响,一简之内,音韵尽殊;两句之中,轻重悉异。"这段话的意思是说,创作诗歌要有意识地利用四声音律的变化,轻重、音韵要交替变化,甚至两句之中的轻重都要不一样。对诗歌创作的这种要求,为诵读提供了良好的基础,这就是律诗的雏形。与此同时,模仿佛教诵经的样子,以这种腔调诵这种新韵律诗,逐渐成为当时文人的一种嗜好、一种雅玩,于是一种新的形式"吟诵"便应运而生。沈约的学说,既是对诗歌创作的总结和探讨,也可说是对诵的概括和研究。梁朝钟嵘在《诗品·序》中说:"余谓文别,本须诵读,不可蹇碍,但令清浊通流,口吻调利,斯为足矣。"意思是说,诗文

---

① 叶嘉莹.迦陵论诗丛稿[M].北京:中华书局,2007:4.

本靠诵读来表现它的内容特点，不可在四声上过分讲究，只要诵读流畅、顺口就足够了。从沈约和钟嵘两人发表的观点来看，当时已明确提出诗文要充分利用音韵知识，符合诵读的规律问题。沈约的话，内容具体；钟嵘的话，观点辩证。它们相互补充，在理论上进行研讨，无疑对当时的诗文诵读活动产生了积极的作用。①

　　到了唐代，四声又进一步被归纳为平仄，律诗从形式上逐渐走向成熟。于是，一种夸大有声语言表达的音乐性，带有一定旋律性、歌唱性质的独特诵法——吟诵，逐渐兴盛起来。这种方法既能从形式上充分体现汉语的音韵特点，又能充分满足文人墨客咀嚼玩味诗句含义和意境的欣赏心理。杜甫在《题郑十八著作丈故居》一诗中说："酒酣懒舞谁相拽，诗罢能吟不复听。"意思是说：我的好朋友不在，尽兴地喝了酒之后，还有谁拉着我起来一同舞蹈呢？诗作好了之后，我还是高声吟诵，可是座中还有谁听我吟诗呢？这里的"吟"，就具有表达、表现的意思。杜甫还在另一首诗中直接描写了诵诗的过程："诵诗浑游衍，四座皆辟易。应手看捶钩，清心听鸣镝。精微穿溟涬，飞动摧霹雳。陶谢不枝梧，风骚共推激。"在这首诗中，杜甫对朗诵称颂不已，并描写了朗诵者诵诗时态度从容，音域开阔。从以上两首诗我们可以感觉到，"吟诵"在唐代的地位，就连杜甫这样的大诗人，不仅自己喜爱吟诵诗歌，而且还非常喜欢欣赏别人的朗诵，还能够对朗诵从声音、朗诵状态到内容表达，做出全面的评价。

　　从以上简单的分析我们可以看出，四声、平仄、声韵、节奏等这些由汉字外在形式带来的语音或声音特点，从形式上强化了汉语的音韵美、韵律美和形式美，使汉语的诗词歌赋在声音形式上，达到了至臻至美的完美境界。但是，这些和我们今天所说的口语或有声语言表达不是一个概念，也不是一回事，这是我们要区分清楚的。

---

① 赵兵，王群.朗诵艺术创造［M］.上海：汉语大词典出版社，2001：4.

第四节　重写轻说、重文轻语成为从古至今的惯例

所谓"重写轻说""重文轻语"等,是一种习惯说法也好,或是一种传统也好,都不是必然的历史选择,或必然的发展逻辑,这是多种因素共同作用的结果,或者说是一种无奈的结果。所以,我们说它是"从古至今的惯例",而不说是传统或必然。

前文介绍和分析过形成这种"重写轻说"现象的原因,首先是技术发展进步的因素,"说"无法保留和进一步扩大传播,从根本上制约了"说"的发展,制约了"说"的影响。其次,也是最重要的一点,就是国家主导的"开科取士"基本制度对"写"的提倡和强化。最后,因为以上两项原因,逐渐形成人们对语言的基本认识,由此,带来古代的语言教育成为只有"写"的训练,而缺少"说"的启蒙,其结果就是只学会了"写"而没有学过和学会"说"的无声的教育。"说"既成为一种稀有能力,也成为不登大雅之堂的毫末技艺。于是,在此后的语言教育和学习中,"写"的教育成为重中之重,占据了几乎全部的语言学习,而几乎完全忽略了"说"的学习教育,以至于语文教育变成了书写的教育,变成了无声的教育,变成了不会说话更不会用有声语言表达的教育。通过学校的系统教育,人们学会了用书写的文字来叙述、来描绘、来抒情、来议论,而却不会用有声语言来叙述、来描绘、来抒情、来议论,甚至在日常生活和工作的语言应用中,同样存在不会说话的问题。就拿最基本、最简单的两个人见面,该怎样寒暄来说:面对各种不同的关系、身份、年龄、性别、民族、文化背景的人,该怎样具体、得当地寒暄问候,仔细想想这并不是一件简单容易的事,而且这也是我们现实生活中严重缺失的语言应用能力和令人尴尬的现实。这既是以往语言教育和学习上的重大缺失,也是今后有声语言教育学习的巨大发展空间。"言""语"分离,"写""说"不一致,甚至造成或带来有声语言的"音义分离""音情分离"等严重问题。这种状况一直延续到近现代,直到以现代广播为代表的现代声音传播的出现,以播音为代表的有声语言表达的出现,使人们重新认识到口语——有声语言的重要性。

朗诵,虽然我们可以追溯它从古至今几千年的发展历史,但它毕竟没有形成专门的口语——有声语言表达的教育,而且它只存在于相对比较小的范围内;演讲,作为近现代以来"声音文化"的一种传播方式,在中国现当代社会发展进步中发挥过相当大的作用,也有许多专家学者对其进行研究,但从口语——有声语言表达的角度,同样没有形成专门的专业教育;作为民间曲艺形式的相声、快板,包括评书等生动鲜活的有声语言表达艺术,也都处在个体的、零散的、师傅带徒弟的传授状态,依然没有形成系统的、专门的口语表达专业教育。只有广播播音这一新兴专业,借助广播的强大传播力和空前影响力,在国家需要、社会需要、时代需要等多种因素推动下,异军突起、独树一帜,在口语——有声语言表达教育上开辟了一片新的天地,使口语——有声语言表达教育重新焕发出生机,重新回到学校教育,补上了一堂缺失了两千年的口语——有声语言表达教育课。

当前,全社会对于口语——有声语言表达都有了基本的共识,特别是社会青少年语言教育活动开展地热火朝天、如火如荼,但是,中小学语文教育中口语——有声语言表达能力教育仍处于严重缺失状态。虽然教育部公布的最新中小学语文教学大纲中较大幅度地增加了关于口语教学的内容,但是从专业的角度讲,关于口语教学的基本内容并没有讲得十分清楚。根据著者的观察和理解,目前,中小学口语——有声语言表达教育存在的问题,主要表现为"六个缺失"。

一是认识缺失。首先,是对口语——有声语言表达教育的认识存在误区,实践中难免出现较大偏差。其次,对诵读、朗读等有声语言教学在教育中的重要性普遍认识不足、重视不够,导致曾经在中国沿用两千多年的朗读、诵读式启蒙教育(正在)基本被默读、默写(大量)取代。语言教育和学习成为"书写"的教育和学习、成为"哑巴"的教育和学习。最后,是对口语本身的认识还不够清晰。众所周知,没有文字依据的"说"和有文字依据的"念""诵""播"等,从学习、训练的逻辑起点到具体表达的基本规律,都有很大的不同,需要做不同的学习和训练。

二是机制缺失。在中小学语文教学大纲中,有声语言的教育和学习一直是一个薄弱甚至被忽略的环节。考察百年中国语文教育,大纲中口语表达的教育内容始终飘忽不定,经常是和作文写作联系在一起,被叫作"口头作文"。这种飘忽不定,恰好说明时人对有声语言表达教育的认识存在问题。没有相应的教育、教学机制保障,有声语言表达能力教育只能作为校外素质教育之一,没有成为中小学基础教学内容来贯彻。

三是师资缺失。因为在"认识"和"机制"上存在问题,因此,师资队伍建设必然欠缺,具有口语——有声语言表达教育专业知识、专业技能、专业教学能力的教师少之又少。

四是人才缺失。从事语言文字及诵读、朗读等的教学工作,需要具备中华优秀传统文化的丰富(古典文学)知识及(古文)诵读、朗读等方面的知识、技巧等,而这些是需要长期学习积累(研究)和专门学习、训练,并不断实践才能掌握的,而目前我国相关专业人才正处于后继乏人、断层严重的状态。

五是教材缺失。目前,我国在中小学语文口语——有声语言表达教育方面没有统一、科学和专用的教材,充斥在社会各级各类民办儿童青少年语言培训机构的所谓教材,或者是把专业院校的专业教材简单地切分成几个部分,貌似很专业;或者是把朗诵、表演、播音等的训练内容各取一部分杂凑在一起等,使得民间的教学效果也大打折扣。

六是标准缺失。教育规划的培养目标、教学内容、教材等的缺失,势必带来课堂教学、教学标准、评价体系等的一系列缺失。目前尚无统一、权威的标准发布,已经开展相关探索的专业组织、学校或教育机构教学标准不一,教学水平参差不齐,严重阻碍了口语——有声语言表达教育的顺利开展和整体教学水平的提升。

大量的优秀传统文化经典诗文,都是需要中小学生通过大声朗读、诵读,才能充分理解其文化内涵,充分感受母语"音、韵、声、律"之美,并在朗读中将中国精神潜移默化融入血脉之中,但是以上这"六个缺失"直接导致中小学生对中国优秀传统文化的感受止步于为未来的考试争取更多的分数上,很大程度上停留在以应试为目标的"写、背、念"上。这样的弘扬与传承必然是残缺不全的,必然是劳而无功的。因此,加强中小学语文教育中口语——有声语言表达的教育更显其迫切,这既是目前我国中小学教育中急需补上的一课,也是继承、弘扬中华优秀传统文化的题中应有之义。

第三章　历史的峰回路转

有声语言再次进入公众生活,再次展现出强烈的发展愿望,与时代的发展和社会的转型变革有直接的关系。19世纪末20世纪初,随着西方先进思想和学术的引进,一部分率先向洋看世界的知识分子认为,西方国家的先进发达,在于他们语言的统一、思想的统一。而我们要想改变国家贫穷落后的面貌,首先要进行语言文字革命。在这一过程中,一方面,越来越多的人认识到语音的重要性,另一方面,为了通俗易懂、方便快捷地向社会传播现代思想和知识,演讲等有声语言表达形式逐渐开展起来。在军阀混战、外敌入侵的形势下,如何向社会做宣传鼓动,朗诵等有声语言表达形式逐渐成为活跃的力量。广播的出现、话剧的发展、新式教育的开办、教师口语的逐渐兴起等,都促进了有声语言的再次发展。由此,形成我国近现代以来"声音的觉醒"和由此带来的"声音文化"现象,这对于以播音为代表的有声语言表达的发展,起到了理论奠基和推波助澜的作用。

第一节　白话文运动推动了语言文字的大众化普及

我国近现代以来逐渐兴起的"声音文化"现象,通过语言文字的现代化改革,使得人们在对语言文字的研究和认识中,逐步地认识到"声音"的重要性:相较于文字,声音是"天然"的、"自然"的,声音的"天然性"与"自然性"也使其最能直接打动人心。苏易在《书同邑卢君切音字书后》中指出:"古者语言文字相去不远,故虽妇人小子,声入心通,不待甚学而解。"王炳耀在他写的《拼音字谱》中说道:"书出口之音,运之入心。不由耳而由目,使目见者即明;犹以口宣言,使耳闻者即达。声入心通,别无难义也。"这两个人不约而同地使用了"声入心通"一词,绝非偶然,因为这四个字最简要地概括了白话文运动的理论前提。同时,直截了当地告诉我们结果:声音可以直达人的心灵,其力量之大,可想而知。

值得注意的是,对于"声音"的注意绝非白话文运动的独家特色,而是19世纪末20世纪初开始勃兴的整个"声音文化"的共同取向。所谓声音文化,这里特指一系列围绕着声音和口头表达形成的文化现象。其中既包括宣讲、演说、辩论、国语、无线电播音、大合唱乃至喊口号等用口头形式传播的文化,也包括切音字、白话文、速记、注音字母、标语以至标点符号等以"文言一致"为目标的书面文化,同时,学术界对方言、民谣、戏剧等"口头传统"的兴趣日益增长,展开了系统性的调查与整理工作,也可以归入其中。这些文化形式中,有一部分(辩论、切音字、速记、口号等)基本可谓新生事物,也有一部分(宣讲、国语、白话文)在不同程度上乃是一些早已存在的文化现象在社会新环境下的改造或凸显。它们已经与传统的形式有了相当大的差异,在思想言说中的地位也获得了前所未有的大幅度提升,揭示了中国近代文化和社会中一个新取向的出现。

实际上,"声入心通"四个字可以算是整个"声音文化"的起点,几乎无所不在。比如,1905年《大公报》上一篇鼓动演说的时评说:"如今最于开通风气有力量的,就是演说。因为演说一道,对著(着)众人发明真理,听的人在耳朵里,印在脑子上,可以永久不忘。日子长了,可以把人的心思见解变化过来。""人在耳朵里,印在脑子上",不就是"声入心通"的直译吗?又如,1922年12月,时任总统的黎元洪(1864—1928)这样描述世界语的功效:"凡国际之交涉,商务之贸迁,学问之研究,行旅之往来,皆须声入心通,始可推行尽利。"再如,黎锦熙谈及注音字母时说:"仅仅知道字母的人,依着字旁的注音读书报,'声入心通',本是极经济的一种神法。"显然,"声入心通"是将所有这些相异的面相贯穿在一起的一条红线。

"声入心通"背后所隐藏的假设是,声音才是进入人心的最佳渠道,面对下层民众,尤其如此。因此,在上述两类声音文化中,"口头文化"乃是核心。但是,演说、宣讲等毕竟是面对面的交流形式,受制于特定的时空范围,且"话语权"操于演说者之手,听众离不开讲说者,无法做到"无师自通",显然是被动的。但是,作为广播播音及评书等其他有声语言表达,在日复一日、年复一年、定时定点的播出中,以其内容的新颖、及时和实用,吸引并有形无形地影响着社会和广大受众。

如前文所述,中国长期以来有一个重"眼学"轻"耳学"的倾向,对于文字和书面语言的关注程度远远超过对口头语言的关注。有学者认为,这一传统倾向至少可以追溯到秦汉时期。① 蔡元培也认为,自"秦汉以来,治文字不治语言,文字画一而语言不画一,于是语言与文字离"。② 也就是说注重以"看"或"写"为主的"眼学",而不重视以"听""说"为主的"耳学"。宋人郑樵(1104—1162)曾说,"梵人尚音""华人尚文";"华以目传""梵以口传";"梵人别音,在音不在字,华人别字,在字不在音"。这番话也被后人多次引用。近代晚清以后,康有为认为,"中国自有文字以来,皆以形为主",外国字则"以声为主";"盖中国用目,外国贵耳"③。

这一倾向也对中国传统语文研究产生了深刻影响。王力(1900—1986)先生指出:"古人治'小学'不是以语言为对象,而是以文字为对象的。"历代学者都不明白"文字本来只是语言的代用品,文字如果脱离了有声语言的关系,那就失去了文字的性质",故一向"重形不重音"。④ 裘锡圭等学者也说,在近代以前,研究者中"很少有人直接以语言为研究对象,绝大多数人不能正确处理语言和文字的关系。因此在'小学'研究中形成了以文字统帅语言

---

① 缪钺.六朝人之言谈[M]//缪钺全集:第一卷,下册.石家庄:河北教育出版社,2004:332.

② 蔡元培.学堂教科论[M]//蔡元培全集:第 1 卷.杭州:浙江教育出版社,1997:149.

③ 康有为.广艺舟双楫[M]//康有为全集:第 1 集.北京:中国人民大学出版社,2000:254.

④ 王力.中国语言学史[M].上海:复旦大学出版社,2006:前言,2.

的局面"。①

汉字本是形、音、义的统一体,字音在传统语文理论中绝大部分时间处于被忽视的状态,直到宋元以后,特别是有清一代,声音才在"小学"也就是语言文字研究中被提到一个前所未有的地位。段玉裁说:"古今先有声音而后有文字",当时的学者们也几乎异口同声地指出"文字起于声音",胡奇光也引用段玉裁的话说:"有义而后有声,有声而后有形,造字之本也。"②但是,段玉裁的这些看法也是有所依据的,类似的意思前人已有表达,比如,钱大昕(1728—1804)就说:"声音在文字之先,而文字必假声音以成。"③戴震也曾说:"上古但有语言,未有文字,语言每多于文字,亦先于文字。"④钱大昕和戴震与段玉裁是同时代的人,且身为长辈,他们的意思和表述方式因而也都很相近。

到了民国时期,这种认识就更进了一步。傅斯年(1896—1950)说:"语言是表现思想的器具,文字又是表现语言的器具。"⑤魏建功也说,语言是"留声"的符号,文字是"留形"的符号。"留形的符号本是把留声的符号由嘴里写到纸上而已,所以文字原本是将语言记到纸上的东西。"⑥诸如此类,不胜枚举。

总之,通过以上介绍,可以清晰而明确地感觉到,时隔两千多年,有声语言回归社会、回归大众并不是历史的偶然,而是社会历史发展过程中,对声音的重新认识和声音意识的觉醒,以及由文字改革、演讲、戏剧、广播播音等多种因素推动下形成的"声音文化"现象的必然结果。白话文运动推动了语

---

① 裘锡圭,沈培.二十世纪的汉语文字学[M]//刘坚.二十世纪的中国语言学.北京:北京大学出版社,1998:91—92.

② 胡奇光.中国小学史[M].上海:上海人民出版社,2005:261.

③ 钱大昕.答问十二、小学考序[M]//潜研全集.上海:上海古籍出版社,1989:242,394.

④ 戴震.经考附录[M]//戴震全书:第2册.合肥:黄山书社,1994:371.

⑤ 傅斯年.汉语改用拼音文字的初步谈[J].新潮,1919,(1)3:392.

⑥ 魏建功.从中国文字的趋势上论汉字——方块字——的应该废除[M]//李中昊.文字历史观与革命论,230.

言文字的大众化普及,凸显了语言文字在社会转型和推动社会发展中的重要作用,所谓"声入心通",言文合一,黄遵宪等人提倡的"我手写我口",语言在推动社会历史发展,特别是在社会剧烈变动、思想转变的过程中发挥了巨大作用。一个时代的改变首先是思想的改变,而随着思想的改变必然会出现一系列代表或表述新思想的词语和概念的改变,确切地说,应该先是思想的改变,然后才会有语言的改变,因为原有的话语体系不能表现新的事物、新的时代了,所以要用新的话语体系加以表达,所以语言是处在时代发展变化最前沿的,社会发展变化的最新的东西首先通过语言来表达传播,而在这一过程当中,广播的传播力在那个属于广播的黄金时代是最为强大,影响力也是最为直接的,所以播音工作是推动社会发展的最直接、最有力的巨大动力。

第二节　广播的横空出世建立了有声语言表达的基本规范及有声语体模式

从声音建立意义,从声音追求表达,这是自晚清以来的"声音文化"现象所表现出来的声音的觉醒,对声音的认识。"声音文化"体现在不同的方面,但都共同地为现代有声语言表达的发展发出了先声,奠定了基础,也为有声语言的进一步实践和研究打下了理论的基础。

清代刘大魁(1698—1779)在他的《论文偶记》中这样写道:"(读书)烂熟后,我之神气即古人之神气,古人之音节都在我喉吻间,合我喉吻者,便是与古人神气音节相似处,久之自然铿锵发金石声。"从这段文字中,我们可以看出,反复的吟诵可以使我们进入作者的精神世界,把握作品的精髓,进而使自己的心灵飞翔于文学作品那充满灵性的世界,达到文我同一的境界。这就是所谓的"因声求气"的诵读方法,就是说通过反复的诵读,从中体会作者及作品中的气韵、语气等,以及通过这些所表现出来的作者的思想、精神、价值、道德等内在的东西,从而更深刻地理解作品,更准确地通过有声语言把这些表达出来。

晚清名臣曾国藩对"因声求气"说也有精彩的论述。叶嘉莹先生在谈到朗诵时曾这样解说:当我们阅读一篇经典作品的时候,不能够仅仅看它的文字,因为在文字的背后,因为各种各样的原因,还隐藏了许多没有说出来的意思。如果你就这样泛泛地读过去,对那些没有说出来的意思就不能理解和体会。而当你大声地来诵读的时候,那些没有说出来的意思就慢慢地透过你的声音表现出来,从而使你加深对作品的理解和感受。曾国藩在写给他儿子的家书中曾谈到,对古人的诗文"非高声朗诵则不能得其雄伟之概,非密咏恬吟则不能探其深远之韵"。在曾国藩看来,诵读古人的作品有两种方法,一种是"高声朗读",一种是"密咏恬吟"。高声朗读是为了畅其气,就是把你那种被感动的精神提起来;密咏恬吟是小声地静静地吟诵,这是为了得其韵,就是慢慢地体会它的韵味之所在。而此时,作品也才能更深地感染和影响你。①

事实上,"因声求气"之说早已有之,韩愈、柳宗元、苏洵等人都有这方面的阐述。只不过清代桐城派作家刘大魁提出的"因声求气"说顺应时代的要求,符合事物发展的逻辑,跟上了"声音文化"发展的时代脚步,因而产生了较大的影响。他在《论文偶记》中说:"行文之道,神为主,气辅之。""神气者,文之最精处也;音节者,文之稍粗处也;字句者,文之最粗处也。""神气不可见,于音节见之;音节无可准,以字句准之。"这些见解阐述了"神气"和"音节"之间的关系。所谓"神气",是指作品所体现出来的神韵和气势,是作家精神气质和作品的情感内涵高度艺术化的体现;所谓"音节",则是指长短相间、参差错落的句式和抑扬顿挫、高下缓急的声韵等语言因素。"神气"需要借助"音节"的外在形式表现出来;通过对诗文"音节"的揣摩,能够领会到作品的"神气",这就是所谓"因声求气"。这里就充分地体现了文本作者和诵读者之间、文本内容和文本形式之间、对文本理解和有声语言表达之间的关系。刘大櫆进而还提到"因声求气"的具体方法——诵读。"烂熟后,我之神气即古人之神气,古人之音节都在我喉吻间"。这些观点,在今天仍旧是有

---

① 叶嘉莹.风景旧曾谙:叶嘉莹谈诗论词[M].桂林:广西师范大学出版社,2008:98-99.

指导意义的。古人学习古诗文尚且重视"因声求气"和诵读,对于今人来说,这些方法更为重要。现代人的生活已经失去了古代诗词流行时期的语言氛围和文化环境,如果想通过古代诗词进入古人的情感世界,就必须养成诵读的习惯。只有通过反复诵读,才能够形成古汉语的相对语感,达到和古人相感应相契合的境界。这种境界是默读所不能达到的。周振甫先生在《文章例话·因声求气》中说,"专以沉思力索为事者"的默读虽然可以得到启示,但跟诵读时"心凝形释,冥合于言议之表"的状态还有所区别。

对"因声求气"理论更具有当代意义的理解和认识,我们来看北京大学中文系教授钱理群在谈到语文教育时的表达,他说:一个词语并不是只有辞典上那种单调的意义,它是随着语境和当事人的情感关系的不同而发生变化的,可以说是千变万化,出神入化。我们就是要通过诵读,通过和古今中外伟大的思想、崇高的精神、圣洁的灵魂、纯洁的感情的交流、沟通,把人的内在的美好的东西,把每一个人内在的生命体验、美好的情思挖掘出来,提升起来。教育最基本的一个意义和价值,就是给人提供一个精神家园。而诵读就是实现和达到这样一个目标的最佳途径。

台湾学者杜松柏在《国学治学方法》一书中,谈到古人读书的方法时,专门介绍了"朗读"法。他说:古人读书,无不注重朗读,因为朗读才能得古人文章的气势,"因声以求气",更是桐城派学文的要诀。刘大魁说:"凡行文字句短长、抑扬高下,无一定之律,而有一定之妙;可以意会,不可以言传。学者求神气而得之音节,求音节而得之字句,思过半矣。其要只在读古人文字时,设以此身代古人说话,一吞一吐,皆由彼而不由我。烂熟后,我之神气,即古人之神气;古人之音节,都在我喉吻间。合我喉吻处,便是与古人神气音节相似处,自然铿锵发金石。"

他说,现代人要学好文言文,用朗读的方法,把古人的文章朗读熟了,于是则神气已得,自己操笔作文的时候,自然没有语调语气和文气上的壅隔了。因朗读以求古人文章的声律,因声律以求气势,其理在此,刘大魁又说:"予谓论文而至于字句,则文之能事尽矣。盖音节者神气之迹也;字句者音节之矩也;神气不可见,于音节见之;音节无可准,以字句准之。"

"因声求气"的理论,大致如此,而其主要的方法,则全在朗读上,朱熹和崔学古所说的,是朗读的基本法则。朱熹说:"凡读书,须整顿几案,令洁净端正,将书册整齐顿放。正身体,对书册,详缓看字,仔细分明读之。须要读得字字响亮,不可误一字,不可少一字,不可多一字,不可倒一字,不可牵强暗记。只是要多诵遍数,自然上口,久远不忘。"崔学古说:"念书毋增,毋减,毋复,毋高,毋低,毋疾,毋迟;最可恨者,兴至则如骂詈(音利),如蛙鸣;兴衰如蚉(音穷,蝗虫)吟,如蝇鸣。凡此须痛惩之。"

合此二人之言,足以得朗读的方法了。做到这些,似乎很容易,实际上非心到、眼到、口到不可,而且要对所读的书,有深切的了解,才能读得出文中的文气、语调、文意,所以前辈常说一个人文章的通不通,不必看他的文章,只听他读书时的读书声音就知道了,所以朗读是一种最有效的直接学习方法。可惜现在的人都忽略了,不是在朗读,而是在念书,这样也减低了读书的趣味。①

我们还可以从另一个角度来思考这个问题。声音带来的听觉记忆比对文字带来的视觉记忆更直接、更简单、更容易、更长久牢固。对文字的视觉接受和记忆是相对客观的,因为我们面对的是文字,有一点间接的感觉。而诉诸听觉的声音则是相对主观的,因为我们接收到的是包含有情感、理解、感受、声音、气息等直接的感触。读和听,就像我们看歌页和听歌唱演员演唱,是完全不同的,就如同看报纸和听广播,也是完全不同的。

几乎与此同时,自清末民初以来,以切音字运动为代表的语言文字改革运动也风起云涌、如火如荼地展开了。沈兼士(1887—1947)在系统地梳理了关于声义说的形成和演变之后提出"以声求义"的观点,这一观点得到学者们的积极响应,大家几乎异口同声地指出"文字起于声音",而这种观点同样也来自西方传教士的著述,如金尼阁所著《西儒耳目资》一书说道:"盖内意者出于人外,必先于近则有言,而后及于远则有字。学者先会言,后习字。言者无所不有,未始厌野人之蛮;字则未能尽然,独爱处文人之地。此先后之序也。……盖言有于有字之先,字有于有言之后。字之音韵,言也;言之

---

① 杜松柏.国学治学方法[M].北京:中国人民大学出版社,2011:77-78.

笔画,字也。"①

　　"因声求义",是指通过语音去研究词义,是传统训诂方法之一。作为一种具体的研究手段或工具,大约可一直追溯到先秦时期。早在东汉末年,郑玄就已经提出"因声求义"的训诂原则,并在其注释实践中广泛地运用了这一原则。深入分析郑玄《礼记注》"因声求义"的训诂范围及其内容,证明"因声求义"作为较为科学的训诂方法,肇始于郑玄,而且,郑玄"因声求义"的思想,直接开启了传统训诂学研究音义关系的道路,促进了传统训诂学的发展。

　　然而,"因声求义"研究方法的系统化、科学化、理论化,则在清代。清代是我国古代训诂学研究发展的鼎盛时期,"因声求义"作为一种重要的训诂方法,在这一时期得到巨大发展。一批语言文字大家,如顾炎武、戴震、段玉裁、王念孙、王引之等活跃在这一历史时期,并以他们卓绝的努力,在理论和实践上都为"因声求义"这一重要的学说做出了重要贡献。乾嘉学派尤精音韵,从而使"因声求义"发展为一种成熟的训诂原则,形成一套科学的训诂方法。"因声求义"是《经义述闻》的重要的语言学思想。借助"因声求义",王引之在通假字、联绵字、同源字研究等方面取得了辉煌的成就。

　　这些虽然都是对语言文字从声音角度进行的研究,但对有声语言表达却有着直接和深刻的启发,使有声语言研究者逐渐认识到,声音也是工具,人们通过这个工具所要传递或表达的是它所代表的意义。

　　在此时代背景、文化背景和科学技术背景之下,广播蓬勃地发展起来,并对社会发展带来极大影响。以播音为代表的有声语言表达实践,以受众、社会和从业者自身的觉悟等多方面为起点,开始逐步建立基本的专业规范。以播音为代表的有声语言表达研究,借鉴"因声求气""因声求义"等中国传统文化理论等,开始逐步构建具有中国特色的有声语言大众传播理论体系。

---

①　金尼阁.西儒耳目资:上册[M].影印本.北京:文字改革出版社,1957:113.

第三节　广播的空前发展改变了人们对语言的认识

一、广播是改变大众生活、促进社会发展的有力推动者

广播不仅带来了传播方式的革命性改变，而且，也成为改变大众生活、促进整个社会发展前进的有力推动者。

从政治上来说，广播为表达国家的意志提供了最佳工具。20世纪二三十年代，当时的中国正处在军阀混战、内忧外患的境地。在此背景下国民政府的每一次政治动员，都是通过广播来推动的，如当时国民政府推行的新生活运动，就是通过电台向全国发表广播讲话的。八一三抗战全面爆发，南京国民政府的要员纷纷到中央广播电台演讲，动员全国民众奋起抵抗日寇侵略。

从文化上来说，近代中国积贫积弱，国民文化程度普遍不高，入学率很低，用广播来普及科学文化知识，被知识精英迅速认识到并被作为提高国民文化素质的最简捷有效的方法。尽管不少电台受经营的压力，播出的文化教育类节目时间有限，但累计不同电台的教育节目的播出时间仍然可观。播出内容涉及国语、国学、外语、医学卫生、法律和科学常识等。有心的听众，只要拥有一台收音机，便可循序渐进汲取知识，所以广播在当时又有"空中学校"的美称。

从社会服务来说，以民国时期的上海为例，娱乐业极其繁荣，全市戏馆林立，游艺场所随处可见，但与听广播相比，买票看戏仍属奢侈行为。而广播电台播出的多姿多彩的娱乐节目，就成为满足普通民众娱乐的主要方式，也成为电台吸引听众的主要手段。各电台为生存需要多拉商业广告，于是尽其所能加大娱乐节目的播出时间，节目形式包罗万象，节目内容丰富多彩，适应了上海市民来自天南地北的特点。听广播，满足了普通民众的娱乐需求，也促进了电台的进一步发展。

从信息传播的角度来说，仍然以上海为例，虽然上海于19世纪60年代

就创办了第一份现代报纸,到 20 世纪 20 年代,无论是报纸的数量,还是发行份数都远超国内其他城市,但报纸的信息传播功能,受到市民文化程度和发行渠道的影响——文化程度太低无法阅读;居处偏僻,报纸发行网到达不了,因此具有明显的局限性。而无线电广播则极大地拓展了听众的数量,促进了信息获取渠道的延伸,听众不分文化程度的高低,甚至文盲也能听得懂广播;听众也不分远近,只要广播的发射功率能达到的地方都可以收听到。这就是广播以声音进行传播的独特的优势,这就是广播给中国传播方式带来的革命性变化。

二、广播语言的混乱及其规范性改进

广播及其播音对社会语言运用产生影响并不是从广播一诞生就开始的,它也曾经历了一个由无意识到混乱、无序、滥用,再到认识、规范、提高等一系列从无到有、从低到高的过程。广播语言的混乱,是广播诞生初期必然或自然的反应,在受到社会的批评、从业者自身的反省、社会有识之士的思考和研究以及管理者的自觉之后,对广播的功能有了新的认识,并由此开始了不同层次、不同程度的各种规范。在这其中,首先进行的是语言规范。

在广播发展到一定程度之后,人们首先从新闻播音、娱乐节目播音和广告播音等方面认识到语言在传播中存在的问题,并开始采取措施改进和提高。

1.新闻是报纸、广播等媒体中最重要、最显著的组成部分,随着广播的快速发展,影响力的日益提高,新闻播音被各国政府都列为广播最重要的功能,其原因就在于,新闻是凝聚社会共识,促进国家民族认同,进行民众动员最重要的因素,同时也代表着政府形象,体现着一种权威性。当时的国民政府也在纷乱的历史时局背景下,加强了对包括民营广播电台在内的新闻播音的监督管理,一个举措是要求各台增加新闻节目的播出时间,使播报新闻的电台从最初的只有一家,一次仅有 30 分钟左右,全天早、中、晚三次,累计 90 分钟的新闻播音,增加到最后仅上海市的电台每日新闻节目播出时间累计达 22 小时 25 分,播报新闻的电台达到 26 家,新闻播音的语言既有国语、沪语、粤语，也有英语、法语等；另一个重要举措就是要求全国各地广播电台统一转播当时中央电台的新闻节目。

新闻是促进社会共识及国家民族认同、建立政府权威的重要手段，为充分保证信息传播的广泛性，运用最流行的语言才能更有效地实现这一目标。近代上海的广播电台因投资者来自不同地域，为争取特定地域的市民群体，相当长时间使用吴语、沪语、粤语、宁波话等方言报告新闻，包括各种信息。这种情况在国民党中央广播电台建台初期也发生过。据记载，国民党中央台就曾长期设有粤语、闽语的新闻报道波段。

为改变新闻播音中这一语言混乱的局面，推动国语统一，1936年底，国民政府交通部下令，全国自1937年1月1日起，各地电台必须用国语播报新闻，但这一行政命令只得到部分执行。尽管国语从此成为电台的主要播报用语，但方言并没有消失，尤其在上海，国语尚未普及，大多数普通民众还听不懂国语，因而仅在上海就长期流行三种语言的新闻播报，即国语和沪语、粤语，直至1949年5月，沪语、粤语都一直和国语鼎足而立，为电台播报的常用语言。

由此可以清楚地感觉到，广播及播音的发展，首先带来的是语言的规范。从语音规范开始，并极大地促进了自晚清以来的国家标准语——国语的推广和普及。

其次，是语言的社会应用的规范。广播播出内容的语言表述，有声语言表达所体现出的文化、价值、道德、品位、精神状态等，都对全社会的语言应用带来规范的示范效应，对社会语言应用的健康发展有着直接的作用。

最后，是语言的文化意义。有声语言表达更重要的是要表达语言文字背后所代表的明确的或隐含的意义，是文化的表达。

2.提供娱乐是广播的另一项重要功能，娱乐也是民众收听广播的重要需求，因此，在广播诞生的初期及随后的快速发展期，电台播出的节目绝大多数以娱乐节目为主。艺术形式包罗万象，地方戏剧百戏杂陈，以满足和争夺不同的听众群体。为吸引更多的听众，上海的民营电台在节目的编排上也采取了多种方法，主要有三点。

首先，在娱乐节目的选择上，注意播放不同类型的节目。上海五方杂处,市民来自全国各地,方言不同,地方戏曲也不同,因此,上海民营电台所播放的地方戏曲包括了很多形式,计有申曲(沪剧)、绍兴戏、越剧、粤曲、苏滩、甬滩、常锡文戏、淮扬戏、评弹、扬州评话等。此外还兼顾其他外来人口的需要,如四川旅沪人口不多,但上海的电台为满足四川人的需要,就曾播放过川剧。蹦蹦戏、评剧流行于河北一带,河北戏班来沪演出后,也颇受一些市民的喜爱。为满足这部分听众的需要,电台以播放蹦蹦戏、评剧唱片代替戏班演出。除戏曲之外,年轻人及新派人物对歌曲、西方音乐、话剧等艺术形式较感兴趣,这类节目在上海各大民营电台也长期播放。总之,多种娱乐节目的播出极大地满足了都市具有不同趣味的市民的需要。

其次,为吸引听众,一些民营电台经常组织特别大会串,制造轰动效应。一次特别大会串的播出时间都在 10 小时以上,从中午开始直至子夜。节目的形式又有"单一"与"什锦"两类,前者为一种艺术形式,或申曲,或评弹,或歌唱。后者包括多种艺术形式掺杂在一起,从黎派歌曲到申曲、评弹、播音戏等,无所不包。特别大会串一般邀请的都是名人名角,容易引起听众的兴趣。有的电台在大会串播出之日还安排听众与明星的见面会,扩大播出的效应。

最后,按照现在流行的说法,吸引眼球是媒体扩大影响的无上法宝。民国时期的上海广播电台同样如此,为了让电台有更高的知名度,受到更多的听众追捧,不少广播电台竞相邀请电影戏曲明星客串电台播音员。电影演员一般都说得一口流利的国语,而国语在 1937 年之后是上海广播电台的第一播音用语,请电影、话剧明星到电台担任节目的报告员,甚至放喉一歌,可以收到巨大的传播效应。

总之,为了吸引更多听众,各民营电台都尽其所能,力求出奇制胜,创造了许多吸引听众的方法,一定程度上丰富了广播的传播手段。

但是,娱乐节目的大量播出,在丰富广大市民听众业余文化生活的同时,也带来一些负面影响,当时的民国政府对此采取了严格的管理措施。

第一,限制娱乐节目的播出时间。

上海的广播电台因有经营压力,故大量播出娱乐节目,以增加广告收入,但娱乐节目的泛滥,极大影响了新闻、文化教育类节目的播出时间,有悖办广播的宗旨,引起社会各界的强烈不满。1937 年南京国民政府相关部门采取整顿措施,规定各家电台的播音总时间分为 10、12 及 15 小时三种,其中教育节目须占 38%,即每播 60 分钟,教育节目不得少于 20 分钟,教育节目与娱乐节目互相分开,即每档娱乐节目后是教育节目,且规定教育节目内,不得插入广告词句。如果教育节目时间不够分配,可占用娱乐节目时间。

第二,严格审查节目,禁止播出荒诞不经或下流淫秽节目。

为吸引听众,一些电台播出荒诞淫秽的节目,以提高收听率,造成很坏的社会影响。南京国民政府有关部门曾多次进行整顿,以杜绝此现象。如电台中经常播出女子滑稽,语涉淫秽,管理部门便予以取缔,不准播出。相关部门还禁止四明文戏在电台播出。四明文戏,又称宁波滩簧,自宁波传入上海,因唱词粗俗,表演下流,屡次遭到旅沪宁波绅商的抵制,认为有损宁波人的群体形象。但四明文戏有底层观众,无线电广播流行后,个别电台为利所诱,播出四明文戏,受到狂热追捧。引起管理机构的警惕,下令禁止电台播送。

1937 年 3 月,为改善播出质量,管理部门下令电台播出的节目,有文字的,必须事先送审,违法严惩。并发布告示,禁止《爱的归宿》等 94 首歌曲、《勿做官》等 20 部滑稽剧,以及其他话剧、开篇等节目在电台播出。

第三,取缔发射设备不合格的电台,减少电台数量,以改善播出环境。

上海的广播电台数量之多,世所罕见,一个四百万人口的城市,竟挤满了数十座电台,大多数民营电台的设备技术力量薄弱,且电力在 50 瓦特以下,电波互相干扰严重,打开收音机,吱吱声不断,影响了收音的质量。为此,国民政府的广播电台管理机构严厉取缔技术不达标的广播电台,对 8 家电台作出取缔的决定。

由以上介绍我们可以感觉到,娱乐节目的播出和管理,从广播一诞生就是一个值得重视的问题。娱乐节目因其形式多样、内容丰富,因其雅俗共赏、适应面广,因其有声语言表达、说唱、演唱等的通俗性特点,很容易出现粗俗、低俗、庸俗等对社会产生不良影响的问题。特别是随着广播影响的日益扩大,从各方面加强管理,特别是从播出语言、节目内容语言规范管理做起势在必行。

3.广告播音是广播诞生初期及快速发展时期广播的重要内容之一。广告作为商品销售的必备手段,与城市的商业有同样长的历史。步入近代,城市规模的扩大、工艺的改革和新技术的出现,导致商业广告的形式不断创新。以上海为例,新闻报纸、杂志的问世,孕育了平面广告。电的发明和应用给广告带来了革命性影响,用电制作的灯箱广告大量出现在街头。无线电广播的诞生,又把广告从无声变成了有声,一种具有划时代意义的新媒体广告也开始流行。

广告播音无疑是无线电广播传入中国之后出现的。一方面,广播收听不受地域的限制,不受文化程度影响的优点,备受工商企业的青睐,被看作宣传商品、促进销售的无上利器;另一方面,由于当时的广播电台绝大多数是民营,没有政府的补贴,在经济压力下,不得不长时间播送商业广告,以获取经济收入,维持电台的正常运营。

从一定的意义上说,广告是上海民营广播的重要发展动力,不少投资商投资广播电台的目的,就是通过在电台播出广告来赢利,所以,电台开播以后,商业广告的播出量急剧增加。因此,以声音传播为特色的广播电台播出的商业广告,成为现代都市生活的一道亮丽风景。

商业广告的大量播出,既反映出市场的繁荣、商品的丰富,也表现出电台之间的竞争相当激烈。由此,带来一部分电台的广告播出存在的一些弊端,比如虚假宣传,一些广告用语的夸张不实,以及部分广告播音的故弄玄虚,在宣传商品的同时,也给消费者带来一些误导。有些广告因为费用相对较低,给一些投机分子带来可乘之机。"于是投机商人乃即利用此负担极轻、获效极广之机会,乘时令之需要,粗制滥造一种出品,拟就耸动听闻之播音底稿,交播音者从事宣传,播音者更为见好于委托客家,画蛇添足,予以渲染,因此一般盲于目而不盲于耳之听众,均不免于受欺。"因假广告的存在打击了听众对电台的信任,损害了他们的利益,也削弱了电台播出广告的影响力。

电台播出广告存在的另一个弊端是节目的粗制滥造。电台为了盈利,多多益善,当大量客户涌来时,电台的广告播出相当草率,也影响了广告的效应,如一档播出节目中,有十余家的广告要播出,因此,广告的播出就变成:"因合播者之众多,不得不因陋就简,任意说上几句,效力之有无则不问,更因报告者之多,节目播出占时极少,卒令无一可听,此在客家固只求价廉而勿求物美,播音者徒知收入不问收获,结果客家因效力微薄,委托者日形减少,播音者即或一贬再贬,亦无人敢于问津。"①

显然,广播电台大量播出的广告节目,既有其宣传商品、丰富节目积极的一面,同时也带来粗制滥造、庸俗、低俗、虚假宣传等消极的影响。当然这也与民营广播电台自身的生存发展需要通过广告的经济收入来得到保证有关。②

总而言之,在新闻、娱乐和广告播音等得到快速发展后,也相应地出现了一些问题,语言不规范、语音不规范、语言品质不高、语言表达给社会带来不良影响等问题,成为人们广泛关注的重点,引起社会高度重视。由此,以广播播音为代表的有声语言表达及其重要性,以被全社会批判的状态得到"认可"和"重视",使大家从反面认识到有声语言在现代社会中的重要性,有声语言表达不仅仅只是语言的问题,而且还包含了道德、价值、审美等一系列重要问题。

关于语言,德国哲学家尼采曾经指出:母语是"真正的教育由之开始的最重要、最直接的对象",良好的母语训练是"一切后续教育工作"的"自然的、丰产的土壤";教师应当使学生从少年时代起就严肃地对待母语,"对语言感到敬畏",最好还"对语言产生高贵的热情"。

学者周国平认为:认真对待语言,力求准确地使用每一个词,这不仅是为了避免他人的误解,更是对待心智生活的严肃态度。不能想象,一个对写给别人看的文字极其马虎的人,自己思考时会非常认真。事实上,这种马虎恰恰暴露了他自己也不在乎所要传达的东西。相反,凡是呕心沥血于精神劳动的人,因为珍惜劳动成果,对文字往往都近乎怀有一种洁癖。

如果说文化是一种教养,那么,母语就是教养的基本功,教养上的缺陷必定会在语言上体现出来。一个语言粗鄙的人,我们会立刻断定他没文化。一个语言华而不实的人,我们也可以立刻断定他伪文化。举止上的高贵风

---

① 浦婺修.骨鲠之言[J].上海无线电.1938(25).

② 以上部分资料来自《西物东渐与近代中国的巨变:收音机在上海》。

度来自平时一丝不苟的训练和自我训练,语言上的良好作风也是如此。

各民族都拥有优秀母语写作的传统,这个传统存在于本民族的经典作品之中,它们理应成为母语学习的范本。一百多年前,尼采已经埋怨德国青少年不是向德语经典作家,而是从媒体那里学习母语,使得他们"尚未成型的心灵被印上了新闻审美趣味的野蛮标记"。如果尼采生活在今天这个网络时代,真不知他会作何感想。我本人认为,网络语文的繁荣极大地拓宽了写作普及的范围和发表自由的空间,诚然是好事,但也因此更应该警惕尼采所说的"新闻审美趣味"的蔓延。网络语文往往是急就章,因此可能导致两个后果:一是内容上的浅薄,缺乏酝酿和积累,成为即兴发泄和时尚狂欢的娱乐场;二是语言上的粗率,容易滋生马虎对待母语的习气,成为错别字和语病的重灾区。内容浅薄,语言粗率,这正是"新闻审美趣味"的两大特征,所以尼采说它"野蛮"。①

---

① 咬文嚼字(2012 合订本)[M].上海:上海锦绣文章出版社,2013:1-3.

⊙ 第二编　播音教育的创新发展历程　⊙

播音教育的萌芽和逐渐发展,不是历史发展中的偶然,也不是行业发展的必然,而是社会对媒体的要求,是播音从业者的职业自觉,是由国家和时代的需要积极促成的。

第四章　播音及其播音教育的萌芽

第一节　广播及播音的初期发展

一、播音职业(专业)的诞生和形成

任何事物的产生和发展都不是凭空的、想当然的,或者偶然的,一定有它发生、发展的客观因素和自身的条件影响,同时还受社会进步、时代发展以及事物自身发展变化的规律等因素影响。播音职业及专业的产生和发展也不例外。

伴随着广播的诞生,一个崭新的职业——播音——也同时诞生了。从1923 年 1 月 23 日"大陆报——中国无线电公司广播电台"正式开播第一天的节目时间表可以看出,在广播诞生的同时,不仅播音职业诞生了,而且播音业务的基本形态也同时出现了。首先是新闻类节目播音,包括国内外新闻和本埠新闻;其次是文艺类节目播音;最后是服务类节目播音。这三类广播节目的设置和播出,代表了那个时代人们对广播功能的认识,同时也确立了播音业务的基本形态,确立了播音专业的基本范畴。

当然,需要简单说明的是,以上这些分析和判断是我们根据今天对广播电视及播音的认识得出的结论,初期的广播从基本概念到专业分工都还存

在很多混乱、交叉和不确定性，比如，那时所说的"播音"大部分是指整个电台对外的播出，那时的"播音员"被称为"播音者""报告员""主持者"等。随着广播的不断发展，对广播认识和研究的不断深入，采编播等专业岗位逐渐清晰、规范，包括播音在内的基本概念开始规范化，其内涵和外延也得到基本清晰的规定。

然而，初期的广播节目，由于受到认识、技术及其他各种因素的制约，新闻、服务等节目的播出量有限，仅仅局限在把书面的文字变成有声语言，更多的是以文艺节目为主，播音的作用相当于报幕或串联。播音在广播传播中的作用非常有限，播音作为有声语言表达的基本功能还没有被认识到，其作用也还没有显现出来。随着广播的普及和发展，播出的内容也越来越丰富，在广大听众中的影响越来越大，人们开始关注广播中的"播音"给社会带来的影响，对播音中的不良现象开始进行批判，一些社会有识之士纷纷发表文章，如《播音台与播音者之自觉》《向播音台主持者建议》《滴滴娇与娇滴滴》《滑稽节目应速猛省》①等，这些文章中对播音员的素质、对播音语言表达的庸俗化、对播音内容的庸俗化、对娱乐节目的低俗化等提出的尖锐批评，表明人们对广播的社会功能、对播音的社会功能、对播音专业开始有了初步的但是较为明确的认识。

延安新华广播电台的开播，无论从内容到播音，还是从风格到精神面貌，都给当时的广播带来新气象，它以完全不同于国统区的绵软的小资情调的崭新面貌出现在听众面前。延安新华广播电台播出的内容，播音员充满激情和战斗精神的播音，打破了国民党当局的封锁，向全国人民传达了真实的声音、真理的声音，代表了正义与进步。这从延安新华广播电台的节目时间表中可以明确地看出，为适应当时的这一需要，节目以新闻、评论、通讯和文艺为主。这种节目设置和播出内容安排，使得播音员的播出量大幅增加，播音员也以革命的、战斗的精神和豪情，播出着完全不同于国统区的、全新的内容。至此，播音在广播传播中的作用较为明显地显现出来，这对于播音

---

① 上海市档案馆，等.旧中国的上海广播事业[M].北京:档案出版社、中国广播电视出版社,1985:465-473.

专业的形成,对于播音业务基本形态的形成和确立起到了直接的作用。从此,新闻、评论、通讯、文艺播音成为播音业务的几种基本样态被逐渐地固定下来,成为训练播音员和进行播音专业教学的基本内容,这一基本内容和模式一直延续到 20 世纪 80 年代。而"播音专业"从 20 世纪 60 年代经教育部正式批准建立以来,也已经走过了半个多世纪的历程。

二、播音主持专业的发展

经过半个多世纪的发展,今天的播音主持专业,无论从内涵还是外延来说,都发生了巨大的、革命性的变化,与广播诞生之初相比已是天壤之别。

从播音主持职业的角度来讲,播音员、主持人作为一个独立的社会职业,在《中华人民共和国职业分类大典》中,列在"专业技术人员"中的"新闻出版、文化工作人员"类中,其职业性质为"新闻工作"。对从业人员的要求也不仅仅是语音标准和语言表达技巧这样简单的层面,而是表现为政治、社会、文化、道德、责任、语言表达能力等多个层面。从业人员上岗,还要经过国家统一组织的职业资格考试,实行持证上岗。

从播音主持业务的角度来讲,以文本和播报为主要创作依据和表现形式的播音业务,伴随着广播电视的改革发展,也已经向着更深广的领域不断拓展。20 世纪 80 年代以来,广播电视节目多元化的发展,带来广播电视有声语言表达形式多元化的发展,文本不再是播音创作的唯一依据,而又增加了提纲、资料、热线电话、短信平台,以及现场嘉宾、观众、现场采访等多种形式的创作依据,甚至新闻现场也成为播音员、主持人新闻直播的创作依据。播报也不再是唯一的广播电视有声语言表达样式,而是涌现出了主持人"说"的语言形式、与嘉宾交谈的语言形式和现场采访报道等的语言形式。

从播音主持教育专业教学的角度来讲,1963 年,教育部正式批准设立中文播音专业,表明播音正式位列国民教育高等专业教育序列。从最初的普通话语音校正、发声训练、对播出内容的正确理解与把握,到今天以新闻传播学、语言学及应用语言学、文学艺术、哲学美学四大学科群为支柱,以新闻传播学为专业学科基础,以广播电视有声语言表达为其鲜明特色的专业教学体系基本形成，并且还在不断完善、发展之中。教学内容包括了播音发声学、语音学、语言学、新闻学、心理学、艺术学、美学、文学等众多学科的课程。从教学层次来讲，非学历教育包括了初级专业培训、中级和高级专业培训。学历教育包括高等职业技术教育、本科、专升本、双学位、专业硕士、硕士、博士等完整的教学层次，可全方位地满足社会对播音主持专业教育及人才培养的需求。

从播音主持理论研究的角度来讲，从无到有，从小到大。从点点滴滴的积累，到涓涓细流的汇聚，逐渐形成了播音发声学、播音创作基础理论、播音主持业务等研究成果。这些"支流"又汇聚成播音主持理论研究的长河。1994年，凝聚了几代人心血的《中国播音学》的正式出版，标志着一个新的学科从此诞生。随后，播音主持理论在广播电视语言传播、播音主持艺术理论和大众传播与人际传播的比较三大体系，在播音主持心理学、播音主持文化学、播音主持艺术鉴赏、播音主持风格学、播音主持教育学、播音主持教学法、有声语言传播研究方法、播音主持史论研究、播音主持艺术家研究、世界华语播音主持研究、普通话水平测试研究等广阔的领域内展开，取得了一系列丰硕的成果，并且向着广度和深度不断延伸和拓展。

播音主持专业发展到今天，已经到达了一个相对较高的平台，并且已经在这一平台上持续了较长时间。面对国家未来发展的大政方针，面对广播电视媒体的改革发展和新媒体、人工智能的狂飙突进，面对国家关于教育的中长期发展战略和全社会对高等教育质量的忧虑，面对全社会对有声语言表达学习训练的热潮，播音主持专业在未来的社会发展中应该占据怎样的位置，应该朝着怎样的目标继续前进，这是学界必须认真思考、严肃面对的问题。可以肯定的是，原有的培养目标、课程体系、教学模式已经不能完全适应新的形式，必须进行改革和创新，经过总结和分析研究，学界应该能够制定出一个较为清晰、准确的、符合当下实际和未来发展的培养目标。这个目标应该是有规格、有层次的。学界也应该能够总结和设计出新的教学体系和课程体系，这个体系应该真正体现播音主持专业未来的发展方向，既有制高点，又可俯瞰全局；既有鲜明的专业特色和教学质量保证，又有完整的体系和丰富的教学内容，各门课程之间相互作用、各司其职，共同为总培养目标服务,构成一个开放包容的有机的整体。

第二节 对播音专业的认识开始于社会价值

对播音专业的认识,既是随着广播发展、播音业务扩大、播音员影响力不断增加而逐渐加深的,也是播音带来对其他方面的直接或间接影响,人们逐渐认识到的。

首先,是播音本身的发展,使人们认识到播音的价值。按照我们今天的认识,播音主持是电台电视台的门面,是广播电视媒体对外的代表。播音员通过自己的声音把广播电视媒体的集体劳动成果传送至千家万户,其是与受众接触最多、对受众产生最直接影响的社会公众人物。

20 世纪二三十年代,随着广播的快速发展,广播成为那个时代最先进的大众传播工具,对社会的影响日益扩大。

那时的广播,新闻节目的播出量有限,电台更多的是文艺娱乐类的节目,戏剧、曲艺等演艺明星占据了相当大的舞台。播音员的专长是播报,既不擅长吹拉弹唱,也不擅长歌舞表演,难以归为演艺人员,而播音员的播报能力又是演艺明星难以达到的。但以民营为主的上海的广播电台,为了更好地创收盈利、吸引广告客户和更广大的听众,想方设法要把播音员培养成万人瞩目的公众人物,于是,将他们当作演艺明星来炒作,以招徕听众,增加电台的收入。

那时的广播电台也是男播音员少,女播音员多。一名女播音员要想崭露头角,吸引听众,想要被炒作,需具备诸多条件:一、要有一副好嗓子;二、要国语、沪语流利;三、还须坦然带有一股温柔又不失庄重的韵味,能紧紧抓住听众。

当时上海的广播电台并不缺少这样的播音员,一些著名的播音员也是千百万寻常百姓心中的明星,有无数的拥戴者,但电台的经营者还是有目的地对一些播音员进行包装、宣传、炒作,以提高广播的收听率和收入。具体做法是:

其一,在无线电杂志上开辟介绍播音员的专栏,是广播电台炒作播音员的手法之一。当时的《大声》无线电刊物连载《X 小姐传》,先后介绍了数十位女播音员。X 是国际无线电组织颁给中国的无线电频率代号,所以当时把播音员都叫 X 小姐。《X 小姐传》的介绍,包括播音员的学历,从业经历、家庭背景、个人播音风格及业余爱好,其中情感生活是介绍的重点。

其二,在无线电杂志上加强 X 小姐与听众的互动,是炒作播音员的另一种手法。如在刊物上设立 X 小姐信箱,每期由一位或几位 X 小姐回答听众的来信提问,听众的提问涉及面很广,如问播音员的出身、经历、嗜好、择偶标准、未来打算等。在《大声》上开设信箱时间最长的是哈蓓蓓,杂志经常刊登哈小姐与听众互动的文章。

其三,一些杂志还邀请部分资深播音员撰文,对与广播事业相关的话题发表看法。资深播音员曹明曾在《大声》上发表过多篇长文,引起听众的关注。

炒作、宣传,难免就会出现言过其实的溢美之词,一时间,对一些播音员的吹捧赞美之词充斥无线电广播刊物,更有甚者几乎达到了肉麻的境地,引起听众和读者的反感。如一位习惯性地在播音时每句话后都带一个"噢"字的女播音员,就被称为"噢女郎"。作者称这一"噢"字具有神奇的力量,"噢"女郎虽不是电影明星,也不是什么坤伶名角,可是她同样为千千万万的人们在空气中追求着,那一声噢呀噢的,富有一种神秘的诱惑性的音韵,她的"噢"的特长不知迷惑了多少无线电听众。

广播电台及相关杂志如此吹捧炒作女播音员,是为了推销杂志,对于广播电台来说,一位女播音员被炒红后,行情立即看涨,大量的广告客户蜂拥而来,指名道姓,要求某播音员播报他们的广告,由此可带来可观的经济效益。据报道,普通的播音员月薪很低,但每一位当红播音员手上都握有大把的广告订单,对电台来说,当红播音员是广播电台不可或缺的摇钱树。

这种现象从表面上看,是在热捧播音员以实现经济价值,但事实上它表明了一种对播音价值的认识,好的播音可以提升传播的效果。换句话来说,好的播音是具有传播价值、审美价值、经济价值等多方面的社会价值的。

其次,电台的播音在普及新知识方面发挥了任何行业不可替代的作用。

如前文所述,叶圣陶先生把广播称之为"文明的利器",当时,各行各业的专家学者、艺术家、政商界人士等,纷纷到广播电台发表演讲,向广大听众讲解时事形式、普及科学文化知识,教育部门也不失时机地开设各种广播教育讲座,把广播变成现代空中课堂,使更多的人能够尽快地受到一定的教育。在这一过程中,人们普遍觉察到有声语言的重要性、有声语言表达技巧的重要性,认识到语言表达技巧不仅播音员需要,所有参与广播宣传中的人都需要。由此,出于播音的基本示范作用,在全社会更大的范围内,人们认识到了播音的价值,认识到了有声语言在现代社会生活中的价值及其所发挥的不可替代的作用。

最后,广播的一个重要功能就是普及娱乐活动,提供健康积极的文化娱乐节目,丰富广大听众的业余文化生活。但在 20 世纪三四十年代,为了获取更大的利益,以民营广播为主的一些电台在文艺类节目中,不时播放一些低俗、庸俗,甚至恶俗的节目内容,引起广大听众和社会有识之士的强烈不满,他们纷纷发表文章予以批判。这些节目内容大部分是以说唱为主的,于是,有声语言在表达情感、态度时,在运用语气、语调等时所体现出的道德观、价值观、人生观,甚至审美观、文化观等,都被更多的人感觉到、认识到,这同样也是对有声语言表达价值的认识,认识到有声语言在社会文化建设中,在世界观、人生观、价值观、道德观等建设中不可替代的潜移默化、润物无声的作用。从某种意义上来说,这也是对播音社会价值的另一个层面或角度的认识。

第三节　对播音专业的认识发展于专业价值

播音主持专业是随着广播电视播音主持业务的诞生和发展而逐渐发展起来的。广播诞生之初对播音员的选择并没有明确的标准和要求,对播音主持业务也没有明确的标准和要求,因而 20 世纪二三十年代的广播,播音语言虽然以国语为主,但也是五音杂陈,沪语、粤语、闽语等俱在,很不标准,播音业务也较为简单。直到 30 年代后期,随着广播在全社会的影响日益扩大,各电台才开始对播音员的语音及语言表达状况有了一些基本的要求。1937年,著名语言学家赵元任先生发表了《广播须知》一文,从声音、语言文字、形式、技术、礼貌等六个方面,对播音员和播音业务提出了具体要求。这大概是最早对播音提出的系统的具体要求。20世纪40年代以来,随着广播的发展,特别是解放区人民广播的发展,对播音工作、对播音员业务素质涉及范围和能力的要求逐渐扩大和提高,相继提出了一些较为明确的业务要求,并在工作中贯彻实施。这些从延安时期的广播资料中和各地电台挑选播音员时所列出的招考条件中,以及从对新播音员的培训内容中都能很清楚地反映出来。①

中华人民共和国成立,百废待兴,特别是在一个存在大量文盲的社会,快速地消除文盲,普及文化科学知识,成为新中国建设的头等大事。

推广普通话在当时尤为迫切,播音员建立的普通话声音形象,为普通话推广建立了不朽功勋,在全世界的通用语推广工作中独树一帜,取得的效果独一无二。

近现代以来,几代语言学家经过近百年的努力,于20世纪50年代终于制定出《汉语拼音方案》的时候,那只是一个理论上的设计。标准的普通话是什么样? 谁说的话是标准的普通话? 谁的发音是标准的发音? 如何尽快地把普通话宣传、推广出去? 从政府到专家都不约而同地把目光集中到了当时最先进的大众传播工具——广播身上,集中到了广播对外的代表——播音员身上。是谁把普通话以有声的形式鲜活地展现在世人面前并成为标准、成为典范的? 是播音员! 把这一切变为现实的正是播音员。语言是活生生的,但写在纸上的语言,是缺乏生机和活力的,有些冰冷,但是当它以声音的形式从人们嘴里说出来的时候,就充满了生机,变得有温度、有重量、有感情、有色彩、有活力。著名语言学家吕叔湘曾说,从某种意义上说,有声语言才是真正意义上的、完备的语言。

语言学家们为现代汉语普通话的规范建立了功勋、做出了贡献,而为现

---

① 陈尔泰.中国广播史考[M].北京:中国广播电视出版社,2008:216;赵玉明.中国现代广播史料选编[M].汕头:汕头大学出版社,2007:86.

代汉语普通话树立美好的声音形象的,正是以中央人民广播电台为代表的几代播音员。正是他们以自己高水平、高质量的播音实践,把书面的现代汉语普通话以标准的发音和准确的表达,向人们展现了普通话的美好形象,正是他们在这方面做出的实质性的贡献,奠定了普通话的声音形象。这种声音形象甚至已经成为国家政治形象、文化形象的典型代表。

1956 年,当在全国开始推广普通话的时候,播音员立即被推到了最前沿。他们从学习普通话的开始,在强烈的责任心和使命感的驱使下,就不仅仅只是建立了标准和规范的概念,而是同时还建立了情感的概念、表情达意的概念、审美的概念、精神气质的概念,使得现代汉语普通话从一开始就以全新的、温情的、近乎完美的面貌出现在人民群众面前,并表现出了一种从未有过的从容,甚至是某种程度的雍容、大气、温和、平实,简单却又丰富多彩,平实却又感情丰富,大气却又多姿多彩,从容却又表现力强劲……这样一种任何语言、任何方言都无法比拟的巨大优势使得普通话快速而大范围地得到推广。试想如果没有现代广播、没有播音员这样一种优秀的示范,普通话能这么快、这么容易地就被大众心悦诚服地接受吗? 播音员的示范,为普通话建立了一个形象、可感、具体的标准,使社会大众易于直接感受、接受,为普通话推广奠定了一个良好的基础和开端。

20 世纪 80 年代以来,交通、通讯的发达,带来了人员交流的频繁,加之新事物、新技术的不断涌现,语音、词汇的发展变化异常活跃,汉语出现了历史上空前的活跃、发展时期。而强大的、影响力巨大的现代广播电视媒体,在这一进程中无疑是最积极、最活跃、最直接的影响因素。播音员、主持人及其语言传播行为,既展现着时代和社会生活,同时也引领着社会语言生活的潮流,代表着国家通用语言的形象,创造着当代语言的典范,强化着语言素质的标准。有声语言的大众传播,迥异于日常生活的随意说话,需要更高超的语言功力、更引人的韵律美感。只具有一般人的说话能力、交谈能力,是远远不够的。

随着大众传媒的发展,传媒语言如何处理好语言规范和语言发展的辩证关系,既是摆在每一位语言工作者面前的课题,更是考验每一位广播电视有声语言传播者的现实课题。语言来源于大众和社会,又服务于大众和社会,传媒语言是社会发展的一面镜子,它能反照出语言发展的全过程。作为媒体工作者,尤其是广播电视播音员、主持人,该如何应对呢?张颂先生认为,首先是规范化。其次,允许不同的语言形态、语言样式、语言样态共同生存,优势互补。最后,从现实出发,努力弘扬民族语言的优良传统,提高语言品位。

从以上简单的分析中可以看出,播音员、主持人语言运用对语言发展变化的有力推动作用,对全社会语言准确、规范运用的影响力和维护祖国语言纯洁的不可替代的作用。从这个意义上来说,播音员、主持人在广播电视有声语言传播中所展现出来的语言面貌,对全社会来说,有着不可替代的标志作用、示范作用、导向作用、规范作用和审美作用。这一任务具体而明确,任重而道远,只有经过不懈的努力,用从业者高水平、高质量的有声语言实践,才能更好地发挥播音员、主持人的语言影响力。

第四节　对播音专业的认识深化于教育价值

对于播音专业,人们最容易感知的是与之有关的关于有声语言表达的声音形式。这种声音形式因其与朗诵、演讲、日常生活语言等的区别而显得颇为独特。然而,公众往往较难理解和感知播音是如何通过"声音"来准确且完美地传达内容的。播音教育则是一种从形式到内容的独特、创新的教学模式,它涉及多个学科的交叉与融合,可以进一步加深人们对播音专业的理解。

一、横向认识:教育价值中的多学科融合

人们之所以能够通过教育价值深化对播音专业的认识,是因为这个专业的教育内容跨越了多个学科领域——从艺术学到语言学,再到新闻学、传播学乃至文化学,每一学科领域都赋予了播音员独特的视角和技能,使播音成为一个综合性的专业领域。

　　播音是一门声音的艺术。播音专业的教育不仅强调技术上的训练,如发音、吐字、气息控制等,还注重情感表达和声音的艺术感染力。此外,播音教育也涉及声音设计、音乐配合等方面的知识,使得播音成为一种综合性的艺术表现形式。其中,艺术语言发声是播音专业教育的重要组成部分,它不仅包括正确的呼吸控制、声音的清晰度和共鸣技巧,还涵盖了语调的变化、节奏的把握等艺术化元素。这些技能可以帮助播音员掌握如何用声音去打动听众,如何让语言具有感染力,从而更好地传递信息。

　　播音不仅仅是语言的输出,更是语言科学的应用。播音教育要求学生掌握标准语的使用,比如普通话的标准发音,这对于推广通用语言、促进语言规范化非常重要。同时,播音员还需要学习语用学、语义学等相关知识,以便更好地理解和表达文本内容,确保信息传递的准确性和有效性。语言学,特别是语音学,为播音员提供了基本的语言知识,比如音位、音节、音变规律等。通过学习语音学,播音员能够理解和掌握标准普通话的发音规则,能够纠正地方口音,让自己的发音更加标准、清晰。

　　从新闻学的角度来看,播音专业的教育强调信息的真实性、时效性与客观性。播音员应当具备快速反应能力,能够在第一时间准确无误地报道新闻事实。此外,播音教育还涉及新闻采访、编辑等环节的训练,以确保播音员能独立完成新闻报道的全过程。在新媒体时代,新闻采编工作更加注重体验式报道和服务人民的理念,记者不仅是新闻信息的传播者,也是新闻实践的亲历者。新闻学为播音员提供了新闻采编、报道等方面的专业知识。了解新闻的基本原则、新闻写作技巧、新闻伦理等,有助于播音员在播报新闻时做到客观公正,同时也能提升他们的新闻敏感度和报道质量。

　　从传播学的角度分析,播音不仅是信息的传播过程,也是文化传承与交流的过程。播音作为一种重要的传播手段,其教育不仅要考虑信息的内容,还要考虑信息传递的方式及其对受众的影响。在新媒体时代,播音员需要了解社交媒体的特点,掌握数字化传播工具的使用方法,以适应多渠道、多层次的信息传播需求。此外,传播学还应关注反馈机制,即如何通过观众的反馈来调整传播策略,提高传播效果。传播学研究信息如何通过不同媒介进行传播,以及这些信息如何被受众接收和解读,学界把这类研究归类为

"受众视野"的传播研究。这对于播音员来说非常重要，因为这关系到他们如何有效地将信息传达给观众或听众，以及如何评估和调整自己的播音风格以适应不同的传播环境。

在文化学视角下，播音专业的教育价值在于它能够促进文化的传承与发展。播音员是文化的传播者，通过他们的声音，可以让更多人了解并欣赏不同的文化形态。此外，播音员还承担着推动文化创新的责任，他们通过新的表达形式和技术手段，丰富文化的表现形式。在新媒体环境下，艺术的创作方式和传播方式都受到了新媒体技术的影响。文化学帮助播音员理解不同文化背景下人们的思维方式和价值观，这对于国际传播尤为重要。具备良好的跨文化沟通能力，可以使播音员在面对多元文化受众时，播音更加得体和有效。

正是由于播音专业教育涵盖了如此广泛的知识领域，并且注重理论与实践相结合，才使得人们对这一专业的认识得以深化。这种全面而深入的教育模式，不仅培养出了具备高水平专业技能的播音员，同时也促进了播音这一职业的社会价值和个人价值的实现。

二、纵向认识：播音教育发展历程中的价值体现

如前文所述，在20世纪初，随着无线电技术的发展，广播开始兴起，播音员最初的角色主要是播报新闻和节目主持。当时，播音员大多是从戏剧演员或电台工作人员中选拔出来的，并没有接受过专门的播音教育。随着时间的推移，人们逐渐认识到声音表达在传播中的重要性，播音教育开始萌芽。这一时期，虽然还没有形成系统化的教育体系，但已经有一些基础的声音训练和表达技巧被纳入非正式的培训当中。

到了20世纪中后期，随着广播和电视媒体的普及，播音员的角色变得越来越重要。各大高校开始设立播音主持相关专业，提供系统的教育和培训。这些教育项目不仅教授基本的发音技巧，还融入新闻学、语言学等学科内容，使播音员能够更好地适应复杂多变的媒体环境。这标志着播音教育开始走向专业化、系统化。

最初的播音教育内容和手段较为单一，主要集中在声音训练上。随着媒体行业的快速发展，教育模式也随之演变，开始注重多学科知识，如新闻采访与写作、媒体管理、心理学等的融合，以满足行业需求。进入 21 世纪以来，新媒体技术的出现对传统播音教育提出了新的挑战。教育机构开始引入与新媒体技术相关的课程，如数字媒体制作、网络直播等，以培养适应新媒体环境的专业人才。这种转变反映了教育内容随技术进步而不断更新的需求。

语言学的引入使播音员能够更加科学地理解语言的本质，提高发音的准确性。例如，语音学的加入帮助播音员掌握标准发音规则，纠正方言口音。这体现了语言学对播音专业教育的重要贡献。新闻学教育强化了播音员的职业道德和社会责任感。随着新闻业的发展，播音员不再仅仅是信息的传递者，更是社会公共议题的参与者和引导者。这反映了新闻学对播音员职业定位的影响。传播学的引入使播音员能够更好地理解信息传播的过程及其对受众的影响，特别是在社交媒体时代，播音员需要学会如何与观众互动，以强化信息传播的效果。这展示了传播学对现代播音实践的重要指导作用。

全球化的进程加快了不同文化间的交流与碰撞。播音教育中加入文化学的内容，可以帮助播音员更好地理解和传递多元文化，促进文化的相互理解和尊重。这说明文化学在全球化背景下对播音专业教育具有不容忽视的重要意义。

通过对播音专业教育的简单回顾，可以看到，随着时代的变迁和技术的进步，播音教育的内容和形式也在不断地发展和完善。从最初的单一技能训练，到后来的多学科交叉融合，再到今天的全球化视野，播音专业的教育始终在与时俱进。

第五节　民国时期播音教育的萌芽

民国时期，尽管我国并没有真正意义上的播音教育，但广播的诞生和发展,以及从业人员和社会有识之士对广播的研究和思考,对广播与社会的关系、广播的社会影响,以及对广播本身的深刻认识,都对未来的广播教育特别是播音教育的产生带来了深远的影响,甚至在很大程度上奠定了其发展的基础。

例如,在语音标准化方面,著名语言学家赵元任所作的国语讲座,以及国民党中央电台在招收播音员时对语音的严格考核要求,这些都是播音教育萌芽的具体体现。其中《国语训练大纲》由赵元任编写,共分十讲二十五节,内容包含声母、韵母、声调、拼音、极常用字读音、声调变化、矫正方音(上)、矫正方音(下)、练习、温理和答复疑问等。① 赵元任的工作,不仅提高了公众对标准语的认识,也促使广播从业者重视语音的规范性,这为后来播音教育中重视语音训练打下了坚实的基础。赵元任的国语讲座通过广播的形式普及普通话知识,增强了公众对国家语言统一的认识。而民国时期的中央电台在招收播音员时,会对其语音进行严格的考核。这种考核包括当时的国语的发音准确度、语调自然度、语速适中等方面的考量。②

另外,徐卓呆等学者对播音的研究和介绍,以及徐学凯的翻译工作,也对播音教育的理论准备起到了积极的作用。徐卓呆的《无线电播音》是中国首部系统阐释播音理论的专著,其中提到"无线电播音的材料中,如有不良的内容,我们从社会教育的立场,当然应当认识它,淘汰它"③。这些学术活动促进了民众对广播技术、广播内容及播音技巧的理解,为播音教育积累了宝贵的理论资源。徐卓呆的研究涉及广播历史、技术发展等方面的内容,而徐学凯的翻译工作则引进了国外先进的广播技术和教育理念,为国内播音教育的发展提供了参考。徐学凯更借 1943 年赴哥伦比亚大学访学之机,将美国广播播音领域的首批专业著作之一——美国学者艾伯特(Abbot)撰写的《广播手册》(*Handbook of Broadcasting*)一书编译为中文版《广播常识》

---

① 赵元任.国语训练大纲.教育播音演讲集[M].上海:商务印书馆,1940:601-623.
② 王文利.民国时期广播播音员选拔标准浅析[J].现代传播(中国传媒大学学报),2012,34(01):141-142.
③ 徐卓呆.无线电播音[M].上海:商务印书馆,1937:3.

(1947年)介绍给国人。①

此外,像茅盾这样的文学大家对于广播的评价,以及齐越等早期播音员的职业和专业自觉,都在一定程度上推动了播音实践的发展。这些早期播音员的职业态度和专业精神,为后人树立了榜样,也为播音教育提供了丰富的实践经验。茅盾等人对于广播节目质量的关注,以及对播音员素质的要求,反映出文艺界对于广播这一新兴媒体的高度期待。

民国早期播音教育的萌芽阶段具有重要的历史意义。尽管这一时期尚未形成系统的播音教育体系,但广播的诞生和发展,以及广播业内外人士对广播的研究和思考,为未来的播音教育奠定了坚实的基础。这一时期对语音标准化的重视,特别是赵元任等学者在国语推广和语音训练方面的努力,显著提高了公众对标准语音的认识,并促使广播从业者更加注重语音的规范性。同时,国民党中央电台在招收播音员时采取的严格语音考核标准,进一步强化了语音规范化的重要性,为后来播音教育中语音训练的系统化提供了重要借鉴。

学术界对播音理论的研究和译介工作,如徐卓呆和徐学凯的贡献,为播音教育积累了宝贵的理论资源。他们的研究成果不仅丰富了人们对广播技术、广播内容及播音技巧的理解,还推动了播音教育理论体系的初步构建。此外,文艺界对广播节目质量的关注和对播音员素质的要求,反映了社会各界对广播这一新兴媒体的高度期待。早期播音员的职业态度和专业精神,为后来的播音教育提供了丰富的实践经验,并为播音员树立了高标准的职业典范。

目前,播音学界,尤其是播音史学研究领域,越来越重视对早期播音教育理念的收集和梳理工作。这一趋势反映了学界对于历史经验和理论积淀的高度重视。通过对民国时期播音教育萌芽阶段的研究,学者们试图挖掘和总结早期播音教育中的宝贵经验,为现代播音教育提供理论支持和实践指导。

---

① 高国庆,侯博.民国时期美国广播播音译著研究:从《广播常识》到《广播手册》[M].北京:九州出版社,2021:1-5.

通过梳理早期播音教育的理念,可以更好地理解播音教育发展的脉络,把握其内在规律,这对于当前及未来播音教育的改革与发展具有重要意义。此外,对早期播音教育理念的研究还有助于加强播音学的学科建设,提升播音教育的学术地位,促进播音教育理论与实践的深度融合。

在播音学界,尤其是播音史学研究领域,对早期播音教育理念的收集和梳理是一项重要的任务。最为基础且重要的,仍然是加强对早期播音教育文献、档案和实物资料的搜集、整理和保护,确保这些珍贵的历史资料不会因时间的流逝而遗失。进一步而言,则是理论的归纳与总结,尤其是对早期播音教育理念进行系统化的理论研究,鼓励播音学与其他学科如历史学、社会学等的合作研究,从多角度审视播音教育的历史发展,探索跨学科合作的新模式,为播音教育提供更为全面的理论支持。因为,"跨学科"本身就是播音教育的一大重要特征。

此外,在现有的历史资料和认识中,早期播音理论在其他国家的广播研究中同样存在。因此,加强与国际同行的交流合作,了解不同国家和地区播音教育的历史背景和发展路径,开展跨国界的比较研究,借鉴国外的先进经验,对丰富和完善中国播音教育理论体系一定是大有裨益的。

总体而言,民国早期播音教育的萌芽阶段通过理论探索和实践积累,为播音教育的正式建立创造了有利条件。这些努力不仅推动了广播事业的发展,也为后续播音教育体系的形成奠定了坚实的理论和实践基础。播音史学研究的这一动向不仅有助于传承和发扬播音教育的传统精髓,还能够为现代播音教育的发展注入新的活力,推动播音教育向着更加科学化、专业化和系统化的方向前进。

第五章　播音教育体系的建立

广播最早诞生于美国,按照事物发展的一般规律,播音教育也应该首先诞生在美国,但事实上规范的、制度性的播音学历教育并没有在美国率先诞生和发展。据我们所掌握的一些资料,早在 20 世纪 20 年代,在美国南加州大学就有了广播系,并且开办了诸如"语音规范""发声"等方面的专业课。但是,由于中西方对广播电视传播的观念认识不同,广播电视体制的不同,造成了对播音专业的认识完全不同。民国时期的广播电视体制和对播音的认识,基本上完全接受了以美国为代表的西方广播电视观念和体制,而自延安新华广播电台的开播起,中国共产党人对广播电视的全新认识,特别是以齐越为代表的新中国播音创建者对播音的认识,一开始就没有把播音当作一个简单的传播工作,而是作为一项创造性的工作来对待和完成的,正是因为创作观念的确立,才使得播音走上了一条与西方完全不同的道路,创立了独具特色的中国式播音及播音教育。

第一节　播音教育事业的起步和发展

中华人民共和国成立后,随着广播电视事业的快速发展,对播音专业人才的需求,无论从数量还是质量来说都越来越紧迫。1952 年 12 月,在中华人民共和国成立后召开的第一次全国广播工作会议上,就专门召开了研究播音工作的座谈会。1954 年 7 月,首次出访外国的中国广播代表团,就有孟启予、丁一岚、齐越三位播音员参加,前往苏联学习播音经验。1955 年 3 月,中央广播事业局又专门召开了全国性的播音业务学习会。这一系列举措,充分体现了广播事业对播音人才的重视,对播音专门人才培养的渴望,同时也体现出播音水平和质量对广播事业发展的影响。于是,对播音专业人才的培养就提上了重要的议事日程。

播音主持艺术教育的建立,经历了几个发展阶段。

第一阶段:开展专业培训,解决一时之需。

1954 年 3 月,为满足广播事业发展对技术人才的需求,中央广播事业局开办了广播技术人员培训班。1957 年 11 月举办了"中央广播事业局播音员训练班",由齐越主讲播音业务课。与此同时,各地广播电台为了适应广播事业的发展,也举办了一系列播音业务培训班,解决了播音岗位亟需播音人才的问题。

1960 年,为充实中央台和地方台播音队伍,按照周恩来总理的指示"在北京高中应届毕业生中,选拔德才兼备者,经培训充实广播第一线",由中央广播事业局负责,中央台播音组在北京市一些学校考察挑选了 30 多名学生,由刚刚建立的北京广播学院进行培训。于是,中央人民广播电台的马尔芳和刚从天津台调来北京广播学院筹建播音专业的徐恒,着手组织这个培训班的播音教学。因为各台播音一线急需人才补充,这个班的学员只经过一个学期的紧张学习就提前结束培训,被分配到了中央台及全国各广播电台、电视台的播音岗位。

第二阶段:建设正规的高等专业教育。

短期的培训,只能解决一时之需,不能从根本上、从更高的要求上解决广播电视事业发展对人才的需求。建立规范的高等专业教育,是解决问题的根本出路。1958 年 8 月,中央广播事业局将广播技术人员培训班改建为北京广播专科学校。1959 年 9 月,扩建为北京广播学院。1960 年,北京广播学院开始筹建播音专业。

1961 年,为进一步解决广播一线播音人才紧缺的问题,同时也为播音教育积累教学经验,北京广播学院在各个专业的在校生中,通过校内的语言测试挑选了近 30 名学生,组成了北京广播学院第一届新闻专业播音方向大专班。这个班的学生于 1962 年毕业。承担播音专业课教学的教师有徐恒、马尔芳、王璐。

1963 年，经教育部批准，北京广播学院在新闻系正式设立播音专业，开始从全国各地高中生中招收大专学历层次的学员。从此，我国建立了播音的高等教育，开创了播音专业学历教育的先河，播音专业教育走上了正规化、系统化、高层次、高质量的建设道路，中国的播音教育翻开了崭新的一页。

1966 年，由于受到"文革"的干扰破坏，刚刚建立的播音专业高等教育，在招收了三届学员（1963、1964、1965）后就停止了招生。北京广播学院也被撤销。1973 年，在周总理的直接关怀下，北京广播学院恢复建立。从 1974 年起，连续招收了三届工农兵学员（1974、1975、1976）。虽然先后只招收了六届学员，但却为播音专业教育积累了办学经验，建立了基本的教学体系，全面梳理了中华人民共和国成立以来播音研究的成果，为播音专业高等教育今后的大发展奠定了坚实的基础。至此，播音专业高等教育完成了基础建设任务。

第三阶段：建设专业人才培养层次齐全、高水平、高质量的播音主持艺术教育体系。

1977 年，十年动乱结束，全国恢复高考，北京广播学院也迎来了播音教育新发展的春天，播音专业开始进入本科教育的新时代。从此，本科教育成为播音专业教学的基础，为全国各个广播电台、电视台输送了大批播音人才，为 20 世纪 80 年代播音主持事业的腾飞提供了实践人才，也为播音主持事业的持续发展培养了学术骨干力量。播音专业教育以本科教育为龙头，进入了快速发展的历史阶段。

第一，大力进行师资队伍建设。

俗话说，"兵马未动，粮草先行"，优质的师资队伍是播音专业教育的根本保障。1979 年，经北京市批准，齐越成为我国播音专业教育的第一位教授。随后，徐恒、张颂、毕征、高蕴英、张慧、祁芃、吴郁等一大批 60 年代培养和成长起来的播音专业教师，陆续被评为副教授和教授，成为播音专业教学的中坚力量。同时，还从中央台和地方台聘请了夏青、林田、潘捷、葛兰、林如、铁城、方明、宋世雄以及陈醇(上海台)、徐斌(山东台)等一大批著名的播音员担任兼职教授,成为播音专业教学的有生力量。这些举措保证了播音专业教育理论教学和实践教学紧密结合,专业教学不脱离专业实践,也保证了播音专业人才培养的高规格、高起点、高标准、高质量。

进入 21 世纪,随着开办播音主持专业的高校不断增加,整体的师资队伍的规模也在不断扩大,特别是一些文学、艺术学、新闻学、传播学、影视艺术学等相关专业学科背景的师资的加入,极大地扩展和丰富了播音专业教学的师资力量和教学内容,深化和提高了播音专业教学质量。

第二,加强课程建设和教材建设,突出教学的专业独特性。

课程体系的构建和专业教材的编写,是保证培养目标的实现和培养计划落实的关键。从 1963 年播音专业正式建立开始,到 1977 年恢复高考开始本科教育,再到 21 世纪的今天,播音专业教材从最初油印的讲义,到铅印的内部使用教材,再到今天成系列的、多层次的、具有播音主持专业独特性的近百种教材,充分满足了各级各类播音主持专业教学的需要,保证了不同培养目标的落实和教学计划的实现。例如,《播音创作基础》《播音学简明教程》等教材,还分别获得广播电影电视部优秀教材奖,《主持人的语言艺术》获北京市哲学社会科学优秀成果奖,《播音主持心理学教程》《文艺作品演播教程》等被列为"北京市高等教育精品教材立项项目",《当代广播电视播音主持》被列为普通高等教育"十一五"国家级规划教材。

第三,加强科研工作,以科研带动和促进专业教学。

教学水平的提高、专业理论的发展、学科建设的水平,都离不开科学研究的支持。科研项目的多少、科研水平的高低,直接反映出一个学科发展的活跃程度,反映出理论研究的深度和广度。播音主持专业从建立之初,就十分重视理论研究工作。从 20 世纪 50 年代初开始起步,从学习、借鉴到独立创新,从撰写论文到出版理论专著,再到申请省部级、国家级科研课题,几十年来取得了丰硕的成果。

第四,不断健全和丰富播音专业教育层次,提高播音主持教育质量。

1963 年,北京广播学院正式设立播音专业,开始了播音专业的学历教育。虽然在今天看来,似乎只是不怎么起眼的学制两年、学历大专的教育,但在那个高等教育属于精英教育的年代,播音作为一个实践性的专业,能达到大专学历层次的教育,实属难能可贵。

1977 年,十年动乱结束,全国恢复高考,为适应四个现代化建设发展的需要,为广播电视培养高级专业人才,北京广播学院播音专业开始了本科教育的历史新阶段,播音专业教育历史性地跨上了一个新的台阶。

1979 年,齐越被批准为播音教育史上的第一位教授;1980 年,齐越教授又被聘为播音教育史上的第一位硕士研究生导师,并招收了播音教育史上的第一个硕士研究生,播音教育又实质性地向前发展了一步,进入了更高的教育层次。从以培养实践型人才为主,进入培养研究型人才的新阶段。

1999 年,北京广播学院播音主持艺术学院张颂教授受聘担任播音教育史上的第一位博士研究生导师,并招收了第一位广播电视艺术学博士研究生。至此,以北京广播学院齐越、徐恒、马尔方、王璐、张颂等为代表,以中央人民广播电台夏青、林田、潘捷、费寄平、林如、铁城、方明等为代表的几代学界和业界精英共同组成的研究实践团队,经过几十年的艰苦努力,终于建成了包括高职、大专、专续本、本科、第二学士学位、硕士研究生、艺术(专业)硕士、博士研究生在内的完整的学历教育体系,为广播电视播音主持事业全方位、全层次地培养专业人才,为广播电视播音主持事业的发展做出了不可估量的贡献。

第五,不断扩大教育规模,满足播音主持事业发展要求。

1963 年,播音专业刚建立时,隶属于北京广播学院新闻系,是新闻系下设的一个专业,教师只有徐恒、王璐、马尔方和张颂四人,只有一个播音教研室。

但是,仅有北京广播学院一所高校培养高规格、高层次人才,是远远不能满足广播电视事业飞速发展对播音主持人才的需求的。1986 年,浙江广播电视高等专科学校在杭州举办首届学生开学典礼。这是广电部建立的第二所为广电系统培养高层次专门人才的高校。首次招生的播音专业,学制二年,学历大专。该学校的建立形成了播音专业教学的南北布局。此后,广电部又在山西太原建立了太原干部管理学院(现山西传媒学院),从培训基地逐渐发展成为学历教育,开始招收包括播音专业在内的大专层次的人才。

与此同时,上海戏剧学院、天津师范大学等一些高校也尝试着开办了播音主持专业。

在北京广播学院的带动下,从 20 世纪 90 年代末开始,全国高校兴起了一股持续二十多年的开办播音主持专业的热潮,播音主持专业教育在全国各地高校快速扩展。到目前为止,有关资料显示,全国设立播音主持专业的院校已有 600 多所,全国播音主持在校生已经突破十万人。

第二节 高规格播音主持专业教育的诞生与发展

一、播音主持专业教育

播音主持专业是随着广播电视的诞生而出现的一门新兴职业,也是随着广播电视事业的迅速发展而成为一个受人瞩目、迅速走红的职业。如今,播音员、主持人已成为社会中最活跃的一分子,成为对社会时尚、文化、审美,以及受众的思想、行为、观念等产生影响的社会公众人物。

播音主持教育是在广播电视事业发展到一定阶段,要求进一步提高广播电视传播质量,要求对从业者进行专门的、系统的、规范的文化知识、专业知识和职业技能的学习、训练而发展起来的一门新兴专业教育。专业教育,也叫"专门教育",指培养某一领域专业人才的教育。① 如今,播音主持教育已成为高校中的热门专业,备受瞩目。

本书多次提到"播音主持专业",那么,"专业"这一概念在本书中的含义是什么?

第一,带有量词的性质。"专业"是教育或人才培养的基本单位。"是依据确定的培养目标设置于高等学校(及其相应的教育机构)的教育基本单位或教育基本组织形式";②或者说是"根据学科分类和社会职业分工需要分门

---

① 顾明远.教育大辞典(简编本)[Z].上海:上海教育出版社,1999:642.
② 周川.专业散论[J].高等教育研究,1992(2).

别类进行高深而专门知识的教与学活动的基本单位。"①总之"专业"在本书中表明一个独立的系统或单独的范围,区别于院校、课程等范围。

第二,从学科的角度来看,专业是指"高等学校的一个系里或中等专业学校里,根据科学分工或生产部门的分工把学业分成的门类。"②事实上,对于"专业"的概念还有其他不同层面和角度的理解和用法。从广义的角度来看,专业指"某种职业不同于其他职业的一些特定的劳动特点";从狭义的角度来说,专业主要指"某些特定的社会职业",③尤其是那些"受过高层次教育和专门训练的高级职业"。

确定概念范围为"播音主持专业",主要原因是,随着社会和广播电视媒体的发展,播音员、主持人和他们的播音主持在社会生活中的影响越来越大,不论你愿意与否,也不论你是主动还是被动,广播电视已经成为人们生活中的重要组成部分。播音员、主持人所肩负的各种社会责任也越来越大。因此,播音主持教育的重要性日益凸显。

二、播音主持专业教育的诞生

播音主持专业教育诞生于广播电视事业的发展之中。广播电视的发展,对各类专门人才的要求越来越强烈,对专业的学习和培训也越来越迫切,于是播音主持专业教育就从这初期的业务培训开始逐渐发展起来。初期的播音教育是实用的、分散的,谈不上系统,更谈不上学科和科学。哪个台需要用人,哪个台就面向社会公开招聘,招聘的条件、培训的内容基本以该台的管理者对广播的认识,或该台所拥有的最高水平的播音员对播音的理解和认识而定。认识高、水平高,对播音的重要性的理解就较深入,所提出的条件和培训的内容就较为专业和实用。而培训的过程基本上是言传身

---

① 薛国仁,赵文华.专业:高等教育学理论体系的中介概念[J].上海高教研究,1997(4).

② 现代汉语词典[Z].5版.北京:商务印书馆,2006:1788.

③ 周川.专业散论[J].高等教育研究,1992(2).

教,手把手地教、一对一地练,属于传统的"师傅带徒弟"的形式。初期播音员培训的这种形式,为后来播音专业教育的授课模式奠定了基础,这其中既有偶然性,也有必然性。从偶然性来讲,一是当时接受培训的人数较少,一般是两三个或三五个,多者也就十几人,适合采用这种"传帮带"的教学形式。二是当时培训的主要是一些技术性的内容,经验性的、感性的东西多于系统的、学理的东西,采用这种教学方式也就是自然而然的了。从必然性来讲,这种言传身教、一对一的教学训练方法,与有一定艺术表现要求的艺术语言播音专业可以说是不谋而合,因为这种技巧性的、个性化的艺术训练以单兵教练的形式进行,是符合艺术教育规律的,因而它不仅适合播音教学,而且还在其中发挥了巨大的作用,为培养合格的播音主持人才提供了直接的保障。

正式的、纳入国民教育系列的播音专业教育开始于 20 世纪 60 年代。1963 年,经教育部批准,在北京广播学院设立了中文播音专业,这也是在先期举办若干期播音员培训班的基础上发展起来的。正规教育开设的课程较以往的短期培训要多、要正规,但仍然处在探索阶段。发声课基本借鉴戏曲、曲艺、声乐的发声方法和要求,语音课基本以普通话语音知识为主,其他专业课基本以当时苏联和国内播音员的创作经验、体会为主,再辅以新闻采编等课程。教学仍然没有摆脱师傅带徒弟的、经验传授的基本模式。这种办学仅仅持续了三年,就因"文革"而被迫停止。"文革"期间招收了三届工农兵学员,在当时极"左"思潮的影响下,本身就不完备的教学计划,也未能严格执行,能坚持下来已属不易。这一时期,虽然课程还显得很粗糙,教学体系还在架构中,但播音专业毕竟摆脱了培训的初级状态,进入了高等教育成建制、有计划的学历教育层次。这是播音专业迈出的坚实的一步,为未来的发展打下了一个非常重要的基础。

三、播音主持专业教育的发展

1977 年恢复高考后,播音专业学制由大专改为本科。真正成建制、制度化、规范的播音专业教育才算开始。在"文革"前三届大专班、"文革"期间全国播音员培训班及三届工农兵学员班的教学积累的基础上,播音专业课已具备规范的雏形,播音发声、播音基础、播音文体三门主干课程已基本成型。大小课的结合,进一步奠定了播音专业课教学的基本模式,并在教学实践中积极探索、实践教师、学生和课程之间的最佳组合,以期达到最优的教学效果。与此同时,其他的基础课也开始围绕培养目标和人才规格,有目的地配套,为专业课服务,为专业教育服务。这种对播音专业课教学的探索和完善工作一直持续到20世纪90年代,并取得了明显的效果和突出的成绩。这一时期,教学层次也由单一的本科教学,发展成为既有大专、高职、本科、专科升本科、双学位、硕士研究生的层次齐全的学历教育,又有可以满足社会不同层次需要的初级、中级和高级培训。

这一阶段的播音专业教育主要取得的突出成就,表现为这样几个特点:一是它是对自广播诞生以来有稿播音的基本规律、方法、技巧的总结和归纳。这其中既有有声语言表达的普适性的基本规律,又有播音员有声语言表达的特殊性的规律。在这一理论体系的指导下,训练、培养出了符合那个时代的工作和岗位需要的大批合格的、优秀的播音专门人才。二是总结、归纳、创建了播音理论的基本框架,建立了播音主干课程的基本结构和模式,如播音发声学、播音创作基础理论、播音文体业务理论等。三是播音员所必备的文化基础课,如政治、中外文学、古代汉语、现代汉语、外语、逻辑学、新闻学、文艺理论、音乐戏剧艺术等课程也不断丰富和加强,对人才培养的规格有了一个较为明确的目标。四是专业课教学和训练的基本结构和模式进一步完善。从教学来说,大课理论讲授和小课具体辅导相结合的教学模式进一步深化;从训练来说,内容和方法的目的性、阶段性、系统性、规范化程度进一步加强,训练效果明显。这是播音专业发展最为辉煌的时期。《中国播音学》的出版,为这一时期的发展做了一个漂亮的总结,画了一个完美的句号,并将播音专业推向了一个新的高峰。

就在这种培养模式逐渐走向完善、走向成熟的时候,从20世纪80年代中期开始出现的主持人节目和节目主持人,在给播音业务带来变革的同时,也给尚处在完善、成熟阶段的播音教育带来极大的冲击和挑战。一方面,借着改革开放的大潮和广播电视改革的东风,这种变革的冲击来势凶猛,甚至有点迅雷不及掩耳之势,当然在初始阶段难免泥沙俱下、良莠杂陈,给人们的思想和工作造成混乱,给播音专业的教学带来极大干扰。另一方面,学界对一线实践的研究没有及时跟进,造成对实践发展研究的滞后和教学与一线实践的脱节。这一状况,既影响了播音教育自身的发展,也影响了主持人的研究和发展,使得播音教育处在一种几乎无所适从的状况。这种状况的产生应该说是符合当时的实际情况的:一是主持人节目的发展超出了人们的想象,令人眼花缭乱,而且观念、观点和具体实践的混乱也超出人们的想象;二是对于新生事物的理论总结需要一个过程,而将总结出来的理论运用于教学,则需要更长的时间。当然这并不能成为学界没有及时总结一线实践的理由。

摆在学界面前的问题是,既有的、成功的播音专业教育模式中,哪些是带有普适性、根本性、规律性的东西,是需要继承、强化和发展的,哪些是需要结合新的形式、新的需要改革、完善的,哪些是不适应新的形式的、需要淘汰的,哪些新的内容是需要及时补充进来。类似的问题还没有来得及认真思考和研究,时间就已经来到了新的世纪。在 21 世纪,面对雨后春笋般开办的播音主持专业、面对飞速发展的广播电视事业、面对广大受众越来越高的视听需求,学界有理由在这一巨大发展机遇面前,及时总结前人的经验,重振旗鼓,重新出发。

播音主持实践经过十多年感性多于理性的发展,喧嚣已然有些沉寂,混乱也逐渐归于有序。当理性的思考多于感性的狂热的时候,对播音主持专业的认识可能才会更加清楚,更何况经过了大浪淘沙洗练出来的播音主持理论,一方面,被淘走了沙子,留下了理论的真正黄金;另一方面,经历了风浪考验的播音主持理论,更加看清了自己的本质,认清了自己的价值,明确了自己前进的方向。在这样一个大好的形势面前,播音主持专业应该抓住机遇,及时调整未来的发展战略,尽快建立新的、规范的、明确的播音主持专业培养目标、课程体系、教学标准和评价体系,为更好地培养合格的、优秀的、适应新时代广播电视发展要求的播音员、主持人,做好这一基础性、建设性、创造性的工作。这些工作,将为播音主持专业健康、有序、持续的发展,为播音主持专业教育高水平、可持续的发展奠定良好的基础。

第六章　播音主持专业的教材建设

教材是人才培养过程中传授知识和技能的重要工具,是学校办学的基本条件之一。教材建设是高等教育事业中一项重要的基础性工作,服务教育教学应用。在播音主持艺术高等教育发展过程中,教材建设作为专业建设、学科建设的重要组成部分,经历了半个多世纪的逐步发展,实现了从无到有,从有到优的发展历程,同时也面临着新时代的挑战。

第一节　借鉴相关学科理论孕育教材雏形

在正式开办播音专业教育之前的台内业务学习中,结合台里播出的实践,有针对性地邀请语言学家讲解语音知识,邀请著名的歌唱演员讲解发声知识,邀请著名的曲艺演员讲解吐字归音知识,邀请著名的话剧演员和台词教师讲语言表达技能等,以解决在播出实践中遇到的具体问题。这种从职业需要开始发展起来的专业自觉,为后来播音主持专业的教材建设奠定了良好的基础。

一、广播事业的快速发展,催生播音专业教育

中华人民共和国成立后,党和国家对广播事业高度重视,截至 1952 年 10 月,全国共有广播电台 71 座,比 1949 年 10 月增加了 26 座;发射机较

1949 年 10 月增加了 47 部,输出功率为 1949 年 10 月的 382%。1959 年 1 月 1 日,西藏人民广播电台开始播音,至此,全国各省、自治区、直辖市都有了广播电台。1960 年,全国广播电台从 1949 年的 45 座增长到了 137 座。快速增长的广播电台机构,催生对播音员的大量需求,开办播音专业教育成为当务之急。

1954 年 3 月,为满足广播事业发展对专业技术人才的需求,中央广播事业局开办了广播技术人员培训班。1954 年 4 月 2 日,时任中央广播事业局局长的梅益在中央人民广播电台播音业务学习会上做了题为《播音员的努力方向》的讲话,他指出,播音员在祖国语言标准化工作中,担负着重要使命,将来要通过播音员的工作或者主要通过播音员的工作,使国家的语言逐渐标准化。这个工作对播音员说来,是一个神圣的任务。

1956 年 2 月 6 日,国务院发布《关于推广普通话的指示》,2 月 12 日,《人民日报》进行了全文发表。《关于推广普通话的指示》明确指出:"全国播音人员、全国电影演员、职业性的话剧演员和声乐(歌唱)演员,都必须接受普通话的训练。"此外还对普通话作了明确的定义:"以北京语音为标准音,以北方话为基础方言,以典范的现代白话文著作为语法规范。"这个定义揭示了普通话的本质特征,一直被沿用到现在。

为了满足蓬勃发展的广播电台对播音人才的迫切需求,1960 年,按照周恩来总理"在北京高中应届毕业生中,选拔德才兼备者,经培训充实广播第一线"的指示,由中央广播事业局负责,由北京广播学院进行培训,原计划要学习两年,但广播一线对播音人才的强烈需求,使得这一个班的学员只经过半年的专业培训,就被分配到中央人民广播电台及全国各地广播电台担任播音员。由此,建立播音高等专业教育被提上了议事日程。1960 年,北京广播学院从中央台调来马尔芳,从天津台调来徐恒,开始筹建播音专业。

二、借鉴相关学科知识,开启播音专业教材建设

20 世纪 50 年代,通过向苏联学习播音经验,以及对自身经验的总结,我国播音界将当时已有的部分播音经验总结和翻译介绍的苏联播音员的播音

经验的文章汇编成了三本文集,因为书的封面颜色的不同,被大家习惯性地称为黄皮书、白皮书和蓝皮书。黄皮书名为《苏联播音经验汇编》,是齐越参加中央广播事业局赴苏联考察时带回的苏联播音员写的经验总结。白皮书名为《播音业务》,是中央人民广播电台的播音员写的经验文章。蓝皮书名为《全国播音经验汇辑》,主要是各省台播音员写的播音经验的汇集。此外,北平新华广播电台(中央人民广播电台前身)曾制定《北平新华广播电台训练播音方法》,讲述播音应注意的事项,如怎样准备稿件,如何掌握抑、扬、顿、挫、快、慢、轻、重,如何表达语气情感等。① 中央广播事业局还曾编印《广播工作参考材料》第二辑《播音和朗诵》,汇集了多篇与播音相关的专业文章,例如,苏联著名播音员列维坦等的《朗读政治性材料的方法》《朗读文艺作品的主要方法》,戏剧家欧阳予倩的《演员必须念好台词》,语言学家罗常培的《台词和语言学的关系》,著名诗人臧克家的《诗的朗诵》等。从这些内容可以看出,此时的播音专业,一方面,在积极总结自己的播音实践经验,借鉴别人的播音实践经验;另一方面,也在努力向语言学、戏剧艺术、文学艺术学等多种学科积极吸收、借鉴,力争在消化吸收的基础上,建立起自己的教材框架和体系。以上的这些工作努力和取得的基本成果,虽然只是教学的参考和辅助,但对尽快纳入课堂教学的内容并进入教材是至关重要的。

在这一阶段的培训中,1960 年开设的播音员短训班不同于台里的技能培训,开始有了专业系统化教学的雏形,播音专业教材建设走出了第一步。据当时主要负责教学工作的徐恒老师回忆,当年她调入北京广播学院,负责组织短训班教学。在她看来,作为一个"正规学习班,要有一定的课程设置,每门课要有计划地解决某方面的问题,这就需要有一定的师资,而这一切在我面前几乎都是'零'。"②在播音教育的开创时期,以马尔方、徐恒为代表的第一代教师团队在学院领导的支持安排下,从各个方面引入师资,搭建起播音专业教学的基本框架。北京电影学院台词教研组长吴清老师受邀前来开

---

① 北平新华广播电台训练播音方法[M]//中央人民广播电台研究室,北京广播学院新闻系.解放区广播历史资料选编.北京:中国广播电视出版社,1985:189.

② 徐恒.我的播音路[Z].内部资料,2018:115.

设"语言技巧"课。练声部分则邀请著名京韵大鼓演员、少白派京韵大鼓创始人之一白凤鸣,中国广播说唱团单弦演员、西河大鼓演唱者马增蕙等为1960级短训班上课,讲授发声技巧以及吐字归音等。相对专业化的教学,开始了对播音专业的深入学习研究。例如,负责语音教研的徐恒老师,不但从大学语文教材里学习语音,还从中国科学院语言研究所的语言学家周殿福先生那里学来了用"绕口令"和"两字词"的练声材料和方法,将其直接引入教学。周殿福教先生长期研究语音,是当时北京跨学科"艺术嗓音研究小组"的重要成员,徐恒、张颂、王璐等每周前往先生家里上课,学习汉语语音、发声、表达等相关知识。徐恒回忆说,周殿福的难能可贵之处在于,他把字头、字腹、字尾,还有传统发声里头的通口概念科学化了,并编了一些练习材料,让大家跟他练习。① 可以说,播音专业教育初始阶段的语音课程教材,直接来自语言学的滋养。

1961年1月15日,北京广播学院新闻系语音教研组编写了一本《播音员正音手册》,由京华印书局印制、北京广播学院出版。整本手册分为十二个部分:特殊读音,姓氏、人名、少数民族名称,中外地名,工业用语,农业用语,文艺节目用语,中药名,难读词,成语,多音字,形体相近易读混的字,轻声词,还附有儿化语和常用汉字拼音表。② 从内容来看,这本书以训练手册的方式呈现,更接近于教学辅助用出版物,而并非与课程教学适配的教材,而且没有正式公开发行,仅作为内部资料使用。不过,这显然是一本专门为播音员培训而编写的专用出版物,开启了播音教材建设的第一步。

三、创立播音教学体系,教材主体基本成型

1963年,经教育部批准,北京广播学院经过三年筹备的"中文播音专业"

---

① 阎亮.中国播音主持高等教育史论(1963—2000)[M].北京:光明日报出版社,2021:84.

② 阎亮.中国播音主持高等教育史论(1963—2000)[M].北京:光明日报出版社,2021:9.

正式设立,并开始招收三年制大专学生。一份保存在中国传媒大学档案室的《北京广播学院中文专修科播音专业介绍》显示,当时播音专业所开课程主要有:政治理论课,包括马列主义哲学、政治经济学、中共党史等;专业课,包括语言技巧、播音业务等,以及新闻广播概论、广播编辑业务、语法修辞、逻辑、文学以及艺术知识等专业基础课。从这些基本的课程可以看出,对一线的播音实践有比较强的适应性,但对专业教育来说,则显得系统性、逻辑性、专业性等都有很大欠缺,这就对基本的、系统的专业教材建设提出了迫切要求。

但此时的现实情况,连师资都极为缺乏,更谈不上教材建设,"没有形成专业教材,教学存在一定的随意性。"[1]正式设立播音专业以后,学校加强了师资力量的引入,北京台播音组长李越(播音名黎明)、青年教师毕峥、张颂相继加入,虽然仍需要大量邀请中央台、北京台的播音员前来教课,尤其是满足一对多的小课教学,不过校内播音专业教学力量终于有所加强,课程体系逐步完善。随着专业教学逐渐走上正轨,简单的油印教材开始投入使用。张颂老师回忆:我们1963级的教材非常简单,但是主体已经比较明确了,比如播音的性质和任务,播音创作的目的,感情、停顿、重音、节奏,当时斯坦尼斯拉夫斯基的"最高任务""三张王牌"这些都有了。[2] 可见,当时已经有了为教学服务的油印教材,形式虽然简单,内容却比较精到,播音专业课程教材已经初现轮廓。

然而,伴随着"文革"的动乱,北京广播学院停办,已经初具规模的播音专业高等教育戛然而止,直到1973年方才恢复办学。同年,北京广播学院新闻系举办了全国在职播音员学习班。此时,教材形态又回到了经验文章集合的样貌,此次学习班的部分讲课内容被汇编成册,在各省台内部分发,例如四川人民广播电台《播音业务学习》、贵州人民广播电台《广播通讯播音业务专辑》、陕西省广播事业管理局《播音业务专辑》、黑龙江人民广播电台总编室《播音员学习材料》等。

---

[1] 徐恒.我的播音路[Z].内部资料,2018:122.

[2] 张颂.语言传播文论:第三集[M].北京:中国传媒大学出版社,2006:180-181.

    1974 年,北京广播学院开始招收播音专业工农兵大学生。课堂上,老师们通常结合具体案例,讲解各类文体的播音方法,并亲身示范、讲解练习。1974 年入学的马桂芬回忆说:"当时没有教材,上课也是由齐越老师他们给我们讲。很多理论都是从苏联带过来的,因为那会儿毕征老师、陆茜老师、齐越老师都到苏联学习过。这些理论都没有书。教学的材料都是老师们把中央台这些播音员播好的那些稿件拿过来。"①

    1976 年,1974 级工农兵学员班的同学们根据课堂教学内容,在齐越老师的指导下,集体编写了一本内部发行的小册子——《为革命播音——献给基层广播站播音员》。在 1974 级播音班里,许多人来自基层县级广播站。马桂芬回忆说,编写这本书的初衷是给县级广播站开展业务进行指导,内容包括稿件的准备,话筒前的播出,播音的表达方法,如停顿、重音、语气、节奏,几种常用文体的播音,如新闻、通讯、小评论、对话等,嗓子的锻炼和保护等。② 这些内容很少借鉴其他著作,主要根据课堂教学内容进行汇总,同学们讨论以后形成大纲,再分头写作。从编写过程可以看出,当时在教学里,并没有现成的、成型的教材,主要理论内容都来自老师的亲自讲授,换句话说,当时的上课,对老师来说只有讲稿,对学生来说只有记笔记。

    尽管没有正式成型的教材,但播音教学的主体内容、主要模式已经形成。大课与小课结合,大课讲理论,小课重实践的教学模式已经定型。其中,小课教学以老师带领练习稿件为主,而大课上则系统讲授播音理论。1976 级播音班学生金重建回忆,1977 年时,张颂老师已经在大课上系统讲授了"备稿六步"、内部技巧等播音创作基础的核心理念。"概括主题是'备稿六步'中的重要一步,下课我提问,张老师随即在我的笔记本写上:根据稿件叙述的详和略,跟主题密切相关的'要泼墨如云',跟主题关系不大的'惜墨如金'。"③同一级的学生董传亮则回忆,1977 年秋季学期的播音基础课上,

---

    ① 阎亮.中国播音主持高等教育史论(1963—2000)[M].北京:光明日报出版社,2021:211.

    ② 阎亮.中国播音主持高等教育史论(1963—2000)[M].北京:光明日报出版社,2021:211.

    ③ 敬一丹等.我——末代工农兵学员[M].武汉:长江文艺出版社,2017:130.

上海人民广播电台著名播音员陈醇老师应邀讲授了三次大课，明确指出"语言技巧是播音员进行再创造的工具"，并把语言技巧分为"内部技巧"与"外部技巧"。在这门大课上，还邀请了北京人民艺术剧院著名表演艺术家董行佶、中国话剧团著名演员曹伯荣、中国广播说唱团著名演员马增慧做讲座。①可见，当时仍然在积极地通过各种方式，探索播音专业的教学内容的构建。此外，从1974级学生集体编写《为革命播音——献给基层广播站播音员》一书的过程也可以看出，播音专业的核心知识已经基本形成，教学逐渐具有了区别于台词表演、戏曲艺术等相关艺术学科的独立性。

教材建设是专业建设、课程建设发展到一定阶段后的产物。在开启本科教育以前，播音专业核心课程的教学模式、课程建设、核心理论都已经基本成型，属于播音专业高等教育的课程教材正等待一个契机蓬勃欲出。

第二节 开启特色化教材建设

一、从无到有，专业教材建设迈出第一步

张颂教授把1977年视为播音专业建设第一个阶段的分界线。从1963年到1977年，播音专业教育完全是为了满足广播电台、电视台对播音人才的急需。播音专业是大专学历，三年学制，但是由于各台要求火速输送播音人才，1963级第四学期进行了7周加急播音实践训练，就被分配到各台去了。1964、1965级，1974、1975、1976级，受"文革"干扰，也未能严格按照教学计划培养。到1977年，播音专业才真正开始了完全按计划进行教学。这时，终于实现了从"培训型"向"学历型"、从"应急型"向"计划型"的转变。②

作为播音专业教学体系建设的重要组成部分，教材建设始终与学科建

---

① 敬一丹等.我——末代工农兵学员[M].武汉:长江文艺出版社,2017:153-154.

② 张颂.播音专业教育40年启示录[M]//校庆丛书编委会.学者的声音——学问之道.北京广播学院出版社,2004:221.

设、课程建设同步前进。当播音专业建设开始走向正规学历教育,教材建设也开启了新的征程,快速涌现出代表性成果。1978 年,教育部发布《关于高等学校教材编审出版工作若干问题的暂行规定》,要求高等学校的教材建设按照国务院各有关业务部门专业对口的原则,各部委分工制定对口专业通用教材的编审出版规划,组织所属院校和出版社进行教材的评选、编审和出版工作。1985 年 5 月,北京广播学院出版社成立。同年,张颂编著的《播音基础》和徐恒编著的《播音发声学》正式出版,成为播音专业第一批正式出版的教材,象征着播音专业开始形成具有自身专业特色的独立教材。

《播音基础》着重于语言表达部分,在正式出版之前有着长达近十年的酝酿与内部使用历程。1978 年北京广播学院新闻系播音教研室编印的《播音基础讲义》开始在校内使用。此时,书中已经出现了“正确的创作道路”“新中国播音风格”“播音表达规律”等内容。1979 年,在全国的播音基础教材研讨会上,尚处于内部教学使用阶段的《播音基础》得到了广泛认可。同年,北京广播学院新闻系播音教研室组织召开全国部分省市播音员播音语言表达座谈会,十七个省市的播音员代表应邀参加会议。在这次会议上,除了探讨播音专业问题、交流探索之外,专门就播音教材《播音基础》展开讨论,提出了修改的意见。① 1985 年,《播音基础》正式由北京广播学院出版社出版,1990 年再版时更名为《播音创作基础》。这本书既是中国播音学的核心理论著作,也是播音主持高等教育最重要的教材之一,兼具极高的学术价值和教学使用价值。它从语言表达的角度区分了播音创作与其他艺术语言创作的区别,形成了具有独立意义的播音语言表达理论,是中国播音学的重要奠基作品。

徐恒撰写的《播音发声学》,同样是一本具有开拓意义的重要教材,为播音发声的研究和教学提供了重要参考。徐恒毕业于南开大学物理学专业,1948 年起陆续在天津人民广播电台、中央人民广播电台担任播音员,1960 年调入北京广播学院后长期从事语音发声教学。为了研究播音专业的语音发

---

① 北京广播学院新闻系播音专业召开了全国部分省市播音员座谈会[J].北京广播学院学报,1979(02):17.

声问题,她向中国科学院语言研究所的周殿福先生请教发声、吐字归音,学习如何区分汉字音节的头、颈、腹、尾,如何把一个字发得清晰饱满等对于播音员来说非常重要的语音问题。她还广泛吸收其他声音艺术的精华,向广播曲艺团的著名演员学唱单弦儿,自学著名声乐教育家林俊卿的咽音发声法,从医学层面向耳鼻喉科专家冯葆富大夫请教……通过二十多年的教学实践,徐恒深切地认识到,播音发声是语言发声的一种,它不同于台词、声乐、曲艺等艺术发声,具有一定的独特性。1980 年北京广播学院播音系成立以后,由徐恒指导、李钢编写的《播音发声》一书,作为内部教材用于教学。离休之后,徐恒老师集中精力,用近一年的时间编著《播音发声学》,富有创造性地提出"播音发声有本身的特点,其用声不同于其他语言艺术,无论是声乐、戏曲的用声方法,还是话剧、朗诵、评书的用声方法,都不适用于播音员。……播音员有自己用声的特点、要求及锻炼方法。"①为此,把重点放在播音员发音吐字的生理活动控制上,通过拆解播音发声的生理特点和心理特点,进一步形成具有播音专业特点的发音吐字、声音弹性训练的基本原理、路径和方法。截至 2024 年 4 月,这本书已重印 30 次,在播音教学中产生了广泛的影响。

二、从有到多,实现专业课程体系全覆盖

以《播音创作基础》和《播音发声学》两本教材的出版为代表,播音专业的教材建设正式拉开帷幕。陆茜的《新闻播音理论与实践》(1987 年出版)、李钢、陈京生的《语言发声原理　语言发声练习》(1988 年出版)、吴郁的《播音学简明教程》(1988 年出版)、姚喜双的《语言表达艺术》(1988 年出版)、毕征的《播音文体业务理论》(1989 年出版)、李越的《播音导论》(1992 年出版)、祁芃的《播音心理学》(1992 年出版)等著作相继出版,逐渐形成语音发声、语言表达、文体表达三个领域的布局。据统计,1985 年到 1993 年期间,涉足播音主持专业出版的出版社有 12 家,共出版播音主持专业图书 35 种,

---

① 徐恒.播音发声学[M].北京:北京广播学院出版社,1999:1.

其中明确属于教材的图书 13 种。①

进入 20 世纪 90 年代以后,播音专业建设迎来大发展的契机。1992 年,"广播电视播音"纳入"新闻学与传播学"学科下的二级学科"广播与电视",成为"新闻学与传播学"范围内的三级学科。1994 年,张颂主编的《中国播音学》出版,这是中国播音学理论体系形成并开始走向成熟的重要标志,也宣告了一个新学科的诞生。以此为标志,播音学科与专业发展走上快车道。与专业教学相适配的教材建设同样发展迅猛,涌现出一批具有专业特色,并且具有较强代表性的播音专业教材,涵盖了语音发声、节目主持、文艺演播等多个领域。据统计,1993 年到 2001 年,这一阶段涉足播音主持专业出版的出版社有 30 家,共出版播音主持专业图书 96 种,其中教材 29 种。②

1998 年和 2001 年,北京广播学院出版社出版了一套"训练手册系列丛书",包括《播音员主持人训练手册——语音发声》《播音员主持人训练手册——绕口令》《播音员主持人训练手册——语言表达技巧》《播音员主持人训练手册——诗歌朗诵》等,可以作为课程教学的训练材料辅助使用。其中,北京广播学院教师王璐编写的《播音员主持人训练手册——语音发声》历经二十余年,仍具有广泛使用价值。相比较徐恒的《播音发声学》偏重理论性,王璐的这本教材更偏重实训,围绕"吐字发声"和"气息控制"这两个播音专业基本功展开训练指导,分项拆解训练目的、指明训练途径,并就容易出现的偏误进行针对性辅导纠正。

自 1960 年留校任教以来,王璐一直从事语音教研,曾参加教育部和语言研究所合办的"普通话语音研究班"学习,并拜周殿福先生为师,系统学习语言学和语音学课程。在长时间的教学实践里,她发现曲艺说唱艺术的练习方法适用于播音专业的基础训练,还从民族音乐家王迪那里学唱"琴歌",从中寻找让吐字和气息随着表达的需要随时变动的技巧。曾师从王璐的 1980级学生廖炎评价,她把戏剧戏曲的吐字发生规律都融入播音吐字发声教学之中,真正建立起"我们的声音使用与我们民族在传播中习惯于接受的那些

---

① 赵欣.播音主持专业出版的特色发展之路[J].现代出版,2013(03):48-51.

② 赵欣.播音主持专业出版的特色发展之路[J].现代出版,2013(03):48-51.

方式之间的直接关系。形成这样一种联系在我们的血液之中,或者说在专业素养之中。"①基于38年的教学经验和对播音发声的独特理解,《播音员主持人训练手册——语音发声》一经面市便快速成为畅销专业实训教材,十年发行近20万册。2009年,王璐、吴洁茹共同对这本教材进行修订,并增加了音频光盘,对相关训练做出示范,该书迄今仍是语音发声领域的经典教学用书。

20世纪90年代以来,节目主持人成为社会热门职业,播音专业是否可以培养、应该如何培养主持人成为播音专业教育必须面对的问题。在这方面,北京广播学院吴郁教授是当之无愧的开拓者。自80年代以来,她便关注主持人这一新生形态,并开始撰写相关研究论文。1997年,论文集《节目主持艺术探》出版,成为探索节目主持艺术的重要成果。此后,她陆续编写了多部节目主持人研究专著和教材。1999年《主持人的语言艺术》由北京广播学院出版社出版,2002年《主持人语言表达技巧》由中国广播电视出版社出版,尤其是2008年复旦大学出版社出版的《当代广播电视播音主持》、2013年中国广播电视出版社出版的《主持人思维与语言能力训练路径》,多年来作为广播电视节目主持课程教材,在主持教学中被广泛使用。

三、教材建设存在的阶段性问题

从1977年恢复本科教学到1999年,播音主持艺术学院开始招收语言传播艺术方向博士研究生,张颂成为第一位博士生导师。二十多年里,播音教育事业快速发展,教材建设从无到有,并初步形成了语音发声、创作基础、文体播音三大板块,基本覆盖播音专业课程体系。然而,细看这一阶段的教材建设情况就会发现,这一阶段的教材建设尚存在以下两个问题。

第一,专著和教材缺少区分。根据《普通高等学校教材管理办法》,教材指供普通高等学校使用的教学用书,以及作为教材内容组成部分的教学材

---

① 阎亮.中国播音主持高等教育史论(1963—2000)[M].北京:光明日报出版社,2021:91-92.

料(如教材的配套音视频资源、图册等)。作为教学体系的重要部分,教材编写应围绕课程教学展开,需要作者在编写思路、体系结构、训练方法、训练材料等方面综合统筹设计,共同服务教学。而学术著作则侧重科学研究,主要探讨学术问题,强调理论性与创新性。张颂、徐恒、李越、吴郁等人的早期写作均以"中国播音学丛书"的方式出版,在中国播音学理论创建历史上具有重要的意义,它们基于多年课程教学基础,又经过系统化、理论化,既是具有独创性的播音理论专著,又能够在一定程度上指导教学。在具备多种用途的同时,也就导致其性质并不清晰。这种问题普遍存在于这一时期的专业出版物,仅有少量书籍,如《播音学简明教程》是明确以教材形式呈现,专门服务于教学的。

第二,以单本教材为主,缺少系列教材。20世纪八九十年代出版的播音专业教材多为分头编写,尽管以"中国播音学丛书"为系列名称,但并没有明确以系列教材的方式结集出版,而是以专著和教材二合一的方式,逐步覆盖各门主要课程。

经过十余年发展,到90年代末,播音专业理论建设和学科建设都取得了阶段性成果。1998年,教育部高校专业调整,将播音专业改设为播音与主持艺术专业,同时,颁布了高校播音与主持艺术专业的专业规范。系统性地完成专业教材建设,构架具有播音与主持艺术专业特色的教学体系成为当务之急。2002年,由北京广播学院播音主持艺术学院付程教授任总主编,汇集学院优质师资力量集体编撰的《实用播音教程》(1—4册)由北京广播学院出版社出版。这套教材共分四册,涵盖了播音主持本科教学体系的全课程。第一册《普通话语音与发声》由吴弘毅主编,第二册《语言表达》由鲁景超、陈晓鸥主编,第三册《广播播音与主持》由陈雅丽主编,第四册《电视播音与主持》由罗莉主编。这套教材密切结合专业教学需求,适配本科专业教学全流程,代表着播音与主持艺术本科教学体系走向成熟。

首先,在整体布局上,每册教材都根据播音与主持艺术专业本科人才培养要求,对应相应年级的1—2门专业核心课程。例如,第一册《普通话语音与发声》是本科一年级专业基础课"普通话语音"和"播音发声"课程的配套教材,第二册《语言表达》是本科二年级专业基础课"播音创作基础"和"即兴口语表达"的配套训练教材,第三册、第四册则对应大三、大四的文体播音业务课程。

其次,在编写方式上,四册教材两两分组,采用相同体例,保持了风格上的一致性。第一、二册为专业基础教学,按不同内容分为若干教学单元,每个教学单元都按照统一的体例安排教学内容。以理论概要结合训练材料,均符合教学计划、教学大纲和部颁专业规范的要求。① 第三、四册为专业应用教学,则根据具体的播音文体形态进行章节划分,每一章都设置了理论概要、示例分析、训练材料等环节,方便教学使用。

最后,在内容安排上,教材以理论与实践相结合,明确阐释理论概要、教学目的、教学要求,以便于使用者了解、把握理论脉络。同时,又安排了大量示范案例、训练材料、补充材料、思考题,并提示训练要点、教学方法。通过使用教材,专业教学便可有所遵循。

《实用播音教程》的出版,解决了长期以来专业教材缺乏统一规范的问题,标志着播音与主持艺术专业教材的系统性建设迈上了一个新台阶。该书被列为普通高等教育"十一五"国家级规划教材,并被评为北京高等教育精品教材,在全国开设播音与主持艺术专业的高校被广泛使用。以这套教材为载体,北京广播学院播音主持艺术学院所创立的专业教学培养体系走向全国,成为一个时代的播音专业教学规范与标准的象征。

第三节　推进特色化教材建设

1983 年 3 月 31 日,第十一届全国广播电视工作会议在北京召开,提出"四级办广播、四级办电视、四级混合覆盖"(简称为"四级办")政策。"四级办"政策极大地激发了各级地方建设广播电视机构的热情,到 1998 年底,全国广播电视播出机构达到 2216 座,其中广播电台 294 座,电视台 343 座,有

---

① 付程.实用播音教程:二册[M].北京:北京广播学院出版社,2002:2.

线广播电视台 217 座,县级广播电视台 1287 座,教育电视台 75 座。① 广播电视事业大发展带来了播音事业前所未有的高速飞跃,据统计,1986 年我国专职的播音员主持人仅有 1607 人,到 2000 年增加到 16600 人。截至 2002 年,全国广播电视系统播音员主持人总计 22600 人(其中具有播音职称的共有 18000 人),而实际从事播音与主持艺术专业的人员,就有五六万人。②

　　高速增长的行业对专业院校培养人才的数量和质量都提出迫切的要求。在这一背景下,播音专业教育事业加大力度,快速发展。在北京广播学院,播音专业持续扩大办学规模。除了本科教育,还陆续开办高职、干训班、第二学位、函授大专等多种层次的播音教育,为行业一线输送大量人才。1986 年,第二所广播电视高等院校——浙江广播电视高等专科学校在杭州创立,以 2—3 年专科为主,主要为基层广播电视部门培养新闻、艺术人才。③ 进入 90 年代,更有天津师范大学国际女子学院、上海戏剧学院、四川师范大学、徐州师范大学、中华女子学院等多所具有相关背景的高校开设播音主持专业。2002 年后,在高等教育整体扩张的态势下,播音主持专业教育规模迅速扩大,到 2010 年,"全国设立播音主持专业的大专院校三百多所,开设本科课程的高校约有六十多个,在校生达到两万余人。"④其中,除了传媒院校,还包含了大量综合性大学、艺术院校、师范院校、外语院校、财经院校、体育院校等。高速发展的播音专业高等教育,迫切需要建设与教学需求相适配的教材,专业教材出版出现了新的趋势。

　　① 赵玉明.中国广播电视通史[M].北京:中国广播影视出版社,2004:337,507.

　　② 吴郁,曾志华.播音主持专业人才培养研究[M].北京:中国传媒大学出版社,2009:13.

　　③ 奚建华,彭少健.浙江传媒学院院志(1978—2008)[M].北京:中国广播电视出版社,2008:330.

　　④ 张颂.播音主持专业发展路径的思考:六十年"自强自信"杂感[M]//中国传媒大学播音主持艺术学院.播音主持艺术 10.北京:中国传媒大学出版社,2010:2.

一、针对多样化的播音主持业务形态出版课程教材

经过二十多年的发展,主持人节目已经成为广播电视节目的主体样式之一,节目主持人已经形成一支数万人的队伍。与此同时,节目主持艺术也成为新闻传播学、广播电视学乃至大众文化研究的热门课题,带动多个研究领域的学者进入,撰写节目主持著作与教材。

在播音主持艺术专业领域,2003 年,由张颂教授牵头,集合院校与行业一线优势力量,成立 29 人组成的应用主持系列丛书编委会,出版了应用主持艺术系列丛书。这套中国广播电视出版社出版的丛书共 10 本,以主持人为培训目标,具体分为《主持人口语表达艺术》《主持人外部语言基础》《主持人场景应对技巧》《主持人提高与进修指南》《主持人节目驾驭艺术》《主持人节目策划艺术》《非节目主持艺术》《主持人形象塑造艺术》等,涉及主持人概念、主持人语言能力、主持人节目策划、主持人形象等多个方面。编写团队成员不拘泥于北京广播学院,扩展到了全国知名传媒高校、行业一线等单位。2007 年,中国传媒大学出版社又出版了一套"21 世纪播音主持艺术丛书",其中《主持人思维训练教程》《综艺娱乐节目主持概论》《谈话节目主持概论》等都作为主持业务方面新兴的细分领域对相关课程教学起到重要促进作用。2005 年,华中科技大学出版社推出"节目主持艺术丛书"。这套丛书由武汉大学新闻与传播学院李元授教授总主编,分两批合计十一册,作者团队来自中国传媒大学、武汉大学、浙江大学等高校的新闻与传播学、艺术学、美学领域,从多学科综合的视角,进行主持理论探索与实践指导。以上这些图书虽然没有在丛书以及分册的标题上明确教材属性,但大多在简介、绪论等部分说明可以作为高等教育相关专业教材使用。

此外,在广播电视应用实践中逐渐涌现的细分类型,例如,影视配音、体育解说、综艺节目主持、出镜报道等,也日渐成为播音主持专业常见的课程设置。包括中国传媒大学、浙江传媒学院、上海戏剧学院、北京体育大学等多家院校的老师纷纷根据课程教学讲义,结集出版对应教材。在影视配音方面,具有代表性的教材有王明军、阎亮的《影视配音艺术》(2007 年中国传

媒大学出版社出版)、《影视配音实用教程》(2021年中国传媒大学出版社出版),施玲的《影视配音艺术》(2008年浙江大学出版社出版)、段汭霞的《广播影视配音艺术》(2011年河南大学出版社出版)等。在体育解说方面,有王群的《电视体育解说》(2005年中国传媒大学出版社出版)、魏伟的《体育解说教程》(2013年中国广播电视出版社出版)、黄艺峰的《体育解说员教程》(2022年武汉大学出版社出版)等。在综艺节目主持方面,有刘洋、林海的《综艺娱乐节目主持概论》(2007年中国传媒大学出版社出版)、孙亚茹《综艺娱乐节目主持概论》(2022年中国传媒大学出版社出版)等。在出镜报道方面,有宋晓阳的《出镜记者现场报道指南》,张龙、崔林、张树华的《电视直播与现场报道》(2017年中国传媒大学出版社出版),张超的《出镜报道》(2017年中国人民大学出版社出版),詹晨林的《出镜记者现场报道实战指南》(2020年浙江大学出版社出版)等。这些图书明确以辅助高等教育课程教学为主要目的,在课程教学中发挥了重要作用。

二、针对特色化的播音主持专业教育出版配套教材

据2018年全国广播电视行业统计公报数据,全国播音员、主持人队伍保持在3.10万人。[1] 粗略计算便可发现,全国二三百所高等院校的播音主持艺术专业毕业生已经远远超出广电行业相关人才需求量。在激烈的竞争态势下,如何发掘办学特色,突出个性优势,成为各个院校播音主持专业教育必须面对的问题。伴随着特色专业教育发展、教学改革推进,一批具有鲜明特色的播音主持专业教材逐渐显现。

2004年,北京广播学院更名为中国传媒大学。此后,中国传媒大学播音主持艺术学院开展教学改革实验,特别是为迎接2008年北京奥运会,与北京奥组委相关部门联合举办开设了有史以来第一个"体育评论解说通道班"以及英语通道班、配音通道班等,意在培养具有特长优势的播音主持专业人

---

[1] 2018年全国广播电视行业统计公报[EB/OL].[2022-08-01].http://www.nrta.gov.cn/art/2019/4/23/art_113_42604.html.

才。与之对应,《电视体育解说》(2005 年中国传媒大学出版社出版)、《双语播音主持艺术》(2007 年中国传媒大学出版社出版)、《影视配音艺术》(2007 年中国传媒大学出版社出版)等教材相继出版。地处岭南的广州大学、暨南大学则立足珠三角区域实践需求,开办粤语方向的播音与主持艺术专业,①广州大学为此配套编写了两本粤语播音教材——《粤语播音基础教程》(关湘主编,2012 年广东人民出版社出版)和《实用粤语播音主持语言基础教程》(刘玉萍主编,2011 年中国广播电视出版社出版)。

在诸多开设播音主持艺术专业的高等院校里,上海戏剧学院具有鲜明的办学特色。1995 年,上海戏剧学院开设电视编辑(主持人与采访)专业,在招生简章中,这个专业被标注为"电视节目主持人本科班",这也是国内第一个以节目主持人为专门培养目标的本科专业班。在这一办学定位的引领下,专业负责人吴洪林教授认为,节目主持人最为重要的是对演播状态的把握。"电视节目主持人是社会表演家",主持人的演播就是"富有动态过程的、有变化、有发挥的当众性播讲"。② 因此,主持人是驾驭节目演播的主人。围绕这一核心理念,上戏主持专业教学充分借助了表演训练的方法和手段,同时照顾到镜头前大众传播的需要,综合多年研究整理,形成了"主持艺术概论""节目比较评析""自选节目解读""演播言语组织""演播空间处理""主持节目创作"(综艺)、"主持节目创作"(访谈)、"节目编辑制作""主持艺术研究"在内的系列课程体系,展开主持人培养和训练。2007 年,吴洪林以专业创办时的"主持艺术概论"大纲为基础,凝结办学特色,撰写出版《主持艺术》。这本书由上海三联书店出版社出版,梳理具有上戏特色的主持训练体系理论,并在附录里编入专业课程与教学流程、节目主持训练课例,便于教学使用。此后,2011 年中国广播电视出版社出版《节目主持》、2021 年中国传媒大学出版《主持艺术原理》,以不断更新的方式,推进上戏特色的主持教学模式持续巩固发展。

---

① 粤方言主要流行于广东、广西的一些县市以及港澳地区,并在海外华侨中广泛通用,是国家广电总局批准的我国广播电视媒体可以使用的少数方言之一。

② 吴洪林.主持艺术[M].上海:上海三联书店,2007:5,15.

三、针对信息化的教学改革避免教材建设同质化

随着信息技术的发展,在国家大力推动下,数字出版、有声出版进入教材领域,尤其是以口传心授为基本教学模式的播音主持专业,音视频教学范例具有重要的使用价值。2000 年后,教材出版多以附带光盘的方式,容易发生遗失、破损等情况。近年来,教材常常会以加印二维码的方式链接配套数字资源,帮助学生突破文字载体的限制,便于学生随时使用。2020 年后,在线课程发展迅速,翻转课堂、慕课、微课等多种形态踊跃新生,推动在线课建设成为教学建设新的发力点,与之配套的数字教材建设以及在线课与线下纸质教材配套一体建设的教学改革随之发展,推动了新一轮教材建设进程。

在快速发展的同时,教材建设也出现了一些问题。出于多重考虑,各类具有一定规模的专业院校纷纷开始自编教材,中央戏剧学院、上海戏剧学院、浙江传媒学院都在建设系列性的课程教材,复旦大学出版社、浙江大学出版社、北京大学出版社等国内顶尖出版社均有所发力,此外,还有一百多家大大小小的出版社均涉足其中。大规模的专业教材建设,导致播音主持专业教材整体数量多,但内容同质化现象严重,亟需系统性创新。

曾有出版界专业人士对播音主持类教材出版进行统计。截至 2012 年 12 月,我国播音主持类在发行的教材 32 种,其中涉及播音语音发声相关内容最多,达到 18 种,占所有教材类图书的 56.25%。而其他的"语言表达""即兴口语""电视播音""广播播音"类的教材均只有 5 种。① 九年之后,2021 年统计显示,播音主持专业基础课程教材书目(再版书籍按初版计算)共有 74 种,其中普通话语音和播音发声课程教材(排除普通话水平测试教材)共 48 种,播音创作基础课程教材共 22 种,涵盖以上三方面内容的教材共 4 种。即便是一家出版社,也会经常重复出版新编教材。例如,随着每次国家五年规划进程,有的出版社连续策划出版系列图书。除了少部分新加课程教材,基础性课程教材如《播音主持语音与发声基础》《语言表达基础》

---

① 赵欣.播音主持专业出版的特色发展之路[J].现代出版,2013(03):48-51.

《新闻播音》等在理论方面具有相当重复性的教材仍在大量出版,主要区别在练习素材和行文表述上,出现一定程度的内容同质化现象。

播音教育自创建以来,播音主持专业基础课程如普通话语音、播音发声、语言表达基础经过了漫长的酝酿期,并在改革开放的浪潮中快速发展,形成了稳定的理论和教学体系。从教育部高考资讯平台"阳光高考"查询发现,截至2024年8月,全国共有275所高等院校开展播音与主持艺术专业教育。在这些高校里,大部分还是借鉴参考中国传媒大学开创的播音主持专业办学模式,能够从自己所在的地域特色(如产业特点、文化特色、学校专业优势等方面)来考虑,实行教学方面的改革和创新的却不多,从模式、形式到内容都十分相似。① 教材是教学体系、课程设置等一系列问题的物质呈现,当教学模式不发生变化,反复出版教材只能是新瓶装旧酒。

近年来,教育部对播音与主持艺术专业进行一系列调整,一方面,在招生方式上多次改革,形成以艺术类统考为主,仅有五所艺术类专业院校保持校考资质的格局;在学科归属上纳入戏剧与影视学,成为独立的二级学科;在专业建设上逐步评定部分院校为省一流本科专业建设点和国一流本科专业建设点,倒逼各个院校展开教学改革,发展具有自身特色的播音主持专业教育。另一方面,随着网络传播兴起,原来以广播电视播音员、主持人为主要培养目标的教学模式亟需改革,学科理论迫切需要突破,专业理念需要更新,以此推动实现在新文科建设背景下播音主持教育的改革。而教材建设,是其中重要一环。

---

① 吴郁,曾志华.播音主持专业人才培养研究[M].北京:中国传媒大学出版社,2009:22.

第七章　播音主持专业教学的独特性

　　我国播音主持专业教学经过一代又一代前辈们筚路蓝缕的开创,播音主持艺术现已成为中华文化一张闪耀的名片,闪耀着中国气派的播音主持教育已走过六十多年。从北京广播学院与中央人民广播电台合办的"播音训练班"发展至今,我国播音学已发展为专、本、硕、博全线贯通的学科教育体系。一门专业学科发展到这一步,是实践的总结,是时代的召唤,更是现实的需要。随着数字技术的高歌猛进,传媒生态环境急剧变化,从传统的广播电视时代迈入新质生产力强劲的数智时代,如何培养市场化、人文化、技能化并存的专业化人才是关键点。张颂先生在《播音语言通论:危机与对策》第九章中指出:"教育是一件严肃的工作。"①作为大众传媒的视窗,播音主持专业教学承担着为传媒机构输送人才的重要使命,责任重大,意义非凡,亟需学界与业界勠力同心,共同探讨。播音主持教学,与其他专业相比,特色鲜明,有着独特的教学方式和教学规律。

第一节　大课与小课教学相结合

　　播音教育继承并创新了传统艺术教育师傅带徒弟的基本模式,建立了

---

　　①　张颂.播音语言通论:危机与对策[M].第4版.北京:中国传媒大学出版社,2022: 147.

新的大课理论讲授、小课具体辅导的新的艺术教育模式,既保留了传统艺术教育的优势,又适应了新时代艺术教育"量"的需求,表现出了继承性和创新性相结合的特点。

播音主持专业课程大体可分为专业理论课、专业基础课、实验实训类、文史哲类、传播方法论类、通识教育类等。这些课程指向播音主持专业学生专业技能提升、人文知识、理论涵养,其中有实践与理论区分、技能与思维的区分、类别与方法的区分。倘若囫囵吞枣,无视规律,任意编排,培养的目标将步入矮化、泛化、浅化的漩涡。

播音与主持专业大课教学又叫集体教学,理论课往往安排一个或多个班级一起,集中进行理论知识的讲解,通过讲授使学生掌握专业理论。大课教学在专业教学实践中,是绝不可忽视的教学活动。专业小课,又叫个别教学、个性化教学、针对性教学。小课教学的目的,主要是将大课的理论通过实践练习,转换为具体的语言表达能力。这种能力的获得是专业理论大课所不能达到的,它只能通过专业小课实训才能进行。因此,专业小课教学在播音主持专业中占有极其重要的地位。专业小课一般都是一位专业教师带十来个学生。由于上课时学生人数相对较少,并以学生一个个分别进行练习,专业教师以适时点评、指导的形式,区别于理论大课,所以习惯上称之为专业小课。在播音主持专业教学中,小课教学与大课教学相辅相成,将小课教学融入教学活动中,可以将专业理论生动、直观地呈现于学生眼前,使学生心领神会,这是提升学生语言功力的关键环节。一般来说,小课教学课时应占整个专业教学课时的70%以上。用小课实践验证大课理论更能激发学生的创造力、表达力。

播音主持专业学生未来要从事播音主持工作,语言技能、人文素养都是其奔流入海之后有力的压舱石、动力源。因此,要着重培养学生的语言功力,努力做到"有稿播音锦上添花,无稿播音出口成章"。这是播音主持专业"质"的规定性。语言功力是一种综合能力,它包含着思维、交际、传播三大功能,[1]具体体现为语言的组织、控制、表达。需要注意的是,对语言功力的

---

① 付程.播音主持教学法十二讲[M].北京:中国传媒大学出版社,2005:20.

强调并不意味着人文的矮化与松弛,大课的素养教育、理念引导、视野开阔仍应摆在播音主持专业教学的重要地位。新闻作为历史的第一卷手稿,播音主持工作在书写时代画卷、展现历史风貌时,需要视野格局、立意提升,否则就会成为尘嚣的制造者。

第二节　共性和个性相结合

众所周知,随着互联网技术的发展,从新媒体发轫到融媒体发展,再到智能媒体的蓬勃兴起,教师的教与学生的学有了全新的含义。新文科理念的提出打破了学科知识的藩篱边界,学科教育更为多元化,教学手段更为开放化,教学课程更为实践化。多元化的学科教育要求播音主持教育注重人文品质。

张颂教授曾系统论述播音主持专业是建立在语言学及应用语言学、新闻传播学、文学艺术学、哲学美学这四大学科的理论基础之上。因此,在教学实践中,更应拓宽学科路径,注重提升学生的话语技能、传播技能。同时,应注重提升学生的思辨力、传播力、引导力。唯其如此,在教学实践中,才能将教育的特殊性与普遍性相结合,二者美美与共,纵深推进学生共性与个性的全面发展,助推播音主持独特的专业教学,最终呈现出温度与气度并存的中国播音风格。故而,播音主持专业教学理应着眼于文史哲、政经科社的经纬线,切实夯筑传媒教育品质。这是一项艰巨、复杂的任务,艰巨在于播音主持专业教学要培养市场化人才、专业化人才,复杂在于要依据学生个性特征、媒体生态环境培养集合型、复合型人才。浙江传媒学院金重建教授认为:“播音主持内涵的丰富性,创作过程的复杂性,使得中国播音学的研究内容与研究对象具有独特性。”[①]这种丰富性与复杂性亦指出播音主持专业教学要突出个性化教学,完善共性化人才培养方案。

国内各院校在播音主持专业教学上,既有共性的一面,也有各自个性化

---

①　金重建:播音主持艺术导论[M].北京:中国传媒大学出版社,2016:3.

的一面。中国传媒大学播音主持艺术学院的办学理念是,以融合人文和艺术的大学精神为指导,培养优秀的语言传播工作者,使其更好地行使大众媒体话语权,架起信息沟通的桥梁;通过高质量的有声语言传播,塑造表达典范,在"书同文"的基础上,实现"语同音"的理想;发挥语言的文化承载力和精神塑造力,彰显中华民族的优良传统和精神气质。近年来,学院不断优化人才培养方案,发挥专业的示范引领功能。浙江传媒学院播音与主持艺术学院近年来围绕"大播音"育人体系进行了教学创新探索。学院致力于课程体系的持续优化,立足于教育创新改革与实践的现实需求,结合新媒体技术和互联网传播研究的新动态,融入播音主持理论的交叉视角,开设新媒体主播相关课程,稳步推进柔性专业方向,引导学生多角色融入市场。此外,还通过探索数字化教育,推广通识广育,树立"+播音"理念。山西传媒学院面对传媒环境的深刻变化,围绕国家一流本科专业建设,播音主持学院坚持"立德树人",坚持"理实并重",坚持"能力为先",坚持"特色为要",积极构筑课内实训、课外活动、专业赛事、校外实践"四位一体"的教学格局,形成了具有山西传媒学院播音特色,培养适应当下媒体环境的德才兼备、知行合一的新时代传媒人才的人才培养体系。中央戏剧学院的播音与主持艺术专业设立于学院的电影电视系,他们秉承"厚基础、重实践"的教育教学理念,注重依靠学院优势学科的教学成果,努力发掘国内外影视艺术研究、创作和制作的优秀资源,通过课堂教学、教学实习、高层次学术研讨、影视展映展播等多种手段,培养艺术直觉敏锐、知识结构合理、实践能力过硬的影视艺术人才。上海戏剧学院播音与主持系,抓住主持艺术是"传播"的教育属性,运用"以演播状态为支撑,在半文本或无文本情况下,培养即兴口语表达的主持能力"的教学理念。南京艺术学院戏剧与影视学院播音与主持艺术专业,注重学生在专业学习和实践应用中的采编播制等能力的提高,适应时代发展,以为传统媒体和融媒体培养一专多能的高质量播音与主持专业复合型人才为目标。

随着时代的发展与变化,播音主持专业人才的要求在持续提高。从早期的"声美、上相、内涵深"到如今的"能思、会写、擅思考、专传播",播音主持人才的传播力成为显著关注的焦点,而这个焦点,就是共性与个性结合的生动实践。所谓传播力指的是先天条件所具备的传播的潜能与后天习得的媒介素养能力。随着时代的发展,传播力一直处在动态变化之中,其变化依据是传播生态的特点与形式。专业教学应依据这种形式与特点,扛着"一专多能"这面大旗拓展业务素养、文化素养,深化人文素养,提高人文素养,这样才能更好地适应不断变化的传媒生态。在数智技术更新迭代的当下,专业教学要培养学生的真本领,在工作岗位不断深化核心竞争力、信息传播力。此外,播音主持专业教学要同时考虑到两个需求,一个是学生学习的共性需求,另一个是受众主体对传播主体的个性需求,将这两种需求贯穿于专业教学中,才能适应学生的知识期待、受众的审美期待。

第三节　新闻性和艺术性相结合

面对风云激荡的传媒生态,在专业教学中应加强对艺术性与新闻性并重发展的认知,提升学生的新闻素养,在锤炼有声语言表达技能的基础上,厚植爱国情怀与人文素养,培养新闻价值的判断力、新闻信息的传播力,使新闻性与艺术性同频互补、有效集合,打造有温度、有品质的新闻舆论主场。

随着我国综合国力的提升,对外宣传的质量和能力是培养播音员、主持人的直接参照标准。无论是行业发展,还是国际需要,合格的播音员、主持人应是新闻素养合格、艺术品质过关、专业能力超人的专业人才。正如张颂教授所言:"播音主持工作具有多质性,既包含自然属性,也包括社会属性;既包括新闻性,又具有语言传播和艺术的属性,这众多属性不是平均用力,其中,新闻性占据主导地位。"[1]新闻性是播音主持工作的根本属性。播音主持专业教学应注重培养学生的新闻素养。在数智时代,信息传播的覆盖面、到达率、时效性显著提升,面对媒介技术的裹挟,播音主持传播人才的培养需要更高的标准。因此,提升新闻传播的敏感度、辨识度、传播力显得尤为重要。眼下,互联网社交平台为个体信息传播提供了便利,万物互联、互通、

---

① 张颂.中国播音学[M].北京:中国传媒大学出版社,2013:28.

众人现身、发声,播音主持艺术专业似乎陷入危机,秀场舞台一方面被无限放大,另一方面就业门槛被无限放低,"生存还是毁灭"这一命题成为悬在播音主持从业者心中的达摩克利斯之剑。诚然,单一化、窄播化是不足以支撑专业发展的,播音主持专业教学应将新闻性与艺术性相结合,扩大主流新闻的影响力,如《新闻联播》主播们,在《主播说联播》中将新闻性与艺术性结合得恰到好处,这不仅是大小屏结合的有效尝试,更使主流媒体的价值引领、传播效果无限放大。

习近平总书记指出:"不让廉价的笑声、无底线的娱乐、无节操的垃圾淹没我们的生活。"①在当下,要预防落入市场的裹挟、媒介的牵制中,应当把兴趣和品位提升,去积极构建一个丰富而自由的精神世界。因此,播音主持专业教学要注重新闻性与艺术性相结合,在锤炼创作主体新闻本领的同时,更要注重培养其艺术美感的生成。而这种艺术美感,是创作主体审美理性的升华,情绪、情感的转换,特别是在技术蓝海争夺的大背景下,播音主持专业的艺术性显得尤为耀眼,它将凸显夺目的光彩,使人心驰神往。诚然,这种情感和美感正是播音主持艺术性的体现。唯有拥抱时代,镌刻精美,不断提升艺术的审美眼光、艺术的表达方式、艺术的情感状态,才能创作出有强劲审美内涵的艺术作品。

第四节 学校学习与社会实践相结合

学校教育是专业学习发展之基、动力之源,而社会实践是专业学习的深化拓展与有力补充。在播音主持专业教学中,要注重学校学习与社会实践的结合,打造全媒体教学场景,扎实推进大课小课教学的实训教学环境建设,以学校实训场景为基础,社会顶岗实训场景为依托,让学生较快适应播音主持的工作节奏。在专业教学中需要将学校学习与社会实践紧密结合,

① 习近平在中国文联十大、中国作协九大开幕式上的讲话[EB/OL].(2016-11-30).https://www.gov.cn/xinwen/2016-11/30/content_5140638.htm.

依托文化,面向市场。

首先,播音主持专业教学要注重学校学习,掌握播音主持、新闻传播、语言应用的规律与技巧,掌握一定的方法论,才能在实践中更快地成长。经过六十多年的发展,播音主持专业理论已趋近成熟并处在不断发展中,学界不应无视专业理论传统,这些理论建树来之不易,是前辈们的心血之作、智慧结晶,站在这些巨人的肩膀上继续发展、创造继承只会让从业者看得更远、攀得更高。著名教育家梅贻琦先生当年曾说:"大学者,非谓有大楼之谓也,有大师之谓也。"诚然,教师的教学水平影响着学生专业的发展,播音主持专业作为一门强实践性学科,在前期学习中需要专业教师的率先示范,才能较快掌握专业技能。从1963年播音本科教育开始,学校教育就发挥了重要作用,北京广播学院、浙江传媒学院等知名院校培养了众多一线骨干,这依赖于专业大院的专业大师。

其次,播音主持专业教学要开展社会实践。播音主持专业技能只有依赖于实践检验,才能愈发成熟;只有在社会实践中以人民为师,深入一线,才能吸纳受众智慧,培养受众意识,播音主持创作才能上接天线,下接地气。众所周知,播音主持专业教师队伍最初就是从具有实践经验的播音员中选拔的,齐越、徐恒、马尔芳、张颂、毕征、吴郁等一批批知名播音专业教师都曾有过丰富的从业经历,他们在专业教学中,以准确、生动的专业示范为学生传道授业,排疑解惑。由此可见,播音主持专业教学最终需要回归实践,其发展路径就是"实践——理论——实践——理论……"并一直处在这种循环之中。在专业教学中,要引导学生依据自己条件、兴趣、习惯,选择相应节目样态、话语风格锤炼播音主持技能、语言功力。需要注意的是,在社会实践中,要甄别品质感、艺术感的节目作品,要警惕克隆化、工业化的创作倾向,切不可一头扎进"热运行""快生产"的潮流时尚中,在实践中要多些"冷思考""静打磨"。

第五节　大众教育与精英教育相结合

随着数字技术的发展,我国的传媒场域形态逐步变化。传统媒体的加快转型、社交媒体的高歌猛进、流媒体平台的风云突起和台网融合的纵深推进,传媒生态的风景蔚为壮观,人际传播与大众传播联系更为紧密。播音主持专业教学,一方面,重新建构着市场方向;另一方面,又被市场方向倒逼着进行供给侧结构化转型,因而需依据市场导向、文化方向、职业指向,以更为科学、更为系统的方式作出调整。

以往,播音主持专业学习有着较高的门槛,从事大众传播,形象、声音、文化、专业技能缺一不可。当下,市场的开放、文化包容与多元,从事大众传播越发注重个性化、人文化,故而,共情化传播被抬升至一定高度,播音主持专业教学理念需及时更新。为此,需以实际需求为导向,在融媒体矩阵成熟、数字技术渗透的背景下,重新审视播音主持专业教学,以更为开放的视野、更科学的价值观升级教育方式,厚基础、宽人文、强根基,将大众教育与精英教育进行有机结合。

所谓大众教育,就是播音主持艺术人才培养可以采用"播音主持+"的方式建设学科,"播音主持+新闻传播",培养学生的文化传播力;"播音主持+自然科学",拓展学生的文化视野,激发其问题意识、探究意识、研究意识;"播音主持+文化科学",涵养学生的文化感召力、艺术品鉴力,逐渐形成稳定的审美品格……这样,培养学生成为"百晓生""大杂家",才能在传播实践中赢得话语权。需要注意的是,在大众教育的过程中,应当警惕学生走入私域化、小报化倾向,要让学生懂得播音主持缘何发声、为谁发声,立场与身份意识在大众教育这一板块需要明确,切不可让学生随波逐流,变成精致的利己主义者、狼奔豕突的随波逐流者。所谓精英教育,就是打造全程、全息、全员、全效教学场景,培养学生学习媒体经营人思维、制片人思维、艺术家思维。以往播音主持学生进入职场很难较快适应一线实践工作,需要长时间的传、帮、带才能上口、上台。如果能在教学实践中因材施教,实行定量教学、定制培养、定标考核、定期检验、定性分析、定向走岗的方法,全方位、多层次地为业界培养具有交叉学科能力的播音主持专业人才,打造复合型精品专业人才,这样播音主持学生进入媒体才能更有竞争力。需要注意的是,在精英教育的专业教学实践中,应当警惕尊己卑人、脱离群众的倾向。播音主持专业工作是为人民服务,人文化传播是其工作的出发点与立足点,居声屏自高远,不深入一线,不触摸一线人民群众的呼吸脉搏,那便丧失了传媒意义宗旨。

播音主持专业教育只有将大众教育与精英教育相结合,深化人文、宽厚见识、夯实品质、共触情感,才能抓住理性的诉求点、握住感性的动情点,在传播中彰显华彩。

课堂教学是整个播音主持教育教学工作中最重要的环节。全国各地的院校在教学中,不断优化管理,强化质量,许多高校的播音主持专业教学,坚持开展集体备课的优良传统,加强各系部教师之间的教研和学术交流,不断创新教学方式,不定期组织青年教师开展教学基本功交流展示活动。如,有的组织全体教师进行教学基本功经验交流,分播音主持创作基础、综艺主持、口语传播等不同的方向展开活动;有的组织教师围绕年度教学大纲,以建设精品慕课为契机,以提升教学基本功、打造一流课程为目标,从各自的研究领域展开分享。在这一学习研讨过程中,讲授播音主持创作基础的教师们,结合声情并茂的创作示范及丰富的案例,对语气、呼吸、吐字、共鸣、对象感和情景再现等创作环节进行讲解,课程分享深入浅出、生动实用;讲授综艺主持的老师们,从朗诵、戏曲、综艺节目、小说演播、新媒体主持人、形体与形象造型等模块展开分享,探讨了针对不同文学、艺术样态所进行的有声语言创作的特点与规律。

2022年,教育部高等学校戏剧与影视学类专业教学指导委员会主办了以培养省市级广电媒体及其他企事业单位所需的"主持个性化,采编能策划"的播音主持人才为目标,引入行业标准和管理模式,以"师生工作室团队制"开展学徒制教学,形成"课堂+原创+舞台+融媒"的类型化人才培养模式。全国十所获批"播音与主持艺术国家一流专业"建设点高校的相关负责人共同参与了会议。教育部高校戏剧与影视学类专业教学指导委员会主任周星教授指出,智能时代为播音与主持专业带来了危机感以及改革创新的使命感,与此同时,播音与主持专业始终以鲜活的形象和广泛的传播为整个社会树立起巨大的传播力量,理应在"新文科"与"课程思政"建设的背景下,深入探讨播音与主持艺术专业课程体系建设的问题。

新时代,面对人工智能的发展,我们更有理由相信,播音专业大众教育与精英教育的双赢,即人工智能将促使播音主持行业呈现两极发展:一个是大批量的、工业化流水线上的生产,如现在的各类听书节目;另一个是艺术层面的有声语言高端定制,所以人才培养的定位应是有思想、有审美的播音主持人。

附录一:30个国家级播音与主持专业建设点名录

截至2023年12月,全国共有30个国家级播音与主持专业建设点,分别是:中国传媒大学、浙江传媒学院、山西传媒学院、华东师范大学、重庆大学、陕西师范大学、四川师范大学、浙江工业大学、山东青年政治学院、四川电影电视学院、中央戏剧学院、上海戏剧学院、吉林大学、暨南大学、南昌大学、湖南师范大学、西南大学、广西大学、河北大学、广州大学、广东外语外贸大学、江苏师范大学、江西师范大学、哈尔滨师范大学、贵州民族大学、中华女子学院、平顶山学院、安徽艺术学院、河北传媒学院、四川传媒学院。

附录二:32个省级播音与主持专业建设点名录

截至2023年12月,全国共有省级播音与主持艺术专业建设点32个,分别是:南京传媒学院、吉林艺术学院、广西民族大学、南阳师范学院、南阳理工学院、南京艺术学院、新疆艺术学院、周口师范学院、西北大学现代学院、湖南大学、南京师范大学、河海大学、河南大学、东北师范大学、天津师范大学、云南师范大学、华中科技大学、河南工业大学、广东财经大学、西南石油大学、成都理工大学、福建师范大学、南宁师范大学、西藏民族大学、湖南女子学院、云南艺术学院、内蒙古艺术学院、长沙学院、广州体育学院、上海视觉艺术学院、河北美术学院、西安明德理工学院。

附录三:播音专业一流本科课程建设名录

截至 2023 年 12 月,全国共有 24 门播音专业一流本科课程建设:

国家级 9 门:

线上一流课程:长沙学院"广播节目播音与主持"。

虚拟仿真实验教学一流课程:上海体育学院"电竞赛事现场解说虚拟仿真实验"。

线下一流课程:中国传媒大学"播音主持创作基础"、河南大学"语音与发声应用"、武汉体育学院"体育解说评论"、南宁师范大学"播音主持创作基础"。

线上线下混合式一流课程 2 门:浙江传媒学院"播音主持创作基础"、山东青年政治学院"影视配音艺术"。

社会实践一流课程 1 门:中国传媒大学"广播电视口语传播实务"。

全国共有省级一流本科建设课程 15 门,分别是:广西艺术学院"播音发声"、浙江传媒学院"播音主持创作基础"、天津传媒学院"文艺作品演播"、沧州师范学院"播音发声"、河南大学"语音与发声应用"、南阳师范学院"普通话语言通论"、中原工学院"语音发声学"、平顶山学院"普通话语音与播音发声"、河南大学民生学院"播音主持语音与发声"、西北明德理工学院"出镜记者与现场报道"、山西传媒学院"播音发声"、山西传媒学院"即兴口语表达"、南京传媒学院"第二学年小学期(社会实践)"、西北明德理工学院"新闻采访与写作"、西北明德理工学院"电视节目策划与制作"。

第八章　播音教育理论研究体系的开创

第一节　播音实践研究

1923 年在中国诞生了第一座广播电台,出现了第一位播音员,这标志着我国播音实践的开始,"播音"被用来指一切广播传音活动,即广播传播。20世纪三四十年代,广播成为重要的大众传播媒介,大大提升了广播的社会、文化影响力,广播的社会功能和文化价值的实现,离不开播音语言的贡献。随着电视的出现,播音就从单纯的声音传播进入声音和图文影像传播时代,20 世纪 90 年代以后计算机、网络技术的快速发展,加之互联网移动技术更加广泛地应用到播音领域,又催生了自媒体播音和 AI 智能播音。追寻时代进步的轨迹回顾和研究一下各时期的播音实践过程。

1923 年,孙中山的《和平统一宣言》通过无线电传布后,他本人表达出"切望中国人人能听"的期盼,为促进"与全世界"的沟通和民族"团结"的爱国主义之愿景。这段重要史实第一次把播音的功能价值,通过播音实践的方式充分展现出来了,他希望通过广播播音的方式让全中国的人都能听到并知晓,让全世界的人都能接收到。

1929 年,吴道一提出"增加播音节目"诉求,认为"凡所举措,先行宣传,国事政情,择要报告,使人民充分了解,有正确之观念,唤起舆论同情,作政府之后盾",并首提播音"俾合群众心理,于审美娱乐之中,获易俗移风之效"

的"审美"功能,强调了播音"努力于新中华之建设""何惧民族之不能兴,国威之不能振战"的政治宣传功能。

1934年,张振寰提出在西北设立电台,使人民知识日益提高,直接提出广播播音的政治责任的观念。

1936年9月,《广播周报》的《世界各国播音宣传阵线之现状》一文提出,宣传最普遍的利器就是播音,阐述了播音与政治宣传的重要意义。抗日战争时期出现的日语播音标志着多语种播音实践的开始,直至解放战争时期大量播音实践为政治传播服务起到了喉舌的重要作用。

中华人民共和国成立前,播音实践在地方话方面也得到了有效和广泛的应用,如北平口音、山东腔、河南话、沪语、粤语、唐山方言等的播音节目就十分盛行。播音在人民生产、生活中也逐步成为有效工具,在政治、军事、经济、文化方面都起到了非常重要的作用。涌现出来许许多多的播音人物,比如,中国第一位播报员白亚民,各地电台播音员刘作楫、魏祖东、朱以平、郑隐飞、张志存等。

这一时期,主要以私营电台为主,播音实践开始进入了娱乐、商业领域,播音实践形式大多以"说、念、唱"为主,此时有很多演艺人员加入播音队伍,如评书、曲艺、戏曲、大鼓、滑稽剧、广播剧等具有娱乐特点的播音实践大量涌现出来。

1940年延安新华广播电台正式开播,像"黑暗中的一盏明灯",这个时期播音"顺应舆情,激励民气""打击侵略迷梦,宣传和平正义"。新华广播电台的定位决定了人民播音的风格是"我们的广播事业,从它存在的第一天起,就为中国的独立、和平、民主事业服务,就为中国人民的解放事业服务"。延安新华广播电台能"听到人民大众的呼声",知道"民主中国",了解"时局动向"的频率,其功能为"人民的喉舌,民主的呼声";在这样的传媒定位影响下,"人民""民主""真实""服务"成为播音的基本定位。齐越、孟启宇等人民播音员就是这一时期的代表人物。

陕北红色广播是中国播音实践的基石,红色广播充满昂扬斗志的战斗的播音风格。中国共产党的胜利就是人民的胜利。革命战争年代,延安聚集了来自全国各地的大批进步青年,国统区人们收听"XNCR"的广播时,犹如找到茫茫黑夜里的灯塔,指引着大批有为青年奔赴延安。在珍贵的史料中,可以看到这样的一幕:1941 年 1 月的一天,夕阳西斜,新华社的通讯员跃马扬鞭向王皮湾奔来。……从通讯员不同寻常的神色中,可以猜测到来稿的重要性和紧急性。傅英豪打开一看,原来是毛泽东亲自撰写的《中国共产党中央军事委员会发言人对新华社记者的谈话》。……傅英豪立即把沉甸甸的稿件交给了广播员徐瑞璋和姚雯。徐瑞璋和姚雯连晚饭也不吃了,钻进土窑洞,点上煤油灯,一遍又一遍地熟悉稿件。播出时间一到,徐瑞璋立即打开麦克风,播送毛泽东的这篇文章,随后姚雯重播一遍。第一时间揭露了"皖南事变"的真相,声讨国民党反动派的滔天罪行,在全国人民面前显示了中国共产党坚定的立场、严正的态度、鲜明的观点。

与国民党电台低靡之风截然不同,延安新华广播电台在播音中体现出磅礴的气势、势不可挡的气概,贯穿着爱憎分明、坚定豪迈的情感。陕北红色广播的产生、发展及其在实践中不断总结的经验,对今天的播音实践有着极强的指导意义。

这一时期的播音实践也逐步形成了非常成熟的指导性原则。1947 年,任陕北新华广播电台播音员的齐越写的《十天播音工作总结》,被认为是播音实践的奠基之作。"播音语言准确规范、高度的政治责任感,严细的工作作风;正确处理内容与技巧(技术)的关系;团结协作。"这些切实可行的做法,对当今的新闻播音仍然具有指导意义。

中华人民共和国建立伊始,党中央就决定成立中央广播事业局,作为新闻宣传机关和事业管理部,由中央人民政府政务院新闻总署直接领导,统一指导和建设全国的广播事业。中央广播事业局的责任是:1.领导全国各地人民广播电台;2.直接领导中央人民广播电台对国内外的广播;3.普及人民广播事业;4.指导和管理各地私营电台;5.培养训练广播事业干部。1949 年 12 月,中央人民广播电台呼号正式启用。

播音实践成为我党新闻传播的重要工具,播音实践也有了更加适合于发展的管理原则、行为规范要求、发展方向和发展目标。播音实践在全国各地的工厂、农村、军队、学校等领域广泛应用,无线电台的快速发展和电视台的出现为播音实践提供了重要支撑。播音实践也伴随着中国社会主义建设的轨迹经历了各个时期的蜕变，走过了公私合营、学习苏联模式、建立社会主义人民播音实践体系的过程。

1958年5月1日，北京电视台（现中央电视台）开始试播，这是我国第一座电视台，标志着我国电视事业的诞生。在北京电视台之后，许多省市也纷纷建立了自己的电视台，播音在不同的场景被细分种类，如新闻、体育、文艺、财经、军事等，方言播音和外国语播音纷纷呈现出来。

中华人民共和国成立后的很长一段时期，播音实践更多地是随着政治运动而进行的，如"镇反""抗美援朝""三反五反""三大改造""反右""反修""社教"等，播音实践中几乎每天都有重要新闻，"广播大会"成了运动中常用的形式。其间也涌现出来很多优秀播音实践作品，如中苏大论战中的"九评"、长篇通讯《县委书记的榜样——焦裕禄》和《中国工人阶级的先锋战士——铁人王进喜》等，以及优秀播音员齐越、夏青、潘捷、林田等。播音实践基本上是在"大一统"的模式下进行着。

1966年至1976年的十年"文革"浩劫，把播音实践推向了一个畸形怪异的特殊时期。很多优秀的播音员被下放到农村进行改造，这时的播音几乎把音量用到了极限，播音实践的优秀传统被一味的高调门、声嘶力竭、大喊大叫所取代，"高、平、空"是对当时播音状况的概括。

党的十一届三中全会以后，我们的政治生活、经济建设走上了正轨，在这种形势下，各电台、电视台都对节目进行了重大调整，纠正了说教式的宣传，注重启发式，寓教育于服务之中，寓知识于娱乐之中，增加了许多知识性、趣味性、服务性、交流性的节目，将播音实践恢复到正常状态。随着播音设备的进步、技术水平的提高，播音实践也从室内走到了室外，走到了社会主义建设的各个角落。

改革开放的号角吹响了播音实践在新时代发展时期的新征程，之后出现了很多具有代表性的各类播音实践节目，《新闻联播》《为您服务》《东方时空》《曲苑杂坛》《天气预报》等各类播音实践都取得了丰硕的成果，尤其是每年央视和各地方台的春节联欢晚会，已经成为全国人民年夜饭的必不可少的播音实践大餐。

播音实践的形式、内容、质量等诸多方面，都有了长足的进步和发展，更加突出的是播音实践队伍的专业性得到了快速提升,第一届金话筒、第一届主持人大赛、第一次播音专业主持人资格考试……很多关于播音实践的比赛、评选活动一直延续到现在。

2003 年中央人民广播电台创办的(中国)广播发展论坛,是全球广播界年度性的国际论坛,旨在加强全球广播界的交流,促进全球广播的合作,成为推动中国广播与全球广播共同发展的国际化平台,成为华语广播的主要渠道,成为中国广播站在世界广播舞台上的醒目标志。通过论坛平台进行的国际交流,播音实践的舞台扩展到了全球,播音实践也越来越呈现出具有中国特色的国际化融合发展的鲜明特征。"天涯共此时——2006 新年全球华语广播 72 小时大联播",来自全球华语广播机构的代表逐一登台亮相,同时,一些国际优秀的播音实践节目被引进我国的各个播音实践平台。

此后,播音实践受到本土化和国际化发展的影响,在创作形式、风格、内容等方面都得到了提升和转变,在文娱、体育、广告等领域进行了大胆的尝试。

相当长的一段时间里,我国电视屏幕上,引进的节目形式占据屏幕主要板块,例如《幸运 52》《开心辞典》《中国达人秀》《我是歌手》《中国好声音》等,我国原创节目匮乏。直到 2013 年,《中国汉字听写大会》《汉字英雄》《经典咏流传》《中国诗词大会》等原创文化类节目的兴起,对这些海外引进节目形成逆袭的态势,取得了良好的口碑并获得极高的关注。对中国文化资源进行开发和利用,让原创节目焕发生机。原创竞赛类节目走高质量内容路线,用中国文化元素对节目进行包装的内容定位,抓住了一部分受众的心理,有利于满足人民群众日益增长的精神文化需求,原创性已经成为品牌节目的核心竞争力。

卫星电视、有线电视、无线移动通信、计算机互联网等技术的发展给播音实践带来了翻天覆地的变革,播音实践已经成为互联网视听领域的主导形式,自媒体和 AI 技术又一次将播音实践推到了一个崭新的发展时期。

近年来 AI 技术的快速迭代,播音实践中出现了中国第一个虚拟主播——新华社的"新小浩"。2018 年,在世界互联网大会上,新华社推出了全球第一个 AI 合成主播——以真人主播的数字孪生形象出现,名为"新小浩"。同期还有人民网的"小晴"、央视网的"小智"、中央广播电视总台的"康晓辉""小小撒"、上海东方卫视的"申·雅"、北京卫视的"时间小妮"、湖南卫视的"小漾"、浙江卫视的"谷小雨"等虚拟主播活跃于屏幕前,形成了视听领域一道颇为亮丽的风景。虚拟主播和 AI 嘉宾广泛参与到播音实践中来了。

播音实践伴随着传统媒体、新媒体、自媒体、融媒体等形式在不断变化而发展,随着 5G、物联网、区块链、AI、VR 等技术的不断发展,播音实践将会迎来更快、更高、更强的发展。

第二节　播音理论研究

理论来源于实践,更是实践的必然产物,播音从无到有,从单一形态到多种形态,在不同形态不断演变的影响下,播音呈现出丰富的实践表现,在实践的基础上总结、研究播音理论,是播音发展的必然结果。

著者在尘封的民国史料中,搜寻并整理出相当数量的关于播音的研究、评价、探讨性的著述,徐学铠翻译出版的《广播常识》一书,是其中最有代表性的著作,它不但是中国第一本翻译国外广播播音理论的译著,而且其关于播音学的真知灼见对今天的播音实践和研究仍有重要的指导意义和参考价值。徐学铠,1906 年出生,1924 年毕业于宁波效实中学,后赴青岛大学读书,大学毕业后作为招聘练习生进入中央广播电台,20 世纪 30 年代任中央广播事业管理处传音科科长。1943 年赴哥伦比亚大学做访问学者。同年陪同国民党中央广播事业管理处副处长吴道一考察欧美广播事业。1945 年抗战胜利后,返回南京,内战爆发后,他看到国民党的腐败,拒绝去台湾,从中央广播事业管理处辞职,到当时的国立中央大学附属中学(后改为南京师范大学附属中学)执教,任外语老师。1955 年去世。

萌芽期理论研究。20 世纪三四十年代涌现出不少文献开始详细探讨播音的语言规范、播音表达技巧、播音风格形式和播音创作心理,这些论述建构了早期中国播音学播音业务理论,具有较高的实践指导性。

1934 年 10 月 13 日《广播周报》刊发了《编者谈话》一文,文章指出,"播音之生命为言语,换言之,播音就是以言语或声音为表现之工具,因此播音便自然的与吾人日常生活感到密切了。所谓新闻与杂志等,皆以文字作为表现之工具,自十五世纪印刷术发明以来,期(其)间经过数百年之长久时日,始有今日之发达,然现今之广播事业,则自马可尼试验成功后,迄今不过数十年,而其发达之程度,几驾新闻杂志而上之,且一跃而成为吾人实际生活之一个重心,此种原因,完全为播音系利用人类原始之表现工具为工具,亦即是播音与吾人生活发生形式的关系之要因。"①

文章说明,播音语言是以声音为主播手段,而且语言必须贴近生活。广播的影响力已经超越报纸杂志成为当时最具影响力的媒体,因此,大量期刊刊载有关广播播音的研究文章,为当时广播播音的繁荣发展提供了有力的指导。

通过对早期广播研究资料的分析,目前我国最早有关播音理论系统论述的著作当属徐卓呆《无线电播音》一书,该书于 1937 年上海商务印书馆出版。徐卓呆(1881—1958),江苏吴县人。他是电影理论家、剧作家、小说家,擅写短篇,被誉为"文坛笑匠"和"东方卓别林"。1935 年创作小说《怪播音台》。小说通过广播电台播出后收到意想不到的效果,此后,他的许多戏剧作品都是通过广播电台传播的,由此,广播成为徐卓呆重要的研究对象。《无线电播音》分十个章节:无线电播音之特长、无线电播音之利用、现在无线电播音之状态、听众心理、何者为不良材料、如何淘汰不良播音、无线电播音之检查方法、娱乐材料改善之大难题、我们需要的游艺播音、无线电播音之教育的活用。该书从以上十个方面向读者全面介绍了播音的基本知识和具体要求,内容十分丰富。内容涉及播音的基本功,播音的审美、规范、自律,受众心理,播音的社会功能,播音的技巧方法,等等。这些问题基本都成为后来中国播音学理论研究的重要命题、重要研究方向,有的甚至发展成为新兴的交叉学科。徐卓呆的这些论述是中国播音学中播音创作基础理论的肇始。

---

① 佚名.编者谈话[N].广播周报,1934-10-13.

从延安新华广播电台建成之日起至中华人民共和国成立,中国播音学的学术便开始随着实践的展开而萌芽。这一阶段之于中国播音学学术发展主要的作用是实践经验的积累,这是后世播音理论形成的前提,也是中国播音学鲜明风格的肇始。从这一时期的《邯郸台播音技术的点滴经验》《邯郸台口播编辑技术初步经验》《播音手续》《编播发稿工作细则》《口播清样送审办法》《十天播音工作个人总结》等文献中,可以看出播音学术发展萌芽的迹象以及许多后世理论的雏形。

播音业务的五大基础性理论初步形成:1.准确清晰是播音语言的基本准则;2.注重播音技巧是提升播音业务的核心;3.良好的话筒前状态是播音创作的关键;4.播音形式多样化有助于吸引受众;5.追求播音语言自然的审美境界。

在延安红色播音思想指导下,解放区早期播音理论呈现出的特征是,爱国和民族激情催生了人民播音风格形成;人民电台的定位决定了人民播音的风格定位;各界对人民之声的肯定促成人民播音风格确立。

理论研究的发展期主要表现在中华人民共和国成立之后。20世纪50年代中期,齐越同志从苏联考察回来,在第一次全国播音业务学习会上,介绍了苏联播音经验,使播音工作者开阔了视野,促进了我国播音理论的研究。不久,一些播音员根据自己的播音经验,提出了一些带有理论性的问题,写出了几篇总结性的文章,集成《播音经验汇编》。这便是我国播音理论的第一本问世之作。

齐越1963年在上海播音组讲话形成的文章《实践——认识——实践》是中国播音学理论的奠基之作。齐越强调播音有三戒:一戒自我表现,二戒随心所欲,三戒千篇一律。坚持遵循创作规律。齐越讲过,要从内容出发,不同的稿件要进行不同的分析,不能都是一道汤,一个样,一个调。坚持团结协作的精神,就是播音员和编辑记者及同行之间的协作。齐越写过一篇文章叫作《编播之间》,文章说,现在播音员和编辑进了城之后都互不往来,但是在战争年代,他们都是互相提携,互相帮助。当时稿纸用的是马粪纸,稿纸正面便于书写但是反光,编辑为了让播音员看稿子时别晃眼睛就翻过来在反面写,写时很费劲,但是这便于播音员看稿子,可见他们首先考虑的是播音员的播音。齐越还说过,有的播音错误可能是编辑写错了,有的播音员认为,反正不是我写的,是编辑写错的,不能算我的责任。但是,齐越说,这也是我们的责任,播错了会给我们党的宣传工作造成损失。此外,他坚持继承借鉴和发展创新,他善于借鉴不同的艺术丰富自己,经常组织朗诵会,他也经常请一些著名话剧演员来讲台词课。

60 年代初期,北京广播学院开办了两期播音员培训班。1963 年开始,正式设立播音专业。1980 年,正式建立播音系。专业教材由无到有,从简到繁,播音理论体系初步形成。经过一段时间的努力,播音理论的研究以空前繁荣的景象预示着金色秋天的到来。各地电台、广播站几乎都在辛勤地耕耘着,集体的、个人的研究活动方兴未艾。1981 年 8 月中旬召开的全国省市电台普通话播音经验交流会,是播音工作者第二次群英聚会,代表们带来的丰富成果标志着播音理论研究进入了新阶段。

中国播音学核心理论由张颂构建的"播音创作基础"理论体系以及徐恒构建的"播音发声学"理论体系组成。由此形成的两大同名主干学科,成为中国播音学核心理论的重要组成部分。

张颂(1936—2012),河北易县人。中国传媒大学(原北京广播学院)教授,博士生导师。1959 年 8 月毕业于北京师范大学中文系,分配到中央人民广播电台工作,先后任播音员、编辑,主要播送《新闻和报纸摘要》《各地人民广播电台联播》等新闻性节目,编辑过《国际时事》《世界各地》等节目。1963 年 8 月调到北京广播学院新闻系,参与中文播音专业的创建工作,是播音学界第一位博导。

他的主要学术贡献就是用一系列科学概念和规律性概述,使播音形成了系统化的学科理论体系。他在 20 世纪 80 年代发表的《研究播音理论是一项紧迫的任务》就提出,播音理论的研究应该首先同心理学、美学和教育学结合起来,并在不久的将来建立播音理论体系的分支播音心理学、播音美学、播音教学法。这种结合,是一种化合,而不是混合。这就加重了理论研究的分量,增大了获得成果的难度。有些同志已经开始制定计划、积累资料了。不过,光凭单枪匹马、单科独进地研究,收效不会太大。相互切磋,携手并进,成果必然更多。

播音心理学应该包括播音员心理和听众心理两方面。播音员心理,除了对稿件的理解、感受,话筒前的状态等过程性心理之外,还应深入研究第二信号系统在心理过程中特殊的制约作用,及其与普通心理学的差别。把诸如"感觉""注意""思维""情感""想象"等概念不加限制地移用过来,是远远不够的,在内涵上,在外延上,都要"播音化",才显出自己的特色。听众心理,如果离开了对语言声音形式的感知特点,离开了听觉期待反应规律,离开了时代、环境、生活水平、文化教养的考察、体验,离开了具体听众的情绪、愿望、要求、理想、伦理道德、审美情趣的生动把握,也就只会得到笼统、飘忽的满足。而播音员与听众之间心理上的相互感应,应该是播音心理学的核心。

播音美学,对于播音语言艺术同样是需要迫切研究的课题。这个现状,会使有志者殚精竭虑地奋进,以求培植出哪怕是一朵不登大雅之堂的野花,为播音艺术的成长贡献一点一滴馨香的汁液。尽管当时还没有出现不同的学派,但播音美学研究的重点理应有所考虑。至少有四个问题不能不涉及,那就是播音的民族化、风格化、意境美、韵律美。民族化,要揭示我国播音的民族性特点,以体现中国作风和中国气派。风格化,是播音语言艺术成熟的标志。真正风格化的播音,真正有个人风格的播音员,真是屈指可数。这和当时学界理论研究的不足,不能说没有关系。意境美,在播音语言艺术中,应该赋予更为深情的内涵。严格说来,一条消息、一篇社论、天气预报、节目预告,都应该富有意境美。在播音中体现意境美,比起文学创作、戏剧表演来,当然有许多不利因素。韵律美,对于唯有声音手段的播音有其特殊的意义。事实上,齐越的"朗诵式",夏青的"宣读式",林田的"讲解式",费寄平的"谈话式",都有他们自己独树一帜的韵律美。虽然这种概括不尽准确,他们本人也不一定同意,但那韵律美中的色彩纷呈,不是可以显露一二么,之所以不能尽情地叙述出来,正是理论研究不足的缘故。民族化、风格化、意境美、韵律美,相辅相成,相通相异,构成了播音美学的血脉,为不同风格流派的定型、延续,提供理论依据。

《播音发声学》作者徐恒,原名徐糜岐,播音名徐力,女,1926年生,南开大学毕业。1948年底进入天津新华广播电台工作,是天津人民广播最初的一批播音员,曾任天津电台第一任播音组组长。1954 年至 1957 年,任中央人民广播电台播音员,曾任播音组组长。1957 年至 1960 年,任天津人民广播电台播音员。1960 年调北京广播学院播音系任教。

1980 年,由徐恒指导、李钢执笔编写,初稿经过北京广播学院播音系发声教研组集体讨论的《播音发声讲义》(内部资料)首次对播音员的发声要求进行了系统的阐述:"播音员的音色应该是纯正朴实、富于表现力的。""播音员的发声能力应当是持久的。""播音员的声音应当是集中均匀、对比适度的。""播音员的发音应当是清晰流畅、亲切自然的。""播音员的语音应当是准确的。"这些包括了音色、语音和发声能力的要求,已经涉及播音发声的主要内容。讲义内容奠定了播音发声理论的基础。

徐恒在长期的播音实践过程中,汲取相关专业特质与播音专业进行有机融合,从而建立了中国播音发声学的基本内容。前文已多次提及,有关练声的问题,她向中国科学院语言研究所的周殿福先生请教,还请广播曲艺团的名演员教唱单弦儿。中央音乐学院校医、耳鼻喉科专家冯葆富大夫也给她很多帮助。中央人民广播电台有几位年轻的英语播音员,播不了多长时间,嗓子就吃不住了。丁一岚同志邀请徐恒老师去讲讲发声。在徐老师的讲解和带练下,年轻播音员很快掌握了正确的发声方法,播音不那么吃力了,内容表达也更生动了。这次教学实践让徐老师产生了写一本发声教材的想法,这个想法在徐老师离休以后才得以实现。

1985 年第一版《播音发声学》问世,直至 38 年后才发行了第二版。可见播音发声学理论是具有很高的科学性、发展性、实用性价值。

1994 年,在经历了几十年艰苦探索后,在几代人不懈努力的基础上,由张颂主编的《中国播音学》出版,这部 66 万字的著作,是他带领 16 位来自教学和实践一线的作者组成团队编著而成的。全书分为导论、发声、创作、表达和业务五编共 40 章,全面、系统地总结了我国广播电视播音主持工作的经验,明确了播音主持的学科定位,标志着中国播音学研究的理论框架基本构成,成为这门学科的奠基之作。但张颂却认为播音体系目前只能用"成型"这两个字来形容,初步成了一个型,有了一定的基础,有了阶段性的成果,还需要更科学的发展、更坚实的理论、更完备的体系。

中国播音学理论体系的逐步建立,也同时构建起从本科、双学位,到硕士、博士的一整套学位体系,各种形式的学术研究团体纷纷建立,各级各类媒体的播音主持节目方兴未艾,在融媒体时代迸发出更大的活力。时至今日,中国播音学已经树大根深、枝繁叶茂。

第三节　播音教学研究

从1923年中国广播诞生至今,中国播音教育形式可以分为两类,即电台培养教育和院校专业教育。

中华人民共和国成立前的这一时期,播音教育意识和播音教育节目萌芽,播音教育观形成,播音教育功能重要性及社会意义引起人们的重视。1932年教育播音初期形态被表述为"教养播音",1934年《我所见到的播音教育》一文对播音教育本义和播音教育策略进行了首次详细论述,还借助欧美教育理论分析了中央广播电台的健康、公民、休闲、语言、职业教育等各类教育节目。1935年在民国政府教育部大力推动下,播音教育普及到各类学校。1937年出版的《播音教育讲演集》中反映出播音教育节目内容广泛,涵盖政治、科学、文史等各个领域。赵元任在《广播须知》中提出了熟悉播讲技术有益于编稿和提升播音的教育意义观点。此外,还有如《广播周报》中的《论播音教育》,《播音教育月刊》中的《播音教育的本质及其使命》《我国播音教育中的几个重要问题》和《广东民教》刊登的教育部播音教育委员会的《怎样利用教育播音》等文,都对播音教育及播音中提高教育效果给出了建设性观点。陶行知先生撰诗描述了"太太和老妈,在家里也能听讲"的广播教育播音的传播实效,用生活细节展示了播音教育带来的"民之幸福"。

从这个时期的珍贵文献中著者找到了一些重要依据,看得出播音教育是电台选拔、培养的主要方式。1936年广播机构招考播音员时,明确了会讲国语的语言规范要求。1937年教育部播音教育委员会第三次会议通过了《改进教育播音节目方案》,明确规定教育节目"专任讲师"不仅有国语要求,还要注重文化修养及广播素养。当时较早对播音员专业素养进行全面论证的代表性文献是 1946 年星芒的《理想中的播音员》。文章指出播音员首先要"博学",能兼具"政治家的眼光""科学家的头脑""教育家的热诚";其次是一个"诙谐家",能于"诙谐"中以"声乐家、戏剧演员、演说家"的表达进行信息传播;还得是一个"音乐欣赏家",并提出能欣赏才能更好地解说和介绍的观点。文章中还提出了发音"应该洪亮圆润""语气更应该善于表情""口齿应该流畅爽利"等一系列播音审美标准。这是迄今为止较早较全方位地探讨播音员专业素养的文章。

1946 年有学者看到该文后,认识到播音员学识要多方面,并提出"播音是一件艰难职务""是一种高尚的职业"。1947 年,陈沅总结播音员应具备十个条件:"国语要纯正、常识要丰富、思想要正确、行动要敏捷、对于时事有认识、要有随机应变智能、编撰讲材要迅速、对于音乐戏剧有修养、有播放音盘的技巧、要有刻苦耐劳的精神。"

以延安红色播音教育为鲜明特征的人民播音成为主流。这一时期提出了播音政治宣传、服务大众的传播功能,并首提播音审美功能和为人民服务观点。其中播音政治功能的论述,奠定了播音喉舌论;播音服务及娱乐功能阐述,对播音人民观形成有历史启迪作用。

中华人民共和国成立初期,各项事业百废待兴,播音教育随着新中国发展的整体节奏和步伐由电台培养逐步走入专业院校教育。在此期间,播音教育的发展都是播音工作者和播音管理者共同参与的,他们既是播音教育的讲授者又是学习者,通过向苏联学习,在工作中总结交流提升,向相关行业的专家请教,采取集思广益、群策群力、言传身教和培训班的方式,进行播音教育的实践和研究。这为播音教育发展提供了非常宝贵的经验并做出非常重要的贡献。

1951 年,左荧的《从"编播合一"谈到播音应该专业化》一文,提出了"播音工作者绝不是单纯的技术工种""播音工作应该是专业化的";徐恒的《播音员和播音工作》、夏青的《克服报告新闻的八股腔》、李兵的《播社论的体会》、张洛的《把现实的情景鲜明地再现在听众面前》、齐越的《播音员和实况广播》五篇文章,介绍了几种主要新闻体裁的播报方式及播音员的培训方法和播音工作的管理等问题,成为最早总结我国播音工作经验的文章。

这一时期的理论成果集中体现在《播音业务》《苏联播音经验汇编》《全国播音经验汇辑》这几本文集上。它们是对当时播音工作经验的一次总结、推广，为播音理论体系的建立提供了思路，具有重要的理论实践意义。其中《播音业务》总结了中央台的播音经验，《苏联播音经验汇编》主要是对国外特别是苏联的播音经验的翻译介绍，《全国播音经验汇辑》则主要是全国各地播音经验的系统梳理和总结。

在萌芽时期，就有众多一线播音工作者和广播电视管理者对播音诸多理论和实践问题进行了探索，其中梅益、左荧、齐越等人较为活跃，取得了比较突出的成果。当时担任中央广播事业局局长的梅益，在萌芽时期发表了很多关于播音研究的文章、谈话及具有指示性的文章，包括 1950 年发表的《如何加强与听众的联系》，1952 年年底发表的《广播的特点、对象和任务》，1955 年发表的《播音员的努力方向——在中央台播音业务学习会上讲话摘要》等。这一时期的梅益开始意识到播音是一种创造性的劳动，并在多篇文章、讲话中提到了播音工作性质、地位等问题。左荧时任中央广播事业局地播处处长，在 1951 年 3 月 1 日出版的《广播通报》上，左荧发表了题为《从"编播合一"谈到播音应该专业化》的文章。这篇文章对"编播合一"的背景、目的和利弊进行了论述。他表示"作为培养播音员的办法提出来的'编播合一'，不但没有提高播音水平，反而降低了"。左荧认为，导致这一现象的原因是忽略了播音工作的独立性问题，因此提出了播音应该走专业化道路的观点。1955 年 3 月，左荧又发表了《播音是一种语言艺术活动》一文，指出了播音工作是一种语言表现艺术，分析了播音的艺术特点。文章提出了"播音对象""播音内容""播音的目的性"和"播音技术"等一系列观点，并指出"播音技术"就是"播音艺术"。以上这些观点，体现出左荧对播音专业性和艺术性的重视，对后来的播音研究具有重要意义。

齐越还同崔玉陵翻译了苏联著名演员符·阿克肖诺夫撰写的《朗诵艺术》一书，在《广播爱好者》上连载。这些译文包括了呼吸方式、吐字发声、重音停连、语气、语调、节奏、内心视像和内在语言等内容，虽然比较简单，但其语言表达艺术的理论框架比较完整，为后期播音创作基础理论的研究打下了坚实的基础。

1955 年召开的"全国播音业务学习会"是中华人民共和国成立后第一次全国范围的播音研究会,梅益、温济泽、左荧等发表了讲话。其中中央广播事业局局长梅益在会上的讲话,指出了播音工作的态度、播音创作的走向及创作技巧、情感等问题。左荧也发表了讲话,他指出播音是一种艺术语言活动。会议专题报告内容丰富,涵盖了台词、朗诵、语音知识、发声原理与方法、嗓音的锻炼与保养、舞台剧表演体系及演员的个人修养等。会上再次明确了播音的性质、作用和地位,讨论学习了苏联播音研究的方法和研究的经验,丰富了当时播音的表达方式,促进了全国各地播音工作者经验的交流,基本形成了播音创作的雏形,为创建中国播音学打下了牢固的基础。

从 1959 年北京广播学院(现中国传媒大学)建立,到 1963 年 9 月正式招收中文播音专业的学生,标志着播音教育活动走向了学术化、系统化。根据教学的需要,老一辈的"播音人"开始了教材的编著。在以哲学和美学、新闻学与传播学、语音学及应用语言学、文学艺术为学科的支撑,对心理学、教育学、逻辑学、文艺理论、表演理论的研究方法的汲取的基础上,开设了"发声教学"和"语言逻辑"(即后来的"基本表达")等相对比较基础的专业课程,并印发了相关的资料和教材。虽然这一切还处在比较初级的阶段,但播音理论的主体已经相对明确了,一部分基础的理论,像播音的性质及任务、播音创作的手段和目的、气息的运用及情感、重音、节奏、停连等内外部技巧等都得到了初步的阐述,播音学学科开始建立起基本的观点框架和一定的格局。

自 1963 年北京广播学院(现中国传媒大学)设置中文播音专业至今,播音主持艺术学的相关研究已走过了半个多世纪,但理论研究的滞后性、学科特质的边缘性与业务实践的依附性,阻碍着学术话语的持续性建构。已故中国播音学基础理论奠基人及学科体系创始人之一张颂教授曾指出:"许多应该提出的问题、应该阐述的原则、应该论证的规律,都还没有纳入研究范围和理论体系。"1963 年,是中华人民共和国广播事业发展极为快速的一年,是中文播音作为学历教育的元年,也是播音专业学术化道路的肇始。所谓"口耳之学,幽渺难知",当时的播音专业尚未形成学术化理论,更多只是前人经验的总结,但中文播音一旦开始学历化教育,就需要系统而科学的理论体系作为支撑,所以,将前人经验梳理总结就成为当务之急。张颂等中国播音学前辈们所做的就是这项奠基性质的工作。

中国播音高等教育筚路蓝缕,在60多年的办学历程中,为繁荣中国特色艺术教育和语言传播教育贡献了力量与智慧。概括起来,中国播音高等教育的发展历程,可分为以下五个阶段。

(一)奠基时期的萌芽初始(1954年—1963年)

1954年至1963年,播音培训班的开办及其教育理念的提出,被视为中国播音高等教育的萌芽阶段。1954年,面对全球传媒事业的兴起和中华人民共和国成立初期对于广播专门人才紧缺的问题,原中央广播事业局开办"中央广播事业局技术人员训练班",培养初步掌握广播专业理论知识的技术人员,标志着我国广播电视系统开始创办自己的教育培训机构。1956年,中央广播事业局开办第一期播音员训练班,为培养中华人民共和国成立初期的播音员做出了尝试。1959年,为了加快培养广播电视领域专门高级人才,在国家相关部门的大力支持下,北京广播学院(现中国传媒大学)正式成立,由此开启了我国广播电视高等教育事业的新阶段。自1960年起,原北京广播学院正式开设播音培训班。虽然该培训班不是完整意义上的高等专科教育,单期授课时间不足一年,但该培训班一直坚持按照高等教育模式设置课程、培养播音专门人才。这从侧面说明社会各界对中国播音高等教育萌芽期做出的努力和取得的成绩总体持认可与肯定态度

(二)学历教育的正式开办(1963年—1978年)

1963年至1978年,中国播音教育步入高等学历教育阶段。1963年,原北京广播学院正式设立中文播音专业,该专业系普通高等学校大专学历教育,此举标志着中国播音高等学历教育正式启动。同时,在1964年和1965年,原北京广播学院播音专业继续开设,连续两年招生。1966年至1973年,受"文革"影响,原北京广播学院被迫停办,播音高等教育因而被迫停止。1974年,原北京广播学院正式恢复办学,并于1974年至1976年的三年间,连续招收了三届工农兵学员攻读播音专业。1977年,在全国恢复高考的时代背景下,原北京广播学院播音专业通过全国统考招收新生。需要特别说

明的是,1977级播音专业学生按照三年制大专学历被招生录取,为适应学校与社会对于播音高等教育的更多期待,培养一批高素质专门人才,1977级学生入学后经校方向原中央广播事业局和教育部提出申请,同意该级学生转为四年制本科学历继续培养。

(三)提高层次与逐步拓展(1978年—1996年)

1978年至1996年,中国播音高等教育培养层次从专科提升为本科,并开始培养硕士研究生。除原北京广播学院外,其他院校相继开办播音专业,教学与实践内容以广播播音为主,同时适当融入电视播音的教学内容。具体而言,自1978年起,原北京广播学院播音专业正式确定为普通高等学校本科层次学历教育,学制由大专层次的三年制改为本科层次的四年制。值得注意的是,原北京广播学院在1978年取得播音专业硕士研究生的招生资格,并于1980年起,招收了首批播音基础理论方向的硕士研究生——此举标志着中国播音高等教育迈入更高台阶。可以说,中国播音教育已然不满足初级的教育教学和实践的早期模式,转而开始寻求学科建设的主体地位,并由此延伸出对播音领域的科学研究工作。在1980年,原北京广播学院正式在新闻系播音教研室基础上单独设立播音系。从1986年至1996年,原浙江广播电视专科学校(现浙江传媒学院)、天津师范大学、上海戏剧学院等院校相继开办播音主持相关专业,中国播音高等教育逐步扩大办学规模。

(四)持续推进与稳步提升(1996年—2012年)

在1996年至2012年间,开设播音专业院校数量和招生人数持续扩大,中国播音高等教育持续推进并得到稳步提升。在此期间,中国播音高等教育的教学目标主要是为电视、广播和网络节目输送播音主持高级专门人才。具体而言,1996年,原北京广播学院成立播音主持艺术学院,这也标志着中国播音高等教育规模、体量和重要程度日益增强,标志着中国播音高等教育需继续加强内涵式、高端化的培养模式。1999年,原北京广播学院播音主持艺术学院取得博士招生资格,随后开始招收播音方向的博士研究生。由此,中国播音高等教育已经具备本、硕、博全链条、多角度的完整人才培养体系,中国播音高等教育的科学研究成果得以继续向纵深推进。此外,2000 年至 2012 年,原华北广播电视干部管理学院(现山西传媒学院)等多所院校相继开设播音专业,中国播音高等教育规模、体量逐渐扩大,成为中国高等教育发展的一个缩影。

(五)拓宽路径与特色发展(2012 年—2023 年)

2012 年至 2023 年,开设相关专业的院校在规模持续扩大的基础上,面对媒体融合向纵深发展、人工智能愈发精进的时代背景,各院校加大教学改革力度,拓宽人才培养路径,如教学内容中增设融媒体播音主持教学与实践,开设学科前沿课程,丰富学生体验感,助力中国播音从传统高等教育向未来高等教育迈进。具体而言,2014 年,播音与主持艺术专业"十二五"规划教材出版,为播音师生的教学与培养提供了参照。2019 年至 2021 年,教育部启动实施一流本科专业建设"双万计划",多所院校的播音与主持艺术专业入选国家级和省级一流本科专业点,播音高等教育实现了更大范围的普及,彰显了其独特的时代魅力。

经历 60 多年的中国播音高等教育始终不忘初心,坚守育人的核心和使命。中国播音高等教育之所以不故步自封,不局限在单一维度,其根本是以播音实践经验和理论为基础,消化并融汇众家所长,开阔视野,兼收并蓄,在汲取中转化,在借鉴中突破,使自身理论在交融与碰撞的"合奏"中实现创造性转化和创新性发展。坚定理论自信、秉持包容开放、拓宽国际视野、不断探索创新,中国播音高等教育以跨学科及交叉学科定位,融汇新闻传播学、戏剧与影视学、艺术学理论,以及语言学、文学、哲学、美学等学科体系,使自身理论体系和教学内容得以发展,使中国播音高等教育的整体体量、视野、影响力等得到巨大的提升与拓展。

面向未来是一个发展理念,也是一个动态概念。中国播音高等教育与时代发展的媒体环境、技术手段紧密结合,其理论建设、课程体系、培养模式需要依时而变,顺势做出调整,继而保持自身的生机与活力。同时也应坚守理性判断,秉持人文理念,分析当前矛盾和实际需求,以高质量办学作为未来发展目标。中国播音高等教育与时代发展紧密相连,需要结合当前形势,展望未来趋势并做出调整。新兴互联网内容媒体和有声语言创作领域日趋多元,数字技术影响下的传播形态、传播方式、传播频率、传播速度、传播效果和传播反馈都产生了明显变化,跨平台、跨界主持现象成为常态。因此,中国播音高等教育需要及时更新业务理论和培养模式,思考办学应坚持哪些特色、调整哪些环节,针对融媒体播音主持呈现出的特征、变化和规律,研究培养融媒体播音主持人才的教学规律。此外,人工智能技术快速发展,相关技术已应用于播音主持领域,因而,中国播音高等教育也应关注人工智能等技术手段的发展动态,在教学和科研工作中重视人机协同和人机适配的问题。

第九章　播音主持教育多元评价体系的建立

第一节　教育及其教育评价

一、当下的教育现状

纵观当今中国的教育,竞争之激烈,无与伦比。无论是幼儿园还是小学、初中、高中、大学以至研究生的升学考试,无论是一所学校、一个年级还是一个班里的成绩排名,时时处处充满着激烈的竞争,可以说一直处于白热化的境地,它也远远超出了作为一个学生所能够承受的不应有的巨大压力。但是,在这各种各样的考级、各类升学考试中,有一个共同点,那就是无论从小学升初中、初中升高中,还是高中升大学,都不是作为输出方的小学、初中和高中自己说了算,而要由输入方的初中、高中和大学说了算,换句话说,就是只要是升学就都有一个社会检验的过程。任何一所学校的初中生能否升入高中,是由高中经过考试来决定,而不是由初中自己决定。至于高中毕业生能否升入大学,那就更是全社会关注的重大事情,从某种程度上来说,甚至大学自己也不能完全说了算,因为这一过程完全处在全社会的严密监督之下,高中没有发言权,更处于一种被检验的被动状态。用市场经济的话来说,现在的教育市场是买方市场。也就是说,小、初、高中学校必须通过不断地提高自己的教学质量,才能保证自己的学生更多地、较为顺利地进入下一个阶段的学习,以此来确立本校以教学质量为标志的、在全社会的良好声誉和地位。

而作为高等教育的大学教育,包括研究生教育,与上述小、初、高中教育在激烈的社会竞争和升学压力下,不断想方设法提高教学质量的现状相比,却是景象完全不同的另一番天地。受人尊敬和仰慕的大学教育处于一种自我监管,更无第三方监督和社会监督的状态。自己开课、自己出题考试,好坏全由自己说了算,缺少独立于外的、社会化的检验过程。过去,大学毕业生的就业问题曾经给大学教育带来一定的压力,学生的就业情况可以从某种程度上反映出大学的教学质量。而今天随着国家相关政策的变化,大学毕业生以自主择业为主,这一下就为大学的教学质量彻底解除了束缚和负担,使大学教育从此变得更加"轻松自在"。无数的大学提出"宽口径,厚基础"的口号,但我们看到的现实却是专业设置越来越窄,越来越具体,越来越操作化、技能化、技巧化。与此相应的是,在课程设置、教学安排等关键环节,拍脑门的现象随处可见。

对大学的教学缺少一种有效的质量监督,缺少客观的检验标准和体系,由此带来的问题是全方位、多层次的。第一,培养目标和课程体系上的不严密,培养目标只是一个笼统的描述,缺少在此基础上具体的教学内容和教学质量指标,因此,课程体系就容易出现疏漏。第二,整体的教学计划是一回事,而落实到具体课程上又是另一回事,每一门课程是否能围绕总体的教学计划和培养目标来突出各自的重点,每一门课都有自己的特定内容和范围,但是在针对本专业或其他相关专业进行教学的时候,当针对某一特定培养目标进行教学的时候,教学的内容和侧重点应该是有所不同的。第三,课程的教学大纲是一回事,而落实到具体教学上又可能是完全不同的另一回事,教师能否在课堂上完全落实教学大纲所规定的教学内容,做到重点突出、目的明确,尚无法进行有效监督。第四,由于上述原因,不可避免地会出现在课程设置上的随意性、缺少目的性,甚至会出现因人设课的不良现象。每一门课,无论是专业课还是专业基础课、公共基础课的教学目的和重点,都应围绕和服务于整体的培养目标,指向性应该是非常明确的。每一门课的内容应该怎样落实、怎样检验、由谁来检验、检验的标准是什么,等等,这些问题在教学大纲中、在教学过程中、在每一位授课教师的心中都应该是非常清楚明白的。而要做到这一切,就需要大学根据培养目标和教学内容,建立专业标准,建立课程标准、教学标准,建立评价标准和教学质量监督管理标准等一系列具体措施。通过引入现代化的管理理念和具体做法,改变大学教育粗放经营的现象,进一步提高教学质量,可以对规范专业课教学提供保障。

二、教育评价

"教育评价,是按照一定的价值标准,对教育现象进行价值判断。换言之,它是从价值上去解释教育现象的。这就是说,教育评价是关系到明确教育的目标及其价值的概念,是按照教育目标和价值观来衡量学生的发展变化以及教育计划的实施成果的。教育评价的重心,在于把教育目标作为标准进行价值判断。"①由此可知,教育评价作为一种对教育价值的判断、对教育目标实现程度的检测手段,或者说对教育教学质量的控制,必须以教育目标为基本标准。也就是说,是教育目标决定着教育评价,而教育评价又为教育目标的实现做出保证,为实现教育目标服务。教育评价从本质上说是一种价值判断,教育目标集中体现了大多数人的教育价值取向或价值观念,它规定着人才培养的规格、课程和教学的要求,是教育的出发点和归宿,也是衡量教育质量的基本标准。因此,教育评价在提高教学质量、实现培养目标等方面具有不可替代的作用。

事实上,现代教育评价的对象领域是十分广泛的,但是重点应放在哪里? 1985 年 5 月,《中共中央关于教育体制改革的决定》对教育评价提出了两个要点:一是教育管理部门要对学校的办学水平进行评价;二是衡量任何学校工作的根本标准是培养人才的数量和质量。这两个要点归结到一点,就是通过教育评价来有效地提高和保证教育质量。教育质量、培养人才的质量成为最根本的重点,成为教育评价的核心。

---

① 翟天山.教育评价学[M].北京:高等教育出版社,2003:42.

如果把上述两个工作要点看作是中央对教育评价工作的部署的话,那么,第一点可以看作是第一阶段的工作。这一阶段的工作,教育部从 1993 年开始,在先期试点的基础上,已分期、分批对 800 多所高校进行了教学工作合格评估、教学工作优秀评估、教学工作随机评估和本科教学工作水平评估。在这些评估工作中,虽然也包含有对教学质量进行检验的成分,但更主要的是从行政管理上对高校进行评估,从名称上就可以清楚地看出,评估的重点和核心是达标、合格、行政管理等,在促进高校加强基本设施建设、规范办学、提高办学能力和水平等方面起到了积极的作用,但对于提高教学质量,几乎看不到明显的效果。这中间既有工作重点的不同,即以规范办学为目的;也有评估方法的区别,即以行政管理为主。因此,有理由相信,在第一阶段工作的基础上,第二阶段的工作,无可置疑地应该是以教学质量为重点和核心。这既是中央的要求,也是全社会的希望,更是教育界自身的强烈要求。在 2010 年 3 月 1 日《人民日报》公布的《国家中长期教育改革和发展规划纲要(2010—2020 年)(征求意见稿)》(以下简称《纲要》)中这一判断得到证实。《纲要》指出:"改进教育教学评价。根据培养目标和人才理念,建立科学、多样的评价标准。"不仅规定了今后一个时期高等教育工作的重点,而且强调了教育评价在其中的关键作用。高校工作重点的不同,决定了评价工作重点的不同,预示着评价方法的不同。以质量为核心和重点的教育评价,必须要有与之相适应的评价方法。高校管理重点的转移,评价工作重点的不同,不仅从思想观念上要有转变,更重要的是在管理体制机制上要有创新,建立不同于以行政管理为中心的、全新的、以教育教学质量管理为中心的管理体制。学界提出以质量为核心的"播音主持专业评价",正是顺应了这一时代和社会发展潮流,满足了教学对质量保证的迫切需要。

本章以教育评价基本理论为参照,根据高等教育今后的工作重点,以提高和保证教学质量为核心,以播音主持专业为研究范例,对"专业"教育评价进行分析、研究,主要包括三方面内容:一是以"专业"为评价单位和范围,以教学质量为评价核心和重点。这是对当前以院校为基本单位,以行政管理为主要内容进行评价的一种突破和创新,是对今后以质量为中心的教学评价和多元化的教育评价的一种探索和深化。二是以专业培养目标为教育评价的基本标准,通过评价标准的建立,来促使培养目标的明确,而评价又成为实现培养目标的基本保证。三是改变目前教育评价中对教育结果过于关注和重视的现状,突出强调对教育过程的评价和监督检验,在以质量为中心的教育评价中,努力做到教学过程和教学结果的统一。

第二节 播音及其播音评价

播音主持专业教育是在广播电视事业发展到一定阶段,要求进一步提高广播电视传播质量,要求对从业者进行专门的、系统的、规范的文化知识和职业技能的学习、训练而发展起来的一门新兴专业教育。专业教育,也叫专门教育,指培养某一领域专业人才的教育。① 如今,播音主持教育已成为高校中的热门专业,备受瞩目。

随着社会和广播电视媒体的发展,播音员、主持人和他们的播音主持在社会生活中的影响越来越大,播音员、主持人所肩负的各种社会责任也越来越大。因此,播音主持教育的重要性日益凸显。以"专业"为基本单位开展教育评价和教学质量管理研究,是对高等教育管理体制机制的创新,是符合高等教育发展方向的,也是切实提高教学质量的根本途径和有效方法。建立以教学和教学质量为中心的高校管理体制,使高校回到以教学为中心、以教学质量为重点的符合自身规律的发展轨道上,可为未来深化教育评价、建立多层次、全方位教育评价体系打下基础。

一、为建立播音主持专业评价体系提供基础性的、前期的研究参考

严格地讲,播音主持专业虽然已经过半个多世纪的教育历程,但到目前为止我们的播音主持专业,从新生选拔、培养目标、课程体系、教学内容、教

---

① 顾明远.教育大辞典(简编本)[Z].上海:上海教育出版社,1999:642.

学评价、教学质量管理等,都缺乏一个标准,特别是科学的、经过研究论证的、符合本专业特点和要求的、对本专业建设和发展具有建设性和指导意义的标准。我们的播音主持职业,在播音员主持人的选拔、播音员主持人职业资格认定、播音主持作品评价、播音员主持人评价、播音主持作品评奖等,标准并不明晰,特别是权威的、被广泛认可的、规范播音主持行业、引导播音主持教育的行业标准。

这是两个不同行业的标准,一个是教育的,一个是传媒的,但这两个标准却又紧密地联系在一起,相互依存、相互制约、共同发展。它们的不同之处,恰恰是两个行业本质特点的显示,而它们的共同之处指向的就是"专业"。

著者说播音主持教育缺少标准,表面上看似乎是在鄙薄,甚至会有人认为是在否定播音主持教育,其实恰恰相反。对标准的要求、期盼和渴望,正是播音主持教育不断追求进步、追求发展的最好证明,是播音主持教育自我完善、承前启后、走向成熟的标志,是播音主持教育新的发展的强烈要求。播音主持教育六十多年的历史,是艰苦创业、披荆斩棘、不断拨乱反正的历史。它在从无到有、从小到大的探索、发展历程中,逐渐走向成熟,其标志就是它在构筑自己较为完善的学科体系的同时,也在不断地向更深广的范围和领域发展,而这种发展的必然要求,就是呼唤标准的建立。

著者说播音主持职业缺少标准,也是从发展的、更高的、更严格的要求来说的。以往的广播电视媒体,数量有限、播音员主持人有限、业务范围有限、在社会上的影响有限。而今天,媒体已成为对社会最有影响力的机构之一,播音员主持人也成为社会公众人物,每时每刻对社会、大众施加影响,播音主持业务范围也大大扩展。这种情况下,为保证播音主持专业的健康、正常、持续发展,制定行业标准也就是理所当然的了。

研究播音主持专业评价体系,首先,要明确指导思想,那就是一切为了提高、强化和保证教学质量。通过研究更清楚地认识和定位播音主持专业,规划和明确播音主持专业未来的发展方向;其次,立足播音主持专业实际,突出自身特色,建立课程、教学、考试等一系列标准;再次,以教育评价理论为基础,建立评价体系;最后,以 ISO9000 质量管理体系理论为基础,建立关于教育、教学质量保证的质量管理体系。

目前所遵循的、约定俗成的教学、评奖等标准,是模糊的、相对的、参差不齐的。标准只存在于教师、评委和每一位播音员主持人的头脑中。由于每个人对播音主持专业的理解、认识不同,实践的水平、能力不同,理论修养不同,标准的立足点不同,因而在对标准的把握上,其差距就可想而知了。这一现状带来的结果是,播音主持专业缺少明确的发展目标和前进的动力,以"粗放经营"为主,在低水平上徘徊,已经严重地影响到了播音主持专业的健康发展。因此,对专业评价和标准的研究就具有了非同寻常的意义。

二、探索以保证教育、教学质量为主的高校管理体制

教学质量是一所大学生存的根本,不断提高和保持教学质量是一所大学追求的目标和动力。在当前中国教育大发展的历史时期,教学、教育质量已经成为全社会关注的热点和焦点,教育质量将会是今后相当长一段时期内,高等教育的核心和重点工作。如何保证并且不断提高学校的教学质量,使学校培养出符合社会、时代和历史发展要求的合格人才,如何不仅从制度上,而且从观念、日常行为中来保证教学质量? 在对这些问题的思考过程中,ISO9000 质量管理体系理论进入了著者的视野。

目前,高校的管理体制是以行政管理为主展开和进行的,主要是对程序和结果的管理,其明显特点是根据"业绩"需要关注不同的重点,或者只关注程序而不注重结果,或者只关注结果而不管程序是否合理有效。高校管理的基本思路是一种被动的管理模式:下面有问题,所以上面要管理。于是管理就变成了领导制定规章制度,员工执行规章制度的局面,就变成了一种自上而下的贯彻,在这种情况下责任往往被认为是领导者的事情,与普通教师无关,任何人都可以只做事情而不负责任。因而使得管理在很大程度上被看作是领导对群众的"管、卡、压",形同虚设。高校在教学质量管理上更是乏善可陈,乏术可依。由于涉及具体的课程、具体的授课教师,因而在教学质量上没有行之有效的管理办法。虽然也有教学大纲,甚至在许多学校还有集体备课,但当教室门关起来的时候,各自为政的现象依然很严重,正如

同有人所讽刺的那样"备课只是个形式,上课是另一回事"。这就使教学大纲形同虚设,使教学目标形同虚设,因而也使教学质量得不到应有的保障。

要想改变这种被动的、不能激发员工积极性的管理体制,就必须突破传统管理中以行政为主、以管为主的思想的束缚,引入新的管理思想和模式,围绕保证教学质量、充分调动每一位教师的积极性和创造性来建立管理制度。而 ISO9000 质量管理体系理论,提供了有效的借鉴和参考,提供了崭新的理念和思路。ISO9000 质量管理体系标准,是国际标准化组织颁布的世界通用的质量管理和质量保证的标准,是全世界质量科学和管理技术的精华,是管理思想和经验的总结,在它被广泛地应用于生产、服务、行政等众多行业之后,均取得良好效果,甚至一度在全世界掀起一场 ISO9000 质量管理体系认证的热潮。ISO9000 质量管理体系提供的不只是一些理念,而是一整套可操作的质量管理的方法,一个完整的质量保证框架,对使用者产生的是彻底的、根本性的影响,对质量提供的是全面的、根本性的保证。更重要的是ISO9000 质量管理体系的许多特性决定了它特别适用于教育。它最突出的特点就是"过程"管理,这一点对教育来说至关重要。学校培养学生,简单类比,就像企业生产产品。教育是一个严谨、细致、复杂的过程,而不是一系列的程序,因此它的管理必须是全过程的管理,而不是结果的管理。如果到毕业时再来检验学生是否合格,为时晚矣,如不合格已经没有补救的余地了。这种情况下,只能将不合格的学生推向社会。而按照 ISO9000 质量管理体系的理念和思路,在教学的各个基本环节设立质量检验指标,保证及时发现问题,及时解决问题,确保每一个学生都能合格地进入下一个环节,那么最终的"产品"——毕业生也就都会是合格的了。产品出现问题可以重新加工,而教育是无法从头再来的。正如张颂教授所指出的那样:"一件东西损坏了,还可以再造;一件事情办糟了,还可以再干。教育却不行,一旦出了问题,要想纠正,比再种一季粮食、再栽一茬棉花还要难,恐怕得数年工夫,甚至会成为终生遗憾,难有弥补之时。"①它另一个突出特点是全面管理,因为要保证教育的最终质量,必须要明确最终的质量标准;因为要保证教育过程

---

① 张颂.播音主持艺术论[M].北京:中国传媒大学出版社,2009:94.

中所有环节的质量,必须要明确所有环节的质量标准。如果其中某一个或几个环节出了这样或那样的问题,那么最终的教育质量将难以得到保证。如果不明确质量标准,也将无从知道哪里有问题以及是否达标。

ISO9000 质量管理体系还有几个突出的特点,分别是全员参与、持续改进和第三方评价,也叫认证。这样就使得学校教育管理从被动管理变成为主动管理,从领导管理变成为人人主动参与管理,使只有领导负责,变成为人人负责,从局部管理变成为全过程的管理。使管理从具体过程入手、从细节入手。而第三方评价(认证),又使得监督程序更加客观,更具有公信力。教学评估注重的是全局、是程序、是规范,ISO9000 质量管理体系注重的是过程、是质量、是细节,两者结合正好可以相互弥补。因此,将教学评估与ISO9000 质量管理体系的基本原则结合起来,具体运用于教学质量的管理实践,有效地提高教育、教学质量,应该是一件很有意义的事情。

三、以教育评价理论为基础提出新的评价体系构想

在当前所进行的教育评价中,基本可以分为两大类:一类是针对中小学普通教育的,一般称作"教育评价",在一些发达地区,特别是中心城市的中小学教育中,教育评价在教学过程中的很多方面发挥着积极的作用,此处不去做更多的评论;另一类是针对高等教育,一般称作"教学评估",其评估形式和内容有教学工作合格评估、优秀评估、随机评估和本科教学工作水平评估等。高等教育评估,其基本评价单位为院校,评价的内容选择和指标设计也是以院校为基本单位考虑的,如一级指标为:1.办学指导思想;2.师资队伍;3.教学基本设施;4.专业建设与教学改革;5.教学管理;6.学风;7.教学效果。总体来说是全局性的、笼统的、以行政管理为主的这样一种评价。这种评价过于宏观、笼统,实际上是对抽象的教育的评价。而在普通教育评价中,评价内容相对较为具体,如学生评价、课程方案评价、教学工作评价等。此处的课程是指狭义的课程,也就是指具体的教学科目。课程方案评价的主要内容包括课程计划、教学大纲以及相应的教材、教学。这大约是评价单位较小的一类评价,基本属于相对微观的、实在的,是对教学行为的评价,因

而是对具体的教育的评价。

这两类教育评价行为,对于当前亟待解决的高等教育质量问题,从以上分析来看,似乎都有些不相适应。要么评价单位过于宏观,以行政管理为主;要么评价单位过于微观,以具体结果为主。怎样以提高和保证教学质量为核心和目的,建立一套行之有效的管理体系,才是需要认真研究和解决的问题。针对保证教学质量的评价体系建立起来了,才有可能提高和保证教学质量。理论诞生于实践,反过来又为实践服务。教育评价理论诞生于普通教育,因而在监督提高普通教育质量中有极强的针对性,能够发挥极大的作用。高等教育评估是国家有关部门对高等院校进行的行政性管理水平和质量的评估,因而它无法监督和反映高校的教学质量。要想对高校的教学质量、教学水平进行监督管理,必须建立新的、以教学质量管理为核心,而不是以行政管理为主的管理模式和管理体系。有鉴于此,结合高等教育未来发展的需要,以及自身的特殊规律,著者提出建立以"专业"为基本评价单位的高等教育教学质量管理体系的设想,即评价既不是以"院校"为单位,也不是以"课程"为单位,而是以"专业"为单位。从高等教育的实际情况来看,一个专业事实上也是一个小的系统,而若干个这样的系统则构成一所大学的教学系统。也就是说,专业是构成高校教学系统的基本单位,以专业为单位构建教学质量管理和评价体系,是符合高校现实的,是符合高等教育自身规律的,也应是行之有效的。而对整个以院校为单位的评价,显而易见,是不可能有效地评价和体现其中某一个专业的真实情况的,尤其是教学质量情况。一个专业与另一个专业之间,既有相同、相通之处,又有不同、特色和个性之处,如,公共基础课的设置是相同的,专业基础课的设置可能是相通的,而专业课的设置则完全是不同的。不同的专业对专业基础课的诉求是不同的,因而,不同的专业对课程评价的"点"是不同的、要求是不同的。因而针对具体课程的评价如果脱离了具体的专业,脱离了专业总体的培养目标,显而易见,也是不可能有效地、准确地评价某一门课程的教学质量、水平和效果的。从质量监督的角度来讲,没有明确的培养目标、课程、教学目标等,就失去了建立质量标准的前提和基础,以保证教学质量为目的的评价体系也就无从建立。

以一个专业为评价单位来进行教育、教学评价和质量管理，是对当前教学评估和教育评价的创新，是符合未来高等教育发展方向和要求的，这一新发展，既可以有效地弥补上述两个方面的明显不足，又可以突出和强化教学质量管理，还可以丰富、发展教育评价的手段和方法，为未来建立多层次、全方位的高等教育教学评价和质量管理体系打开思路、建立基础。在一个专业里，每一门基础课都明确地指向本专业的总体目标，有自己清晰的定位和重点。每一门专业课也都有自己清晰的阶段性目标和最终要求。而且，以专业为评价单位的评价，内容集中、目标指向明确、方法准确适用，所有的评价内容、课程、教学、管理等都指向一个非常具体的培养目标，因而评价的内容是具体实在的，评价的过程是真实可感的，得出的结论也应该是可靠有效的。对于播音主持专业来说，以专业为单位进行教学评价，也可以使播音主持教学和广播电视播音主持一线实际结合得更加紧密，有利于教学和实践接轨，有利于人才培养，也可为今后的播音员主持人职业资格考试打下一个良好的基础。

四、运用 ISO9000 质量管理体系开展对教学质量的管理

高等教育是国家培养高层次科学技术专门人才的重要途径。教育质量和教学管理水平的高低直接影响着人才培养的质量，因此，质量是高等教育的生命线，提高教育质量，为社会培养合格人才、优秀人才一直是教育永恒的话题和不懈追求的目标。在高等教育规模不断扩大，特别是迅速进入大众教育阶段的背景下，如何保障和提高高等教育的教学质量，成为高等教育界和社会各界普遍关注的问题。积极探索将 ISO9000 质量管理体系应用于高等教育的教学质量管理之中，通过提高和加强以质量为核心的管理水平，达到切实保障教学质量的目的。从这个意义上说，将 ISO9000 质量管理体系引入教育管理，为教育质量管理提供了一种新的思路和模式。

当前，在研究将 ISO9000 质量管理体系应用到学校教育管理的过程中，基本的思路还是以强化行政管理，以提高行政管理的水平，来相应带动提高教学质量。教学质量处在整个管理的次要或局部地位。著者提出建立以

"专业"为单位、以质量为核心的教学管理和教学评价体系,使质量成为管理的核心和唯一目的,充分运用 ISO9000 质量管理体系中对质量保证这一部分的有效内容,来实现我们提高教学质量的目的。

ISO9000 质量管理体系的基本思想与教育自身规律的适应性,是说教育本身是一个完整的、严密的、复杂的、目的明确的过程,教育的结果应该通过"过程"来实现,通过对"过程"的监督来保证,也就是说,教育过程决定教育结果。从这个意义上来说,ISO9000 质量管理体系对教育,特别是对保证教育质量具有极高的适应性和现实应用意义。众所周知,ISO9000 质量管理体系最大、最突出的特点是特别强调要将管理视为一个对过程的控制,依靠严格的管理制度监控整个过程。管理实际上是对过程的监控,杜绝中间任何环节出现不规范行为。当整个过程是严格的、规范的、符合标准的,那么结果就必然是合格的,符合质量规定和要求的,从而确保质量。如果忽视过程,而是注重对结果的监控和管理,那么,在"过程"中出现的问题,得不到及时的纠正,到了"结果"这个阶段时就已经无法挽回了,特别是对于那些无法在正式使用之前得到质量验证的产品,如各种弹药等,就更是如此。这就是 ISO9000 质量管理体系对质量保证的最大意义。教育最大的特点就是,在整个教育过程中,每一个环节都不能有任何的松懈,必须保证每一个环节的"质量",只有这样的"结果"才可能是合格的。如果只注重结果的检验,而忽视教学、教育过程,那么质量就大打折扣了,而教育同样是不能重来的。这也正是 ISO9000 质量管理体系对于教育、教学的最大意义,注重过程的监控,以保证最终的质量。

第三节　播音教育及其评价

一、播音主持专业教学发展的需要

播音主持专业教学从无到有、从小到大,已经走过了半个多世纪的发展历程。在这一过程中,播音主持专业教育经过积极的探索和努力,已经逐步摸索和建立起一套具有自己鲜明专业特色和行之有效的、适合播音主持专业教学的基本模式和教学方法，并以此培养了大批优秀的播音主持专业人才，为新中国广播电视事业的发展做出了突出贡献。

但是，历史总是很无情。无论是作为大众传播媒体中最活跃的播音主持职业，还是作为教育系统中最有特色的播音主持教育，都会不可避免地被打上深深的时代烙印，播音主持专业教育也不可能幸免。这样一套在播音主持专业教育发展中曾建功立业的基本的教学模式和教学方法，面对21世纪播音主持专业教育发展的新形势，媒体对高质量播音主持专业人才的新要求，总体来说还是显得有些粗疏，不够规范，不够完善，还有着师傅带徒弟的粗放和随意，不能完全适应新形势下播音主持专业教育的实际。在这样一种背景和形势下，需要学界对播音主持专业教育在总结以往正反两方面经验的基础上，做出新的、前瞻性的思考，以保证播音主持专业教育健康、稳定地朝着正确的方向发展。

从培养目标来说，需要重新审视、定位，未来媒体发展到底需要什么样的播音主持专业人才，以播音主持有声语言表达为代表的播音主持专业教育，在社会文化、教育等方面处于怎样的地位、扮演怎样的角色，都应研究得非常清楚、明白。

从教学的角度来讲，需要一个有针对性的明确的培养目标，经过周密设计、科学论证的、完整的、既符合当前实际又具有前瞻性的、特色鲜明的课程体系和教学计划。

从管理的角度来讲，需要一个在以上基础上建立的教学标准，并以此为基础建立以质量为中心，确保教学质量的管理体系。这正是播音主持专业评价研究的直接动力和目的。

当前，播音主持专业教学的现实是，一方面，随着办学规模的不断扩大、办学层次的不断提高和丰富、开办播音主持专业的院校越来越多，招生规模越来越大，参与专业课教学的教师也越来越多，他们既迫切地需要有一个可参照和操作的新的教学范式，同时也必须有一个标准来规范他们的专业教学，以保证专业教学质量。也就是说，播音主持专业教育发展到今天，自身需要一个新的、适应时代发展要求的培养目标和专业标准，而播音主持专业教育发展的规模,更需要这样一个培养目标和专业标准。也许有人会说,教育是一种对人的培养,不可能用一个固定的模式来教所有的人,播音主持专业更应该是一种多元的、个性化的教育。本来人们就对当前播音主持教育共性有余、个性不足多有批评,强调培养目标和专业标准,不是会更加强化原有的缺点吗?实际上这是对共性和个性的片面理解和认识,个性并不意味着不要共性,而共性是个性发展的基础。有共性的个性才是基础雄厚、特色鲜明的,没有共性的个性是没有基础的、莫名其妙的。这正如人们对社会多元化的需求和发展与社会思想、文化的统一的认识是一样的。多元化并不意味着不要统一、不要主流,而是在统一的基础上多元,在主流的基础上保持多样,也就是说,在保持主要的、主流的形态的基础上寻求变化、使其丰富。当下的现实是,许多人在多元的旗号下否定统一、削弱主流、消解共性,一味强调个性、非主流、非中心,既违反社会现实,也违反社会发展的规律。孔子说:和而不同,就是说首先要有统一的思想、统一的观念、统一的意志,然后才可以有多元的发展,这样的发展才是有序的,才可能持续。一个国家、一个社会、一个民族,包括一个行业的发展莫不如此。作为广播电视来说,大众传播首先是责任,是主流思想、主流文化、主流的价值观,然后才是多元化。而不能只要多元,放弃责任、放弃统一的意志。

另一方面,随着改革开放以来广播电视事业的飞速发展,在对播音主持人才强烈需求的同时,对人才质量的要求也越来越高。原有的培养目标和课程设置、教学内容,原有的教学模式和教学方法等都出现了较大的不相适应。从为一线培养人才的角度来讲,教学内容与一线实际在很大程度上的脱节,也使得人才供需双方出现较为尴尬的情况。这些问题的存在,严重影响和制约着我们专业教学水平的提高和发展,对人才培养也带来极大的不利。

如果说在播音专业设立初期,教学模式和方法还有些粗疏的话,在课程设置上还在不断探索的话,培养目标也应随着时代的发展变化及时有所调整的话,那么今天,面对日新月异发展的广播电视事业和播音主持实践,面对竞争激烈的播音主持专业教育,要想在竞争中保持不败、保持领先,要想保持播音专业教育的特色,就必须要从制度上来保证,建立一系列行之有效的制度。而这些制度的建立,只有通过创新,特别是体制创新、制度创新才能得以实现。播音主持专业评价标准和体系的建设,正是从制度创新的角度对播音主持教育质量进行保障、对未来高校管理体制进行探索的一种有益尝试。

播音主持教学,要在全面总结、继承和深入研究、分析以往经验和教训的基础上,去粗取精,取长补短,结合今天广播电视发展实际,面向未来、着眼未来制定人才培养目标,设计课程体系和确定教学内容,而决不能以今天的用人实际来制定培养目标,否则的话,时代会无情地将其抛弃。所谓"'生产是今天''科技是明天''教育是后天',所谓'十年树木,百年树人',决不能把教育仅仅看作满足眼前某种临时需要的对应形式和措施。教育的观念中,必须注意'周期性'同'战略性'的一致,必须加强'适应性'同'前瞻性'的协调。"①这正是对制定新的培养目标和专业标准的具体要求。以此培养目标和专业标准为基础,以课程体系和教学内容为基本依据,制定教学的质量保证体系和评价体系,以达到完全充分的实现教学目标的目的,真正将教学的所有内容和环节都充分地得到落实,方能保证人才培养的质量。

二、深化和规范播音主持专业教学的需要

当前的播音主持专业教学,从内容到形式已经在一个相对稳定的状态下持续了较长的一段时间。这段时间的前期,20世纪60年代初至90年代初,是在总结一线实践经验的基础上,借鉴其他相关学科的成果,建立播音专业自己的教学体系和形成有鲜明特色的教学模式的时期。学校和教师运用这一模式成功地培养出了大批优秀的人才,这些人才成为广播电视播音主持界的中坚力量,为我国广播电视事业的发展,为形成具有中国特色的播音主持风格奠定了坚实的基础。在这一过程中,播音主持专业教育培养目标定位的准确、课程设置与一线实践的接轨、人才培养模式和专业课教学体系都体现出它的先进(贴近)性和优越性,因而取得了巨大的成功。这一阶

---

① 张颂.播音主持艺术论[M].北京:中国传媒大学出版社,2009:87.

段的后期,正处在广播电视巨大的改革和发展期,许多旧的体系、模式,由于不能适应新的形势和需要而被突破,新的节目形式、新的语言表达样态等使播音主持实践发生了翻天覆地的变化。而播音主持教育对这一时期的播音主持实践,没能够进行及时的总结,或者说没能够及时把播音理论最新的研究成果转化并运用于专业教学中来,因而出现专业课教学与一线播音主持实践有较大脱节的现象,使得原有的教学模式和人才培养模式的优势逐渐丧失。其实在这一过程当中,播音主持教学并不需要做重大的、根本性的变革,只需根据实际做局部的调整与改善。播音主持理论是在实践中诞生的,它也应该在不断发展的播音主持实践中逐步发展、完善。曾经令人自豪和骄傲的播音主持理论,是对 20 世纪 80 年代以前以文本为主、以播报为主的播音主持实践的总结,而这一实践又带有鲜明的时代色彩和历史局限。也就是说,它是诞生于那个时代的、符合那个时代需要的、为那个时代服务的最好的形式。80 年代以来,广播电视节目多元化的发展,带来表达形式多元化的发展,文本不再是播音创作的唯一依据,而又增加了提纲、资料、热线电话,现在是短信平台以及现场嘉宾、观众、现场采访等多种形式的创作依据。播报也不再是唯一的语言样式,而是又涌现出了主持人"说"的语言形式、与嘉宾交谈的语言形式和现场采访报道等的语言形式。但是文本作为播音创作的重要依据和播音教学的重要基础,仍然是不可动摇和偏废的;播报作为广播电视有声语言表达的重要的和基础的地位和作用,作为播音教学的重要基础和组成部分,仍然具有无可争辩的历史和现实地位。质疑和鄙薄以文本为主的播报形式的那些人,他们往往忽略了一个很重要的问题,那就是我们不能脱离时代,以今天的立场和观点去否定前人,因为后人永远是站在前人的肩膀上的。我们更不能以历史和社会的局限,来作为否定别人和肯定自己的理由,更何况前人在那个历史时期曾经做到最好,而我们在今天这个历史时期还没有做到最好。当然,发展是在继承的基础上的发展,没有继承就不可能有发展,新的教学模式和体系不可能凭空产生。我们应该在继承的基础上,及时剔除那些不适应新形势、新要求的教学内容和方法,迅速补充新的、前沿的内容和适应新内容的教学方法。

近年来,随着播音主持理论研究的不断深入和扩展,特别是广播电视改革带来的播音主持业务的发展,无论是从广播电视一线的实践还是播音主持教育的实际,都有强烈的改革需求,一些从事播音主持教育的院校,也都在不同程度地进行着各种各样的改革试验,但总体来说,这些改革的试验属于局部的改善,并没有从整体上对播音主持专业未来的发展做出认真的研究和思考。事实上,当前无论是从一线实践来讲,还是从播音主持教学的需要来讲,都应是认真思考和改进播音主持教学的最佳时期。从时代和社会的要求来看,一方面,随着《政府信息公开条例》的颁布实施,舆论监督力度的不断加大,新闻报道、播出样式的发展进步,对播音员、主持人的要求已完全不同于以往;另一方面,受众对信息传播质量的要求也越来越高,在信息透明、知情权、新闻背景、深度报道等方面的要求也越来越高,这些对播音员、主持人也提出了更高的要求。从学校播音主持专业教学来看,一方面,现有教学模式是对 20 世纪 80 年代以前播音主持实际的、准确的、深入的总结,90 年代以来,针对节目主持人的实际,虽然做了一些局部调整,但由于主持人节目的飞速发展,将关于主持人的理论研究和教学远远地甩在了后边,仅就主持人教学这一点来讲,已经与一线主持出现了较大的不相适应。另一方面,进入 21 世纪以来,因为各种各样的原因,在全国掀起了一股播音主持办学热潮,在不到十年的时间里,开办播音专业的院校由几所迅速发展到几百所,这些学校师资队伍、教学水平参差不齐,培养目标和教学理念也各有不同,教学效果差强人意,培养出来的学生更是良莠不齐,这种状况造成社会资源、人才资源的极大浪费。在这种情况下,适应新形势、面向未来的播音主持专业新的教学规范,可以有效地促进和改进办学,有利于人才培养,有利于播音主持事业的发展。播音主持教学评价体系将从另一个侧面为深化和规范教学提供有力保障。从评价的角度提出要求,以评价引导教学不断向深入发展,同时又以评价规范教学始终沿着正确的轨道前行。

三、强化和保障培养质量的需要

播音主持专业的特殊性,造成了播音主持教育的特殊性,无论是作为职业人的播音员、主持人,还是作为职业技能的播音主持,都是需要经过长期专门训练的职业和技能。这种训练通过两个层面来进行。一般人们能够直观地观察到、明显地感受到的,是较为显性的外部技巧、技能的训练,如发声、语音、语言的表达样态等,并且这些很容易被许多人误解为:这就是播音主持的专业训练,甚至认为这就是播音主持。其实,这只是播音主持专业和技能的表层训练,它只是播音主持业务和职业区别于其他职业的一个较为显著的外在特征而已。它不能代表播音主持专业和职业的本质特征和根本属性。而一般人们不容易直观地观察到、感受到的,是对播音主持专业和职业深层次的训练,或者说隐性的训练。这种训练的结果,表现在通过有声语言对文化的传播,对世界观、价值观的把握,对国家大政方针的理解、解读与分寸把握等,还包括职业意识、职业状态、职业精神等,这是对播音主持专业和职业的最核心、最根本、最本质的训练。真正能够代表播音主持专业和职业本质特征和属性的,是播音员、主持人具体的节目表达,以及通过节目所表现出来的思想、文化、道德等的价值观和对社会的、历史的责任。由此我们可以说,从播音主持教育的原本意义上来说,在思想、文化、人格等方面,它应该是一种精英的教育,其教学内容应该有一定的深度和广度,因为播音员、主持人是具有重要影响的社会公众人物。在专业技能方面,它应该是一种精细的教育,因为播音员、主持人要在节目中准确、细致、入微地表现丰富多彩的人生和大千世界。其教学过程应该是极其细致,带有精雕细刻、准确入微的意味。但是,随着我国高等教育从传统的精英教育迅速发展并进入大众教育,许多人便以大众教育为由,有意无意地放松或降低教育质量和教育品质。播音主持教育界也不乏其声。事实上,所谓大众教育是在国家经济发展到一定水平时的必然结果,是更多的人可以接受高等教育的社会发展成果,而并不是说大众教育就是高等教育降低了门槛、降低了质量。高等教育的精英教育本质,也就是使人接受先进的、高深的、专门的、系统的理论和知识,使人的精神、灵魂得到净化和升华的功能并没有改变,尤其是播音主持专业的特殊性所带来的精英性质,可以说是精英中的精英。因而,即便是高等教育全面进入大众教育时代,播音主持专业教育也应保持精英教育本质、本色不变。

　　但是,同样是因为播音主持教学的特殊性,也不可避免地带来了播音主持教育在教学过程中的粗疏、简陋。专业课的教学中，大小课的设置本意是好的，是符合专业教学规律的，结果也应该是好的，然而大课理论讲授的不足，即不充分、不透彻，特别是理论体系的不完整，使得学生的理论提升、扩展不够，不能完整地、准确地掌握播音理论和知识。小课的实践教学不到位，简单化、技巧化、表面化的现象较为严重，使得学生在语言表达技能的掌握方面，表面化的现象较为严重，不能真正从有声语言创作的层次去学习和掌握相关专业技能。在基础课的教学中，每一门课程的核心内容、在整体专业教学中所处的位置和作用、该门课程所要达到的目的、要求学生要掌握到什么程度等，在教学过程中相对都较为模糊。重教轻考一直是播音主持教育中的一个突出现象。专业考试中的粗疏、简陋和随意，使得考试无法真正检验教学效果进而达到促进教学的目的。因此，作为教育评价内容和形式之一的考试，并没有能够在日常教学中发挥它应有的监督检验和促进作用。这同学界到目前为止没有明确的对教学和课程的评价标准是有直接关系的，教学处在一种目标不清晰、缺乏监督的近乎自娱自乐的状态，尤其是缺少由第三方参与的教学监督，教学质量和人才培养质量都得不到有效的保障。而播音教学评价体系一方面可以随时监测教学质量，另一方面，则可以从制度上保证教学质量。

第十章　播音主持教育人物

第一节　播音主持教育的先驱

任何历史,可以说都是人的历史,因为任何事物的诞生和发展,都离不开人在其中发挥的重要甚至关键的作用。播音主持专业的发展历史,无论是从专业实践、理论研究还是专业教育,都鲜明地反映出人在其中所做出的贡献。从播音主持教育的历史来说,赵元任、徐学铠、徐卓呆、陈沉等,他们开创性的思考和研究,为后来的播音教育的建立和研究提出了许多建设性的思考或研究命题。

一、赵元任

赵元任(1892—1982),字宣仲,江苏武进人,1892 年生于天津,1982 年卒于美国麻省剑桥。他是著名语言学家、音乐家。1907 年入南京江南高等学堂预科。1910 年考取清华学校庚子赔款官费生留学美国,入康奈尔大学主修数学,1914 年毕业后继续在该校修习哲学。1915 年转入哈佛大学,1918 年获哲学博士学位。1919 年任康奈尔大学物理学讲师,1921—1924 年任哈佛大学哲学讲师、教授。1925—1929 年,年仅 33 岁便与梁启超、王国维、陈寅恪共同担任清华大学国学导师。1929—1938 年任中央研究院历史语言研究所研究员兼语言组主任。1938—1963 年先后在夏威夷大学、耶鲁大学、哈佛大学、加州伯克利分校任教。1945 年当选为美国语言学会会长。1981 年北京大学授予其名誉教授称号。赵元任是理论与实际并重的语言学家,在语言学的各方面都有深入的研究,并做出了杰出的贡献,他在 1934 年出版的《新国语留声片课本》,在推广国语的工作上起了示范作用。

赵元任从 1927 年开始从事方言研究工作,调查过吴语、粤语、徽州话和江西、湖南、湖北三省的方言,发表过很多调查报告和专题论文,其中《现代吴语的研究》是中国第一部用现代语言学方法研究方言的著作,是现代汉语方言学正式诞生的标志。他与丁声树、杨时逢、吴宗济、董同龢编著的《湖北方言调查报告》是汉语方言调查研究中篇幅最大的一部著作,对方言调查工作和编写方言调查报告具有普遍的指导意义。

赵元任在记音方法和记音工具上也有重要的贡献,他设计的一套五度制标调字母,为记录汉语以及其他有字调的语言提供了准确、方便的工具。他关于记音法的论述主要见于《音位标音法的多能性》和《语言问题》第二讲《音位论》。《音位标音法的多能性》一文是音位分析理论的奠基之作,问世半个多世纪以来,一直是各国语言工作者的必读文献,已成为音位理论的经典著作之一,被公认为是现代语言学的经典著作。

在语法方面,赵元任最重要的著作是《中国话的文法》(又译《汉语口语语法》吕叔湘译,商务印书馆,1979 年第 1 版),这部著作将直接成分分析法作为研究语法的主要方法,根据句法功能区分词类,其中对词类的具体分类和描写,尤其是对语助词的分析是该书的一个特色,这部书是汉语最重要的语法著作之一。赵元任的另一部著作《语言问题》是讨论一般语言学问题的,原是演讲记录稿的,该书用浅显的语言讲述语言学中的一些问题,体现了作者渊博的学识。对于说汉语的人来讲,这是一部很理想的入门书。

赵元任会说 33 种中国方言,精通英、德、法、日、俄、希腊、拉丁等外语,研究博杂,语言学方面的主要著作有《国语新诗韵》《现代吴语的研究》《粤语入门》(英文版)、《中国社会与语言各方面》(英文版)、《中国话的文法》《中国话的读物》《语言问题》《通字方案》,出版有《赵元任语言学论文选》等。

二、徐学锴

徐学锴(1906—1955),字明庸,1924 年毕业于宁波效实中学,之后进入青岛大学学习。毕业后作为招聘实习生进入国民党中央广播电台工作,20 世纪 30 年代任中央广播事业管理处传音科科长。因英语好,1943 年赴哥伦比亚大学做访问学者。同年陪同民国政府中央广播事业管理处副处长吴道一考察欧美广播事业。1945 年抗战胜利后返回南京,后拒绝去台湾,从中央广播事业管理处辞职,到当时的国立中央大学附属中学(后改为南京师范大学附属中学)执教,任外语教师。1955 年逝世。

徐学锴其他方面的资料较少,但他对广播播音的研究做出了贡献,他在《广播周报》等报刊上发表了《播音节目之建立》《播音节目之建立(续)》《播音节目之建立(再续)》《论广播演说》《播音讲话的形式问题》《播音讲话应注意之点》等编译的文章。他认识到播音技巧的重要性,经常收听美国的广播谈话节目,从中获取广播播音知识,进而研究播音技巧。

三、徐卓呆

徐卓呆(1881—1958),名傅霖,以字行,号筑岩,别署半梅、阿呆、李阿毛、徐梦岩等。江苏吴县人。他是电影理论家、剧作家、小说家。擅写短篇,被誉为"文坛笑匠"和"东方卓别林"。早年留学日本学习体育专业,力图通过体育增强国人体质,以与列强抗衡。回国后创办体操学校,自任校长,是我国引进学校体操的第一人,成为中国现代体育的创始人之一。

1911 年开始,走上戏剧创作和表演的道路,于《时报》开辟专栏,专谈新剧(早期话剧),同时创作、翻译话剧剧本多种,并向相关专业的日本人学习化妆和武术,为舞台演出做准备。

1935 年创作小说《怪播音台》。小说通过广播电台播出后收到意想不到的效果,小说的主人公"李阿毛"也成为上海妇孺皆知的人物形象。此后,他的许多戏剧作品都是通过广播电台传播的,由此,广播成为徐卓呆重要的研究对象。

第二节　播音主持教育的开创者（一）

1960 年,北京广播学院开始筹办播音专业,从中央台调来马尔芳,从天津台调来徐恒,后来王璐也加入了队伍。1963 年,经教育部批准,北京广播学院正式招收我国高等学校学历教育的中文播音专业学生,又从中央台调来张颂等人,承担最早的播音专业教学工作,他们理所当然地成为播音教育的开创者。

一、马尔芳

马尔芳,1926 年出生于哈尔滨,1947 年在东北参军,参加过平津战役,1950 年调入中南广播电台,担任播音组组长。1952 年调入中央人民广播电台,历任播音员、播音部副主任。1963 年正式调入北京广播学院,1984 年离休。

1959 年,周恩来总理为北京广播学院特批了 30 个招生名额,由马尔芳负责在高中生中以测试普通话的名义选拔播音员。马尔芳、徐恒等一行人跑遍了全北京的学校,从 100 多人中选拔了合格的 30 人。从 1960 年 1 月开始培养,直到 6 月,总共半年时间便送去中央台工作了。这批学员中,有铁城、雅坤、夏青、虹云、徐曼、丁然、赵培、金峰、吕大渝等。之后,马尔芳主张"在大学广播站的学生中选拔播音员"。在中央台和北京师范大学的联欢会上,选中了 1959 年中文系毕业的张颂到中央台担任播音员。

1963 年正式调入北京广播学院,采用"大课与小课结合""老的带年轻的""一对一""老师讲,学生记"等方法,给播音专业教学打下了基础。马尔芳主张"以小课为主",而大课主要依靠中央台播音员授课,教学内容多是实践经验总结。1963 年,以北京广播学院开始招收播音专业大专生为标志,播音主持高等教育开始了。马尔芳从中央台调来了张颂,充实教学力量。

1977年之后,播音主持高等教育获得了前所未有的发展机会,马尔芳采取了"主动出击"的招生策略,奔赴全国各地开展选拔工作。在教学中,马尔芳强调"一专多能""采编播合一",重视教学设施的更新与完善,为中国播音教育事业做出了卓越贡献。

二、徐　恒

徐恒,原名徐糜岐,播音名徐力。1926年生于北平,1946年考入南开大学物理系,在校期间经常登台表演,尤其热爱朗诵,每次在学生运动集会上,她都会热情奔放地发表演讲,进行革命鼓动。1948年在学校加入地下党。1949年1月15日,自天津解放日起,成为天津新华广播电台首批四名播音员之一,并担任播音组组长。伴随"天津新华广播电台"的呼号声,她用嘹亮的声音充满激情地播音:"天津新华广播电台,现在播送社论:《将革命进行到底》。"从此,她的声音传遍津沽大地。

1954年,徐恒调到中央人民广播电台,任播音组组长。她参加了国庆大阅兵及群众游行实况播音,作为工作人员参加全国人民第一次代表大会,宣读《宪法》《组织法》等文件;在党的第八次代表大会上做同声传译工作。20世纪50年代,中央人民广播电台播音组总结经验形成了五篇代表性文章,其中的《播音员和播音工作》一文,由徐恒执笔撰写。

1960年,徐恒调到北京广播学院创建播音专业,后担任副系主任、硕士研究生导师,直至1984年离休。离休后,徐恒从实践中总结经验和规律,开始写作《播音发声学》,从播音发声的物理基础及心理基础,到气息控制、喉部控制、共鸣控制、口腔控制,创新性地提出"声音弹性""控制性和自如性的关系"等概念,借鉴其他艺术语言的发声方法,研究出了播音艺术的用声特点、具体要求和训练方法,该书1985年由北京广播学院出版社出版。2023年12月,《我的播音路》由中国传媒大学出版社出版。

三、王 璐

王璐,中国传媒大学播音主持艺术学院副教授、首批国家级普通话水平测试员。1958 年毕业于北京广播专科学校,后留校任教。

王璐曾参加教育部和中国科学院语言研究所主办的全国语音研习班,拜语言学大师周殿福先生为师,系统学习语言学和语音学课程,并到北京电影学院、中央戏剧学院进修语言技巧、台词课程。她还拜中国广播说唱团赵玉明为师学习单弦,向马增芬学唱西河大鼓,积累了大量的语言艺术实践经验。她将曲艺说唱艺术的练习方法,灵活运用到播音专业吐字归音和气息控制训练中,实践证明,这些方法科学有效。

王璐创作了许多有关播音发声吐字的论文和训练教材,《艺术语言发声概论》1990 年由哈尔滨工业大学出版社出版,《播音员主持人训练手册——语音发声》1998 年由北京广播学院出版社出版,《新编播音员主持人训练手册——语音发声》2006 年由中国国际广播出版社出版,《播音主持基本功训练掌中宝——语音发声》2022 年由中国传媒大学出版社出版。

四、张 颂

张颂(1936—2012),原名张永昌,播音名李昌,河北易县人。

1959 年 7 月毕业于北京师范大学中文系,分配到中央人民广播电台播音组任播音员,后调入国际生活部做编辑。

1963 年 8 月调到北京广播学院新闻系开始播音教学生涯。1969 年至1972 年在河南省周口地区淮阳"五七干校"劳动。1973 年北京广播学院复校后担任播音基础教研室主任。1983 年评聘为副教授,1984 年开始招收硕士研究生,1988 年晋升为教授。1984 年担任播音系主任。1985 年 10 月,随团访问了日本大学艺术部。1986 年作为高级顾问,到美国之音中文部指导播音工作半年。1996 年担任北京广播学院播音主持艺术学院首任院长、党总支书记。1999 年开始担任博士生导师,招收中国播音学方向博士研究生。

2000 年担任北京广播学院广播电视研究中心广播电视语言研究所所长。

张颂是中国播音学研究会的主要发起人。曾连任中国播音学研究会常务副会长。1984 年被评为广播电视部先进工作者,1991 年被评为全国优秀新闻工作者,1992 年被国务院授予"有突出贡献专家"称号,1993 年当选为北京市人民代表大会代表。2004 年担任中国高教学会播音主持艺术教育委员会会长。2005 年担任"播音创作基础"国家级精品课程负责人。2006 年被评为北京市高等学校教学名师,同年被评为国家级教学名师。

主要著作有《朗读学》《播音创作基础》《播音语言通论——危机与对策》《朗读美学》《诗歌朗诵》;论文集有《语言传播文论》《语言传播文论（续集)》《语言传播文论（第三集)》《播音主持艺术论》《情声和谐启示录》等;主编有《中国播音学》《广播电视语言艺术——中国广播电视语言传播研究》等,录制出版《中国播音大全》《含英咀华》《致云雀》等多部有声出版物。

五、徐世荣

徐世荣(1912—1997),北京市人,语言学家。1935 年毕业于北京师范大学,历任中国大辞典编纂处编纂员,中学语文教师,北京师范大学教授,中国人民大学、北京电影学院、北京广播学院、中央普通话研究班兼职教授,教育部"普通话教学指导处"副处长,普通话审音委员会副主任,中国文字改革委员会副研究员,国家语言文字工作委员会研究员,中国语言学会理事等职务。在普通话的语音教学与推广、汉语拼音方案的推广、标点符号的研究、语法研究及词典编纂方面做出了巨大贡献。

主要著作有《普通话语音教学广播讲座》《普通话语音基本知识》《普通话语音讲话》《普通话正音教材》《普通话正音字表》《普通话声调练习》《普通话语音发音示意图解》《普通话语音知识》《普通话正音手册》《普通话异读词审音表》《普通话语音常识》《汉语拼音广播教学课本》《谈谈朗读教学》《朗读·默读·背诵》《普通话朗读辅导》《语法教学讲话》《新部首索引国音字典》《增订注解国音常用字汇》《国语辞典》《同音字典》《常用多音多义字》《容易读错的字》等。

徐世荣先生在现代汉语普通话语音的研究上卓有成效,他在这方面的研究论文和专著,对播音专业的普通话语音教学和研究影响巨大。1983年,他在给张颂的《朗读学》写的序言中,高度评价了朗读学的研究和它的应用价值,这对播音理论的建立是一个巨大的鼓舞。

六、周殿福

周殿福(1910—1990),北京市人,著名语言学家,中国社会科学院语言研究所研究员。

周殿福早年考入北京大学研究所国学门工作,先后在刘半农和罗常培的指导下,边工作边旁听自修,致力于应用语言的研究。1950年6月中国科学院成立后不久,罗常培负责组建语言研究所,周殿福时任罗先生在北大的秘书兼办公室主任,也随同罗先生来到语言所工作。

周殿福先生熟悉近代实验语音学,掌握各种语音实验的技能,具有较强的辨音和发音能力,并运用这些有利条件重点研究普通话语音和实验语音学,为后人研究、教学以及推广普通话提供了客观依据,为实验语音学在中国早期的发展奠定了扎实的基础。他的主要论著有《声母和韵母》《普通话发音图谱》《艺术语言发声基础》《国际音标自学手册》等。

周殿福先生也是对播音专业教育从建立到发展产生过重要影响的专家和学者,早在播音专业建立初期,当时创办播音专业的徐恒、王璐、张颂等年轻教师,每周一次前往先生家里聆听授课,先生亲传的他的研究成果,在后来的播音专业教学中都有明显的体现,可见先生的学术影响之深。1980年,周殿福先生的《艺术语言发声基础》出版,这本书的出版在那个专业书籍极为贫乏的年代,给如饥似渴的学子们带来雪中送炭般的喜悦。当时,北京广播学院播音系资料室集中购进一批,播音专业的在校生踊跃购买,以至于系资料室多次购进此书,1977级播音班的同学几乎人手一册,废寝忘食地捧读。

第三节　播音主持教育的开创者(二)

专业教育和学科建设,排在第一位的就是师资队伍建设。北京广播学院虽然在正式招生之前的 1960 年就开始了专业教师队伍的建设和储备,但由于历史的原因,师资始终捉襟见肘,师资队伍建设无从谈起。真正开始有规模地建设师资队伍,是改革开放以后。

播音专业教学特别讲究教师具有实践经历,我国播音教育的创办和发展,离不开一线播音员经验的积累和分享。北京广播学院播音专业继续这一优良传统,为了充实教学力量,继续从中央台、地方台调入了一批播音骨干,如齐越、陆茜、李越、祁芃、张慧、高蕴英、吴郁任教。从中央台播音部聘请夏青、葛兰、林如、费寄平等授课,并形成了大课与小课相结合的教学形式。这种师资队伍的建设模式,至今一直在各所专业院校延续。

一、齐　越

齐越,生于 1922 年,原名齐斌濡,笔名遥拉。生于内蒙古满洲里,河北高阳庞佐村人,毕业于西北大学外文系俄语专业,同期参加了中共地下组织领导的秘密读书会"北方学社",投身党领导的学生运动。1946 年参加革命,先后在晋冀鲁豫《人民日报》和新华总分社担任编辑。1947 年 8 月,齐越任陕北新华广播电台播音员,从此开始播音生涯。1949 年 10 月 1 日,齐越和丁一岚同志在天安门城楼为开国大典进行现场播音。1950 年加入中国共产党。历任中央人民广播电台播音员、播音组组长、播音艺术指导、播音部副主任。在中央人民广播电台期间,历任播音员、播音组组长、播音艺术指导、播音部副主任。齐越先后播出了《在彭总身边》《巍巍昆仑》《谁是最可爱的人》《县委书记的好榜样——焦裕禄》等作品,在听众中引起很大反响。他的播音气势磅礴,坚定豪迈,爱憎分明,准确生动,开创了人民广播的一代新风。

1975 年调往北京广播学院任教,时年 53 岁的齐越常年患病,虽然离开了广播一线的工作岗位,却一刻都没有离开话筒,他的声音仍然从中央台到地方台源源不断地被播出。在北京广播学院任教期间,齐越时常带领学生到广播电台的播音室进行现场广播教学,跟毕业班同学一起到地方广播站实习,还为地方台的新闻播音员、青年教师以及播音爱好者举办学习班,培训辅导播音员。在从事播音教学的岁月里,齐越选拔、培养了一批又一批优秀的广播电视播音员,他的学生遍布全国各级广播电视机构。

1978 年齐越成为我国第一位播音学教授,1979 年成为第一位播音学硕士生导师。1980 年,他参加了"审判林彪、江青反革命集团"公审会,担任宣读证词的播音。

齐越曾当选为中华全国民主青年联合会第二届全国委员会委员、第三届全国人民代表大会代表、北京市政协委员、中共十三大代表。曾担任中华全国新闻工作者协会理事、中国广播电视学会理事、中国播音学会名誉会长、首都新闻学会理事、北京市语言学会顾问。曾被评为北京市先进工作者、北京市优秀共产党员、全国一级优秀新闻工作者。1991 年起享受国务院政府特殊津贴。

齐越一生著作颇丰,主要著作有《寄语青年播音员》《献给祖国的声音》《情系七彩人生》(与沙林合著),盒式录音带有《齐越播音作品选》(特辑)(一)、(二),配乐故事《大地的儿子——周恩来》(与晁惠合作)。主要译著有《朗诵艺术》(与崔玉陵合译)、《苏联功勋播音员》(与峻岭合译)。齐越鲜明地提出了播音员是党的新闻工作者、党的宣传员,播音工作是创造性的工作这一科学界定。他一再强调:"播音员是党的新闻工作者。这是播音工作的性质和任务决定的。""小小话筒千钧重,它载负着党的重托,人民的信任。"他通过自己的亲身经历、自己的播音创作过程,进一步说明:"没有分析,就没有区别,就没有创造。广播稿件从准备到播出是以分秒计算的。播音员对稿件的分析理解和表达设想是在限定的短时间内进行的,是一种紧张的思维活动,需要动脑筋,用气力。"这一科学界定,是齐越全部著述的灵魂。齐越的一生,是战斗的一生。他把无限的忠诚和热血,都献给了人民广播事业,从战火弥漫的革命时代,到激情燃烧的建设岁月,他始终传达着中国共产党堂堂正正的真理之声。他把一生憎爱分明的品格都融入了自己的声音,他的声音代表着无产阶级正义的力量,讴歌真善美、鞭笞假恶丑。

　　齐越从延安窑洞走来,秉持勤学苦练、献身"四化"、锐意进取、兢兢业业的精神,把全部精力投入播音实践及播音教育中。他自己有播音三戒:"一戒自我表现,二戒随心所欲,三戒千篇一律。"他不仅在创作时克制自己的虚荣心,对于大多数人模仿自己的播音,也都提出善意的提醒。他不希望全国播音员都成为齐越,而是希望百花齐放、百家争鸣,这样的胸怀,令人赞叹。齐越用自己的一生践行着"延安精神",身体力行、率先垂范、严于律己、刻苦钻研,他给每一位播音人留下了金光闪闪的四个大字——"齐越精神"。

二、陆　茜

　　陆茜,生于1928年,播音名陆江,北京人。肄业于北平国立艺术专科学校。曾任北京广播学院副教授、教研室主任、播音系副主任、播音党支部书记、党总支委员等。

　　1950年1月至1952年12月,在原察哈尔人民广播电台当播音员,1953年1月调中央人民广播电台当播音员,1956年被任命为中央人民广播电台对外广播普通话播音组副组长。1959年6月至1961年6月,经原中央广播事业局派遣,前往苏联莫斯科广播电台华语广播部做播音工作,并担任华语广播部播音组组长,同时培训苏方华语播音员。1961年6月调回中央人民广播电台。

　　1975年6月调至北京广播学院任教。1984年退居二线,负责1984届大专班及1985届干专班的教学及班主任工作。陆茜主要负责播音基础及文体播音教学工作。1987年在北京广播学院出版社出版专著《新闻播音理论与实践》。1980年、1981年参加两届播音系研究生入学考试综合考试试卷的出题工作。1981年编写并制定了播音系学士论文的写作要求及评审标准。1986年被评为广播电影电视部先进工作者。

三、祁芃

祁芃,1943 年 9 月出生于北京,籍贯河北阜城。1960 年考入北京广播学院,1961 年分配到中央人民广播电台播音部任播音员,1962 年调到大连人民广播电台任播音员。

1973 年调北京广播学院播音系任教,任播音创作基础教研室主任、系学术委员会委员,副教授。祁芃为北京语言学会朗诵研究会会员、国家级普通话水平测试员,1996 年开始担任硕士生导师。主要研究领域:播音主持语言表达创作和播音主持心理学研究。1992 年出版《播音心理学》,1999 年再版修订《播音主持心理学》,参与了《中国播音学》《广播电视辞典》《实用播音教程语言表达》《中外广播电视百科全书》等教材的编写。

四、高蕴英

高蕴英,北京广播学院副教授、硕士生导师,首批国家级普通话水平测试员。1941 年 7 月出生于天津市,1963 年毕业于北京广播学院新闻系文艺编辑专业,1963—1976 年在新疆人民广播电台任编辑、记者、播音员。其间于 1964—1965 年在北广播音专业进修和代课,同时在中央和北京人民广播电台播音组实习。

1976—2001 年 6 月在北京广播学院播音系任教。2001 年 7 月—2008 年退休后返聘继续任教,担任中国传媒大学教学督导组成员,兼任天津师范大学国际女子学院、北京电影学院成人教育部客座教授,同时兼任北京电视台《日积月累》"说文解字"和"成语赏析"两个板块的节目主持,在中央电视台播出的多部译制故事片中担任配音或译制导演。2019 年受聘任中华文化促进会主持人专业委员会顾问。论文曾获全国二等奖,公开出版的著作和教材有《教你播新闻》《播音主持语言训练教程》《港澳普通话通用教材》示范录音、《宋词》CD 等。

五、张 慧

张慧,原名张慧玲,1942年出生,北京人,中国传媒大学播音主持艺术学院副教授,首批国家级普通话水平测试员。1962年从北京广播学院新闻系(后转学播音)毕业,分配到中央人民广播电台任播音员,后借调到武汉台、湖北台任播音员,1977年到北京广播学院从事播音教学,担任过文体教研室主任。参与撰写了《中国播音学》《播音学简明教程》《实用播音教程》等教材,先后在中国广播电视出版社、中国传媒大学出版社出版《绕口令》等两部专业训练教材,发表多篇专业论文。曾被评为北京市优秀新闻工作者。

六、吴 郁

吴郁(1945—2020),江苏镇江人,出生于上海,播音名叶云,中国传媒大学播音主持艺术学院教授、硕士生导师,曾任播音系副主任。

1965年7月从北京广播学院新闻系中文播音专业毕业分配至中国人民解放军福建前线广播电台当播音员,1971年4月任航空兵第七师政治部干事,1974年11月任航空兵第五十师政治部干事。1979年11月转业北京广播学院任教。1983年5月至11月期间在中央人民广播电台播音。曾被评为北京市优秀新闻工作者,曾任中国语言学会会员、中国播音学研究会常务理事、主持人节目研究会学术委员、全国口语研究会学术委员,中国人民大学、广州师范学院、广西艺术学院客座教授。著有《主持人的语言艺术》《当代广播电视播音主持》《电视节目主持人的综合素质研究》《节目主持艺术探》《主持人语言表达技巧》《节目主持能力训练路径》《谈话的魅力》《播音学简明教程》等专著和教材,录制出版《播音语感》《主持人的语言功力》等音像制品多件。曾获全国广播电视主持人节目学术著作一等奖、第六届全国广播电视学术著作二等奖。2004年荣获第二届"十佳百优"广播电视理论人才。

2020年1月13日在北京病逝,享年75岁。

七、李　钢

李钢(1944—2013),北京人。中国传媒大学播音主持艺术学院副教授、硕士研究生导师,曾任普通话水平测试中心主任、播音发声教研室主任。1963年考入北京广播学院新闻系播音专业,是播音专业建立后的第一批学生。1965年毕业后,志愿到新疆人民广播电台工作,任编辑、记者、播音员。除承担日常大量的播出工作外,还深入农村、牧区、厂矿、机关、学校等地进行了大量的采访工作,曾指导基层播音员学习专业。1977年调回北京广播学院新闻系播音专业任教,其间积极钻研播音发声业务和普通话语音教学,曾赴上海向著名嗓音医学专家林俊卿大夫学习"咽音发音"方法,在汉语语音发声教学科研方面有很深造诣,具有非常丰富的教学和实践经验。20世纪80年代初,曾到中央电视台参与播音实践。1988年组织并主持由中国广播电视学会播音学研究委员会和北京广播学院播音系联合召开的"播音发声学研讨会"。

在播音理论建设上,李钢也做出过重要贡献,主要研究播音发声学,曾主持广电部课题"中国嗓音工作者吐字发声主客观评价标准"。1980年8月,在徐恒老师指导下,李钢率先写出了《播音发声》理论教材,初步构建了播音发声和普通话语音教学的基本理论框架体系,为播音理论体系中播音发声和普通话语音教学奠定了基础。出版著作《语言发声原理,语言发声训练》(1988年,北京广播学院出版社出版)、中国传媒大学"211工程"建设科研项目成果《汉语通用语史研究》(2007年,中国广播电视出版社出版)。录制了教学磁带《科学练声和嗓音保护》(1995年,北京广播学院音像教材出版社出版)。参与撰写《中国播音学》相关章节,发表论文多篇。

2013年因病去世,享年68岁。

第四节　播音主持教育的开创者(三)

1983 年第十一次全国广播电视工作会议上提出的"四级办广播、四级办电视、四级混合覆盖"政策指出,除了中央台和省级台,凡是具备条件的省辖市、县(旗)都可以开办电台、电视台,市、县台的任务主要是转播中央台、省台的节目,也可自办节目播出,共同覆盖各市各县,此后便形成了中央、省、市、县"四级办广播、四级办电视、四级混合覆盖"的格局。这一时期,全国广播电视快速发展,播音主持人才需求迫切,浙江广播电视高等专科学校等地方院校先后开办。陈醇、关山等地方台播音名家纷纷参与了播音专业的筹备和教学工作,为我国的播音主持教育事业做出了贡献。

一、陈　醇

陈醇(1933—2024),北京人,1951 年毕业于华北人民革命大学,分配至徐州人民广播电台从事播音工作。1953 年调往华东、上海人民广播电台任播音员,1958 年 10 月 1 日上海电视台开播时担任首档新闻播音员。1959 年,录制国庆十周年重点报道,录音特写《好啊,外滩》。1960 年因播出长篇小说《烈火金钢》而成名。之后播出的长篇小说《创业史》《雷锋的故事》《欧阳海之歌》《难忘的战斗》《万山红遍》《乔厂长上任记》等都极具代表性。

曾任中华全国新闻工作者协会理事、上海市新闻工作者协会理事、中国播音学研究会副会长、上海市广播电视学会理事及播音学研究委员会主任、上海市语言文字工作者协会常务理事、上海演讲学研究会副会长,北京广播学院、浙江传媒学院兼职教授,是全国首批播音指导(共 5 位)之一。1992 年起享受国务院政府特殊津贴。

1976 年至 1978 年借调北京广播学院任教,主讲"语言技巧""文艺播音"等课程。1979 年至 1982 年期间,不间断地去北京广播学院授课、讨论教材建设。1986 年到浙江广播电视高等专科学校参与教学,并辅导青年教师。1999 年,经批准,浙江广播电视高等专科学校播音专业独立设系,继北京广播学院播音系之后,我国高等院校中又一个播音系从此建立,陈醇再度应邀在此教学、授课。

陈醇先后在上海、北京、浙江、吉林、湖南等地出版社朗读录制录音带、CD 光盘上百种。其中,由陈醇撰稿并与林如一起录制的教学录音带《播音艺术》1987 年由上海唱片公司出版发行,《普通话水平测试朗读示范 50 篇》1997 年由上海教育出版社出版,《艺坛先声——著名播音艺术家陈醇广播作品选(播音生涯 50 周年珍藏版)》2000 年由上海声像出版社出版,2007 年《陈醇播音文集》由中国广播电视出版社出版。2021 年 5 月 28 日,"推'陈'出新,四代传承"浙江传媒学院陈醇语言艺术研究中心成立仪式暨首届陈醇语言艺术研讨会顺利举办。

二、关 山

关山(1934—2020),本名丁威,祖籍湖北孝感。1954 年从天津财经学校毕业后分配到天津土产进出口公司,1955 年参加天津市第一届职工业余朗诵比赛,获一等奖。1955 年考入天津业余广播剧团,先后任演员、导演、副团长。1956 年 8 月,放弃已被中央戏剧学院录取的机会,调入天津人民广播电台任播音员,后任播音组组长、播音部主任。除了承担新闻性、知识性节目的播音工作外,还先后播出了大量诗歌、散文、小说等文学节目,尤其以演播长篇小说著称。从 1959 年播出第一部小说《青春之歌》开始,关山播出了300 部长篇小说,代表作有《欧阳海之歌》《保卫延安》《红旗谱》《林海雪原》《暴风骤雨》《金光大道》《四世同堂》《生活变奏曲》《平凡的世界》等。1973年,关山到北京广播学院参加全国老播音员学习班,1981 年在全国播音工作会议上介绍推广天津电台播音队伍建设经验。20 世纪 90 年代后期,关山退出一线播音岗位,创办天津师范大学国际女子学院播音系(2007 年转入天津师范大学新闻传播学院)。1994 年,关山被聘为浙江广播电视高等专科学校客座教授。

关山与上海的陈醇在民间并称为"南陈北关"。他曾任中国播音学研究会副会长,天津播音学研究会主任,天津新闻学会副秘书长,北京广播学院、浙江传媒学院兼职教授,是为新中国播音事业做出突出贡献的著名播音员,我国首批 5 名播音指导之一。1983 年获得了天津市优秀新闻工作者称号,1984 年被中央台文艺部评为全国最受听众欢迎的十名长书播讲者之一。1990 年被中国播音学研究会授予播音荣誉奖。1991 年被中国广播电视学会小说连续广播研究会授予优秀演播艺术家称号。1992 年被国家语言文字委员会评为全国语言文字先进工作者。1993 年天津广播电视局举办"关山播音艺术"研讨会,出版了《关山播音艺术文论集》。2019 年 10 月,关山被中国广播电影电视社会组织联合会有声阅读委员会授予"70 年 70 人杰出演播艺术家"荣誉称号。

发表的论文主要有《浅谈文学作品朗诵》《如何培养播音员》《古典文学惠我良多》《新时期播音改革断想》《美的语言训练》《播音的传统与改革断想》《逻辑、形象并重 多发有情之声——播音表达小议》《唯有真挚,才能感人》等。编著的《播音主持语言训练教程》2001 年由天津人民出版社出版。

2020 年 11 月 11 日去世,享年 86 岁。

三、王 雷

王雷(1944—),1965 年 7 月毕业于北京广播学院新闻系中文播音专业,是我国正式建立播音专业高等教育以来的第一届毕业生。在校学习期间师从我国播音教育的主要创建者张颂、徐恒等老师,接受了全新的播音专业学习和训练,第一次全新地认识和学习了本质属性为新闻性、重要属性为艺术性的这一崭新的专业,并由此奠定了对播音专业的终身热爱和追求。

1965 年 9 月,分配至四川人民广播电台工作后,满怀着对播音专业的无比热爱,迅速在播音业务上取得了长足的发展,成为台里的专业骨干。在四十多年的播音主持从业生涯中,完成了所有重大广播节目的播出任务。除承担日常的新闻、专题、文艺等节目的播出工作,不断拓展专业领域,广泛涉猎文学作品演播、峨眉电影制片厂纪录片及专题片解说、四川省重大朗诵和主持活动等。1983年受中央人民广播电台聘请演播长篇小说和中篇小说。由于专业成就突出,1992年被国家广电部高级职称评委会评为播音指导。1993—2004年被广电部人事司聘为广电部(局)高级职称评委。2004年兼任全国广电学会播音专委会副会长。

王雷在高水平、高质量地完成本职工作的同时,还在不同阶段担任了许多相应的领导职务,先后担任播音组组长、播音部主任、频道主任。1994年借调至四川有线电视台,任频道主任、台新闻部主任。为培养年轻播音员、主持人,建立一支可持续发展的播音主持队伍呕心沥血、成效显著。

2001年在四川广播电视台退居二线,参加成都理工大学广播影视学院本科创建工作。在播音主持专业建设和发展道路上,作为专业带头人,不忘初心,牢记齐越精神和延安光荣革命传统,守正创新,不断开拓发展,办出了有本校特色的符合传媒发展新形势、新需要的专业。

在教学岗位二十余年,注重教学及研究。注重专业建设、人才队伍建设,探索培养适应传媒行业发展前沿的新型应用型人才之路,探索播音与主持艺术一流专业建设特色之路,服务国家战略,讲好中国故事,弘扬时代精神,为我国的播音主持艺术教育培养了大批专门人才。

第十一章　播音主持教育重要著作

1963 年 9 月,北京广播学院正式招收的第一届中文播音专业的学生入校,开启了播音教育的新纪元。教学需要进行教材建设,在借鉴姊妹艺术经验的基础上,开设了"发声教学""基本表达"(时称"语言逻辑")等相关课程。从那时起,播音教育理论的主体逐渐明确,语音发声、基础理论、播音创作、文体播音、节目主持、播音主持心理学、播音主持美学、播音史等理论体系日益完善,学界、业界的研究成果不断丰富,论文、论著、教材层出不穷,播音主持研究走向体系化。本章将对播音主持教育的重要著作、教材以及对此产生过重要影响的相关著作进行简要的介绍,从中既可以感受到前辈筚路蓝缕的创业艰辛,又可以领略这些著作中闪耀的智慧光芒。

第一节　播音主持教育奠基著作简介

一、《朗读学》

《朗读学》,张颂著。湖南教育出版社 1983 年第一版;北京广播学院出版社 1999 年第二版;中国传媒大学出版社 2010 年第三版;中国传媒大学出版社 2022 年第四版。

这是一部重要的学术著作,对播音主持艺术来说具有划时代的里程碑式的意义。它在总结前人研究成果的基础上,把有声语言(包括朗读、朗诵、

171

戏剧台词、播音等)的表达理论化、体系化,使有声语言的表达从感性的、个性认识的层面,全面系统地上升到理性的、共性认识的层面,大大提升了有声语言表达的研究层次。张颂后来说:"书出版后,受到欢迎,大家很受震动,认为很成系统。人们开始思考到底播音有学还是无学,我觉得书中最重要的贡献在于我总结了播音表达的规律,一个学科的诞生没有规律是不行的。"朗读学的任务是明确的,那就是为了解决把文字作品转变为有声语言的过程中存在的各种基本问题,给朗读者以正确的理论指导,使朗读作为一种语言艺术再创作达到表情明意、言志传神的目的,同时,为听者由有声语言中获得情操陶冶、知识积累和美感享受提供某种标尺,从而使朗读的作用发挥得更充分。

该书的主要内容有:建立朗读学的目的和意义、朗读学的特点和任务、朗读的本源和作用、朗读规律说、朗读的目的、具体感受、态度情感、朗读者的身份与对象、朗读状态、朗读技巧、停连、重音、语气、节奏、不同题材作品的朗读、朗读学展望。语言学家、中国传媒大学吴为章教授评价说:"这部专著首次提出建立作为语言学的一个独立分支的朗读学的任务,并详细阐明了建立这一学科的目的和意义,规划了它的对象、任务、特点以及它和相关学科的关系。这部专著系统探讨了朗读的目的和作用,总结了朗读中带规律性的问题,提出了朗读的具体内容,建立了朗读的理论体系。由于朗读和播音是并蒂的姐妹花,因而可以说,《朗读学》的问世,为建立播音学打下了理论基础"。①

著名语言学家徐世荣在为《朗读学》写的序言中高度评价了朗读学的研究和它的应用价值。他认为,朗读是现代文化生活中不可少的一项功夫。朗读就是把书面上写的语言变为口头上说的语言,把无声语言(文字、文章、文学作品)变为有声语言——更能表情达意的口头或语言。

书面语言和口头语言彼此关联着,相互汲取营养,相互促进发展。书面语言把口头语言作了性质的变化,化声音为文字形式,改听觉的接受为视觉的接受;同时,精炼加工,消除一般人口头经常难免出现的一些毛病……书

---

① 吴为章.广播电视话语探究选集[M].北京:北京广播学院出版社,1997:103.

面上则经过修饰润色,在遣词、造句、诠段、谋篇方面,都进行了加工,消灭了口头语言的上述语病。从形式上看,干净利索,条理清楚,加强了语言的精密性、艺术性,似是胜过口语的粗糙,但却有一个不可弥补的大缺欠,缺欠了一个语言的重要成分(要素)——语音。语言是词汇、语法、语音三者的结合体,有如三鼎足的关系。严格地说,书面上写的语言是不完全的语言。语气、语调、语势、语感,抑扬顿挫、轻重缓急,书面上受到局限,不能够进行完整表达。外国语言学家曾说"语言不等于言语","言语要比语言的材料(词汇、语法)丰富得多"。这里所谓"言语",就是说话,就是口语。"丰富"的是什么呢? 就是语音所表达的东西。口头语言中因为多了一层语音的作用,于是它才增加了活力,有了跳跃着的生命。

作家们尽管在文字间使用符号,如～～(表示语音延长、叫喊),或……(表示沉吟、语音中断等),或〉、〈(表示诗歌中的音量递减与递增),但毕竟只能表示几个句子,而无法照顾全面。老舍先生写《龙须沟》,自称对其中某些人物的生动语言,是"出着声儿写的,以期把语言写活"。尽管这样,读者还必须按自己的生活语言知识,去领会作者在字里行间的语音节律,才能受到更深的感染。读者与作品产生的内心的共鸣,是由于自己在思维中加入了文字之外的语音成分,虽是默读,只是补充的声音未曾吐出罢了。

所以,朗读必须重视,应当建立一套科学的知识理论……作者热切地盼望这本创新性的书引起大家的重视,让大家懂得"写的语言"固然是学问,"说的语言"也是学问,写与说都是"信息的传达"。在现代化的科技建设中,声音的信息传达,要比书面的信息传达更为重要。准确、生动的朗读,有着生活气息的朗读,今日已提到了更高的地位。这本书精炼而详尽地讲论其中的各种法则,为语言应用的现代化开辟新路,是一种有实用价值的贡献!

朗读与播音到底有哪些关联? 张颂认为:"朗读与播音是姊妹艺术,尽管有一些交叉,但是绝不相同也不对立。朗读向新闻发展就是播音,向艺术发展就是朗诵。朗读是一个基石性的东西,比播音更基础,没有新闻那么多。"

二、《播音发声学》

《播音发声学》，徐恒著。北京广播学院出版社 1985 年首次出版，1999 年再版，2023 年 10 月中国传媒大学出版社修订出版。

这是播音主持艺术研究的又一部重要著作，同样具有奠基和里程碑意义。《播音发声学》全书除前言外，共三部分九章内容，分别是：第一章，播音发声总说；第二章，播音发声的物理基础；第三章，播音发声的心理基础；第四章，发音吐字训练总说；第五章，气息（呼吸）控制；第六章，喉部发音（声带）控制；第七章，共鸣控制；第八章，吐字——口腔控制；第九章，声音弹性。

在前言中，徐恒就播音发声学对播音专业的目的、研究范围、与实践的关系、实践对于播音发声的意义，以及研究的现状都做了具体说明。

一、"播音发声学"这门课的目的，是帮助学生掌握播音发声的理论，让学生懂得练习方法的根据，以利播音发声实践。

二、播音发声是语言发声的一种，它的理论必然涉及语言学、汉语普通话语音，以及发声的物理、心理机制和生理活动诸方面。该书对这些方面的有关问题做出简要的叙述，重点放在发音吐字的生理活动控制上。

三、发声是一门实践性的课程，学习成效最终要以实际发声能力与质量来检验。该书的主要观点是在前人播音发声实践基础上形成的，用来服务于实践。离开了发声实践，观点就失去了意义。因此，对于各项控制练习需要给予充分的重视。

四、在探讨发声的物理特性、心理特性及生理特性时，不能不引入自然科学的观点、实验语音学的成果。但是，这些观点和成果虽有助于探索播音发声的奥秘，却不能直接指导发声实践。发声器官是人这个有机体的一个组成部分，人们只能凭自己的感觉进行发声练习及调整。在人类的语言发声中，根据科学实验得到的结论往往与发声感觉并不一致，甚至有相背之处，这就形成了该书在叙述方面的一大难题，在这类问题上，该书试图立足于发声实践进行解释。

五、语言——说和听是人类行为中最奥妙的现象，它的很多重要机制还是当代科学家需要努力探索的未知领域。播音发声——这一语言发声的分支更是刚刚开始进行探索。

三、《播音创作基础》

《播音创作基础》,张颂著。第一版以《播音基础》为名,于 1985 年由北京广播学院出版社出版,第二版于 1990 年由北京广播学院出版社出版,第三版于 2011 年由中国传媒大学出版社出版,第四版于 2022 年由中国传媒大学出版社出版。

这部著作是播音理论的奠基之作,是一部重要的理论著作。它以播音创作为主要研究对象,讲解创作主体、创作道路、语言特点、创作准备、创作主体思想感情的运动状态和表达方法以及播音表达规律和话语样式等内容。

1985 年之前,北京广播学院出版社以"教学用书内部发行"的形式,铅印了《播音基础》一书。书很简陋,黄色的封面印着"播音基础""张颂""北京广播学院出版社"几个黑色的字,没有版权页。全书除"前言""总说"和"结束语"之外,共分九章,分别是:播音的正确创作道路;播音语言的特点;认真备稿,有的放矢;依据稿件,具体感受;思想感情的运动状态;思想感情的表达方法;话筒前的播音状态;播音表达规律;勤学苦练,持之以恒。从书的目录就可以看出,新的《播音基础》与 1978 年版的《播音基础》已不可同日而语了。"前言"和"总说"同 1978 年版已完全不同,更重要的是字里行间充满了自豪与自信。九章内容所展现出来的理论体系更加完整、丰富,体现出理论发展的勃勃生机。

"成熟的理论应该既能圆满地说明实践中的全部想象,又能放之四海而皆准地预见和指导将来。可是,理论的形成和发展有个过程,成熟的理论是由不成熟的理论不断丰富、发展而发展。要求理论伊始就完美无缺,是不现实的。"[①]《播音创作基础》和《播音发声学》由教学讲义到内部教材,再到公

---

① 张颂.研究播音理论是一项紧迫的任务[J].北京广播学院学报.1982(1).

开出版发行的"进化"过程,正是对上面这句话的真实写照。

《播音创作基础》最早来源是 1963 年北京广播学院新闻系播音专业学生使用的《播音教材》和 1963 年使用的《语言逻辑》,经过多年的教学实践和总结,形成 1978 年 7 月北京广播学院播音教研室编写的《播音基础讲义》(语言表达部分),此后播音基础理论在教学和实践中不断丰富和完善,更名为《播音基础》作为内部教材,正式出版时更名为《播音创作基础》。

在《播音创作基础》"总说"里,张颂对播音创作基础理论研究的范畴、内容、特点、概念的来源和形成等做了全面而清晰的说明。

播音创作基础是播音语言表达的基础理论。它区别于播音发声理论和播音文体理论,不包括播音心理学和播音美学,只研究从备稿到播出这个过程中基础性的理论问题。这个理论的实现,必然伴随着严格的训练,而这训练的过程,属于播音教学法的范围,又需另行专门研究了。

播音创作基础,把播音作为一个过程来研究,探寻播音的某些特点和规律,是有重要的认识价值的。尽管播音作为一个过程有其历史性的变异,有其区域性的差别,但总有不少共性问题。这共性,是每一位播音员、每一次播音创作活动的抽象,体现着共同的创作规律。这共性,又和其他语言艺术不同,是播音创作的个性。因此,播音创作基础以自己质的规定性开辟着崭新的认识领域。

作为语言艺术的一个门类,像其他语言艺术的基础理论一样,都存在着语言艺术的共性,这共性必然寓于各自的个性之中。但是,长期以来,播音创作基础汲取了过多的其他语言艺术的规律,鲜有自己的特色。作为新兴的学科,无可厚非,今后也还要多方面汲取营养。但是,不能长期处于这个状况,应该更深地开掘自身的规律,更快地形成自身的体系。

播音创作基础应该有符合自身规律的概念、表述,尽可能划清与其他语言艺术近似而又容易混同的那些概念和表述的界限。至少,我们不应满足于"外来语"。如果这也叫标新立异,那不只是概念、表述的变化,恰恰是为了深入事物内里,标规律之新,立体系之异。在新兴学科的建立上,是要拿出点第一个吃螃蟹的人的勇气来的。

标新立异,当然不意味着已经发现了"终极真理",而是希冀着甚至是否定之否定的发展。我们在播音创作基础的阐述中，大胆地使用了一些新的概念、新的表述，我们希望更准确的概念和表述出现，同时，也不排斥使用"外来语"，即使"长期共存"，也没有什么不好。

对于体系的构成、规律的概括，我们向来没有"只此一家，别无分店"的想法，我们一直认为，"百家争鸣"是学术研究、理论精进的条件，我们一直热切地期待着更多的理论体系问世和更多的真知灼见发表。

长期以来，我们常常以"播音三要素"或"四要素"来指导播音实践，也的确发挥了不可忽视的作用。但是，作为播音理论的体系，如果只停留在这些要素上，就显得极不完善、极不精确了。岂止播音，话剧、电影、评书、相声，也需要这些要素。那么，播音的特点何在呢！如果因为这些要素如此简单地显示了语言逻辑，就认定它不可发展，不必生发，哪一天才能形成播音理论的个性体系呢？我们看到了这些要素的抽象意义，正由于它抽象到了简单的程度，造成了它覆盖面空泛，界说模糊，我们才产生了个性化的要求。

其实，洪深先生在 1943 年写的《戏的念词与诗的朗诵》里就提出了"话的四种作用"。他说："说话——广义的，不论为临时触发，随口说出；或为念诵已经写成的各体文字或诗词——必须同时顾到它的四种作用。"这四种作用是："说明事物""表示情感""建立关系""进行企图"。这比"三要素"或"四要素"明确得多了。即使如此，我们还是不满足，因为，还是没有解决播音理论个性化的问题。

现在，我们尽量从播音创作的个性出发，建立我们创作基础理论的体系。它当然包含着"三要素""四要素"，或者"话的四种作用"的共性，但那构成，已经明显地区别于简单的抽象了。

而在《播音创作基础》的"结束语"中，张颂又对"中国播音学"理论体系做了积极的展望："我们应该有一部《中国播音学》，它包括：播音发声学，播音创作基础，播音文体业务，播音心理学，播音美学和播音教学法。在附录中，包括一套练习材料，包括一套录音唱片。完成这个任务，既非一日之功，也非一人之力。我们这本播音创作基础，应该成为《中国播音学》的一个组成部分。因此，从科学性、理论性、系统性、完整性上提出要求，进一步修改、丰富它，是理所当然的。

"中国的播音,理应有中国的特点,任何国外的先进的东西,只有化它为我,为我所用,才有真正的价值。播音,和整个广播电视事业一样,要学会'自己走路'。

"我们认为,坚持中国播音特点,才是播音创作基础的立足点或基点。在这个立足点或基点上发展我们的播音理论,才会入之愈深,见之愈新。"

四、《中国播音学》

《中国播音学》,张颂主编。北京广播学院出版社 1994 年 10 月第一版,2003 年出版修订版,2013 年再版修订。

1994 年 10 月,在中国播音学研究的历史上,是一个值得纪念的月份。经过几代播音员丰富多彩的播音实践,几代播音理论研究者、播音教育工作者艰辛的探索,中国播音学终于诞生了。它既是几代人呕心沥血的结晶,也是一个崭新学科的诞生。

《中国播音学》一书正式由北京广播学院出版社出版,标志着中国播音学研究的理论框架基本构建成型,是这门学科的奠基之作。

这部 66 万字的《中国播音学》是在张颂播音学理论的指导下,16 位学界、业界作者历时 5 年共同编著完成的,"全书分为'导论''发音''创作''表达'和'业务'5 编共 40 章,比较全面、系统地总结了我国广播电视播音工作 50 余年来的经验。"①内容基本涵盖了播音领域的所有理论和实践内容。

《中国播音学》一书作为中国播音学研究的奠基之作,明确了自己的学科定位,"它既不跟相关学科混淆,又不跟相关学科割裂,更不是'现代汉语'加播音方面的语料,也不只是语言学理论在播音方面的应用而没有自己的理论。"②它有自己的学术历史和发展脉络,有自己独特的实践经验和理论基础。正如张颂所总结的:它以新闻学与传播学、语言学及应用语言学、文学

---

① 赵玉明,王福顺.广播电视词典[M].北京:北京广播学院出版社,1999:629.
② 于根元.播音主持语言研究十篇[M].北京:中国经济出版社,2006:6.

艺术学、哲学与美学这四大学科为支柱，新闻性是本源，艺术性是特征。

《中国播音学》的出版，为这一学科的研究指明了方向，在《中国播音学》理论框架的指导下，播音学研究迈进了一个全新的时代。

2003 年 1 月，北京广播学院出版社出版了修订版，修订版对第一版做了较大幅度的修改和补充，总体篇幅扩充了近一倍。全书分五编 46 章。第一编"导论"由原 6 章改为 5 章；第二编"发音"改为"发音与发声"，由原 10 章改为 11 章；第三编将原第三编"创作"与第四编"表达"合并，改为"创作与表达"，由原 9 章改为 16 章；第四编将原第五编"业务"分为第四编"广播播音与主持"，共有 6 章；第五编"电视播音与主持"，共有 8 章。书前有再版序言。

五、《播音学简明教程》

《播音学简明教程》，吴郁主编。北京广播学院出版社 1985 年第一版，1998 年再版，2004 年出版修订版，2019 年中国传媒大学出版社出版第四版。

20 世纪 80 年代初，为了满足全国各地广播电台、电视台，特别是基层广播电视播音员以及播音爱好者自学的需要，并为播音员的专业培训提供适宜的教材，北京广播学院播音系由吴郁担任主编，组织播音系教师集体编写了这本《播音学简明教程》。

该书涵盖了播音发声和普通话语音、播音创作基础、播音文体理论、电视播音、节目主持艺术等内容，对播音基础理论进行了深入浅出的讲解分析。

这本教材着眼于广播电视事业的迅猛发展，着眼于播音改革，着眼于基层播音员的实际需要，力求使讲授的内容既能体现播音理论的体系性、完整性，又努力做到突出重点、通俗易懂、简明扼要、易于操作、便于掌握。因此，书中各编既可独立成章，以利于读者根据自己的具体情况有针对性地选择学习，也可合为一体，便于读者较完整、全面地了解和掌握播音理论的体系。

该书共分五编二十章。第一编"播音员和播音工作"，第二编"播音发声和普通话语音"共四章，第三编"播音基础理论"共七章，第四编"播音文体理论"共七章,第五编"电视播音概说"共两章。

六、《播音语言通论:危机与对策》

《播音语言通论:危机与对策》,张颂著。1994 年 2 月,北京广播学院出版社第一版;2002 年 1 月,北京广播学院第二版;2012 年 5 月,中国传媒大学出版社第三版。2022 年,中国传媒大学出版社第四版。

这是张颂教授研究播音语言的理论专著,探讨了汉语的规范化等语言理论问题,对播音语言的诸理论问题进行了全方位、多视角的理论阐论。对《播音创作基础》中未能深入阐述的内容做了进一步的阐述,对其后的一些新问题做出了新的研究和论述,特别强调播音员、主持人的创造性,能够催生有声语言表达的"典范",传承"书同文",成就"语同音",让国家通用语言文字响彻寰宇,光耀千秋。

在 2012 年 5 月中国传媒大学出版社出版的第三版中,张颂在原书的基础上进行第三次修订,增加了"教育是严肃的"和"学术是神圣的"两章,对广播电视语言的乱象进行批驳。在 20 世纪八九十年代,对播音语言存在着不少误解和偏见,作者热情洋溢而又痛心疾首地对这些偏见予以一一反驳。

在该书中,张颂对我国语言文化传统的钟爱,溢于言表,他说:"在民族文化中,语言有巨大的认识价值、应用价值、保有价值、哲学价值、美学价值。"因此,他从播音语言的特点出发,对播音创作的话语系统、语言本质、语言启蒙进行了全方位考察。张颂遵循浸染式汉语习得传统,重视对播音语感的研究,并且提出"语感通悟"的概念。在对中国语言文化传统的考察中,他发现,"隋唐以降的科举制度,逐渐造成了知识分子'重文轻语'的心理。人们普遍认为,'写的语言'是学问,'说的语言'不是学问。"因此,他立志要改变这种局面。他对我国语言文化传统"至今还未能形成博大精深的有序开拓","有意无意地遗弃了传统的馈赠,冷落了语言中深厚的聚积"的现实,对汉语书面语和口语"还未能共同担负起维系中国文化的积淀性、继承性、教育性和传播性的历史重任"的事实,对"有些人肆无忌惮地、毫无选择地狂吸饱吮着西方文化的'雨露甘霖'",受众中一些人"非'洋'不看,非港不听"

的严峻现实,有清醒认识。①

张颂曾自豪地说:"就在《播音语言通论——危机与对策》这本书里,我提到了'语感通悟',这是播音学从基础理论走向美学理论的重要阶梯,这就为播音学今后在美学空间里的发展提供了一条路径。"

七、《朗读美学》

《朗读美学》,张颂著。2002 年,北京广播学院出版社第一版,2010 年,中国传媒大学出版社修订版,2022 年,中国传媒大学出版社第三版。

该书强调有声语言和语言功力的重要性,分析朗读的民族性特质、风格化特质、意境美特质和韵律美特质,讲解朗读的语感、语气、节奏等的美学意义以及诗歌、散文、小说、戏剧、新闻、评论、文言文的朗读美感,探讨朗读美学的规律性拓展和创造性发展。

作者在"后记"中说:朗读学作为基础理论,存在着广阔的可容性空间,向美学的生发,只是一个维度。美学的发展,一浪高过一浪,流派纷呈。我只是从朗读的角度汲取美学的一鳞半爪,在美学的可能性空间里,紧扣"实践"这个环节,理论的开拓性远未达到理想的要求。姑且把她看作"新生事物"吧!那不足和未尽之处,正等待着有识之士的订正和开掘。

给朗读以美学的观照,是非常必要的。尽管当下很多人还没有充分认识朗读的重要意义,提出朗读美学的口号,至少可以引起关注。但是对于那些鄙薄朗读的人来说,他们会很吃惊,并判之曰:玄。好在我们没有希冀他们给予肯定,好在我们会"走自己的路,随便别人说什么!"

---

① 杨小锋.张颂:一个播音学者的文化自觉[J].中国电视.2013(3).

第二节 播音主持教育重要的基础著作简介

一、《艺术语言发声基础》

《艺术语言发声基础》,周殿福著。中国社会科学出版社 1980 年出版。

全书由十部分组成,以语音学知识为指导,阐述了艺术语音的发音要领。根据汉语的特点,采用循序渐进的方法,按照音、字、词、句、段五个重点提出艺术语言发声的锻炼顺序,对艺术语言工作者比较完整而系统地掌握科学的发声方法、提高语言表达技巧具有指导作用,对汉语的语音教学的研究具有参考价值。

周殿福先生在书的"前言"中指出:"我国的艺术语言工作者,特别是戏曲和曲艺演员,经过多年的舞台艺术实践,在发声方法和语言运用上,积累了丰富的经验,不断地提高了我国艺术语言的表现技巧。但是,在运用方法上,常常是根据个人在实践中的体会摸索而来,不单是因人而异,众说纷纭,而且也没有能够把那些行之有效的方法总结出来。所以,直到现在还缺少一套比较完整而系统的锻炼艺术语言的基本功,以致演员在练声时无所依据。这本小书的目的,就是试图初步解决这个问题,起个抛砖引玉的作用。""这本小书,以语音学知识为指导,说明艺术语言的发音要领,并澄清前人在发声术语解释上的混乱,以便吸取前人有益的经验,使它更好地为今天的艺术语言服务。"在谈到学习和训练的方法时,他在书中特别提出,根据汉语的特点,语言基本功的锻炼要循序渐进,从发声产生的原动力——气息开始,然后按照"音""字""词""句""段"五个重点进行,并且用细致的描写,准确地把锻炼方法的详细步骤一一描述出来。在谈到情感与语言表达时,他特别强调:"语言讲究以情带声。情感的表达在这个阶段应该放在第一位。每一段的词、每一段的话,都带着一定的情感。你碰到情节变化了,你的情感自然变化,你的语言也就随着变化。语言主要是听,从听觉方面来观察内心活动料也不行,人家把语言同情感两个方面的表现结合起来。只有内心活动,而没有外部方法也不行,人家把语言同情感两个方面的表现结合起来,才能理解你的心情。"①

这是我国第一部全面、系统地论述艺术语言发声和基本功训练以及语言表达的基本技能的理论专著,在播音教育理论建设过程中,发挥过重大的影响力。

二、《语音学教程》(修订版)

《语音学教程》(修订版),林焘、王理嘉编著,北京大学出版社 1992 年出版。

这是一本介绍语音学基础知识的书,该书从传统语音学入手,吸收了近年来国内外的一些现代语音学研究成果。在编写过程中较多考虑一般读者的可接受性,尽量避免使用一些过于专门的新名词概念。各章基本上都可以分为三部分:先从传统语音学角度介绍一些基本概念,然后重点分析普通话语音,介绍实验语音学的一些基本常识和研究成果。因此,该书也可以说是由传统语音学、普通话语音和实验语音学三部分组成的,各部分基本上能够自成系统,读者可以通读全书,也可以根据自己的需要着重选读自己有兴趣的部分。"音位和区别特征"一章只是简介性质的,这方面的研究,无论是理论还是实践,至今仍处于众说纷纭、莫衷一是的阶段,详细的介绍不是这样一本语音学教材所能够包括的。各章之后都附有一定分量的练习。现代语音学虽然已经大量地使用仪器,但口耳训练仍应是基础,练习中有一些是训练口耳的,最好能在有经验的人指导下进行。实在不得已,也可以采取互帮互学相互纠正的办法,但效果可能会差一些。

《语音学教程(增订版)》出版于 1992 年。近些年语音学有了长足发展,修订版补充了语音学的新发展新趋势,增加了实验语音学的内容,"第八章　语音学和音系学""第九章　普通话音位系统的分析和讨论""第十章　汉

---

①　解保勤.周殿福先生关于加强语言基本功的谈话[J].锦州师范学院学报(哲学社会科学版).1980(3).

语拼音方案和普通话语音"修订较多。

该书与大学本科《现代汉语》和《语言学概论》教材的语音部分有着较好的衔接,是对这两种教材语音学知识的加深和拓展。将传统语音学与现代语音学的知识进行了融合,使读者初步了解现代语音学的研究方法和技术手段。兼顾对普通语音学和汉语语音学知识的讲解,外语语言学以及与语言学相关的其他专业的读者也可使用。注重吸收国际语音学界和汉语语音学界的前沿成果,并将这些成果以通俗易懂的形式介绍给读者。各章均配有习题,方便学生进行自学。书后列出了主要参考文献,读者可根据需要进行延伸阅读。

三、《播音导论》

《播音导论》,李越著,北京广播学院出版社 1988 年出版。

该书是"中国播音学丛书"之一。这是第一本关于播音导论的专著,也是北京广播学院播音系本科教材。作者为北京广播学院播音系副教授,也是老资格的播音员。该书初步介绍了人民广播事业诞生以后播音员队伍和播音业务的建设发展概况,对播音工作的性质、任务、地位、作用,播音创作的特点、依据、过程以及播音的继承、借鉴与创新进行了论述,同时涉及了播音的思维特点、播音的风格等问题。

该书共有八个板块的内容:一、播音工作的性质、任务及其在广播电视中的地位和作用;二、人民播音事业的发展;三、播音创作的特点和原则;四、播音创作的依据、形式和风格;五、播音创作过程;六、电视播音;七、播音员的修养与职业道德;八、播音的继承、借鉴与创新。最后附了左荧的《播音是一种语言艺术活动》和中央台播音部在 20 世纪 50 年代集体创作、由夏青等执笔的《播音员和播音工作》等五篇文章。

四、《播音心理学》

《播音心理学》,祁芃著。北京广播学院出版社 1992 年首次出版,1999

年再版更名为《播音主持心理学》。

该书阐释了播音创作主体心理和受众接受心理的呼应及各自的心理过程、心理变化及其规律,使播音员、主持人由单一的业务素质训练扩大到播音员、主持人的心理素质训练领域,用心理学的观点解释和指导播音训练和播音创作中的实际问题,从而可提高播音员、主持人的训练质量。该书填补了播音学理论研究的空白。

五、《播音主持心理学教程》

《播音主持心理学教程》,马玉坤、高峰强主编,北京大学出版社 2008 年出版。北京市高等教育精品教材立项项目(中国播音学系列教材)。

播音主持心理学是用心理学的原理来研究播音主持艺术创作中播音员、主持人的心理现象和心理活动规律,研究受众的需要、认知和情绪等心理过程,研究播音主持艺术教学、学习和训练中教学双方的心理现象和心理活动规律,并将其运用于播音主持艺术创作实践,运用于对受众的需要、认知和情绪等的把握,运用于教学、学习和训练的一门新学科,是播音学、心理学、教育学、艺术和美学等学科相互结合的交叉学科。它的主要任务是为播音员、主持人的播音主持艺术创作实践,为播音主持艺术教学、学习和训练以及播音员、主持人在传播过程中与受众的交流、沟通、互动提供心理学方面的理论依据和实践指导。播音主持心理学是中国播音学的重要组成部分,也是心理学的一个新的研究、发展方向和分支。

该书由六编十三章组成,内容涉及概论,播音员、主持人个体心理篇,播音主持的播出心理篇,受众心理篇,传者、受者互动篇,播音员、主持人的日常生活心理学等。

第三节　播音主持教育重要教材简介

一、《实用播音教程》

《实用播音教程》，总主编付程。1997 年，北京广播学院出版社出版，国家级精品教材。这是一套产生广泛重要影响的播音专业教材，全国开办播音专业的院校几乎都在使用这套教材。这套教材为全面确立播音主持专业的教学模式奠定了坚实的理论和实践基础。

《实用播音教程·第 1 册　普通话语音和播音发声》，本册主编吴弘毅。北京广播学院出版社 2002 年出版。本册主要为普通话语音和播音发声的练声材料，内容包括普通话语音概说、声母、韵母、声调、普通话音节结构与声韵拼合关系、播音发声概说、呼吸控制等。该教材既保留了多年来部分专业教学训练的经典内容，又注重吸收、选取专业教学及广播电视实践中的材料。

《实用播音教程·第 2 册　语言表达》，本册主编鲁景超、陈晓鸥。北京广播学院出版社 1999 年首次出版，2002 年再版。本册主要包括播音主持有声语言从理解、感受到表达的技能技巧，内容包括创作依据的准备方法，调动思想感情的方法：情景再现、内在语、对象感，表达思想感情的方法：重音、停连、语气、节奏以及即兴口语表达理论和实践。

《实用播音教程·第 3 册　广播播音与主持》，本册主编陈雅丽。北京广播学院出版社 2002 年出版。本册讲述了广播播音训练的基础知识、技能、技巧及大量材料，其中包括新闻播音理论、评论播音理论、通信播音理论、节目主持艺术理论及不同体裁等。该书材料丰富，具有较大的实用价值，训练重点是使学生们能用不同的语体将不同体裁、不同形式的广播节目准确地、生动地表达出来，达到广播电台播音及主持工作的实战要求。

《实用播音教程·第 4 册　电视播音与主持》，本册主编罗莉。北京广播学院出版社 2002 年出版。本册重点探讨了电视播音方面的创作原则与规律,以及新闻评论类、社教类、综艺类等诸类电视节目类型的主持艺术,并对播音员、主持人的形象造型、形体做了重点讲述。本册重点讲解了电视播音与主持方面的电视新闻播音、电视新闻现场报道、电视纪录片解说和各类节目的主持,以及电视播音员与主持人的形象造型等内容的理论要点、训练方法及训练材料。

二、《播音员主持人训练手册——语音发声》

《播音员主持人训练手册——语音发声》,王璐编著。北京广播学院出版社 1998 年出版。

这是一本行销二十多年、发行量超过数十万册的教材,适用人群从播音主持的业余爱好者到专业院校的师生,再到相当部分在职的播音员主持人,该书是他们都曾学习、使用过的"专业训练手册"。

三、《教你播新闻》

《教你播新闻》,高蕴英著。中国广播电视出版社 2005 年出版。

该书在进行理论概述的同时,还选取了大量实例进行具体分析,并且配置了部分练习材料,以求让读此书的朋友能够想得出、"听得见",知道如何"张嘴"。从这点上看,这本书实际上更接近训练教程。既然是训练,就是遵循由浅入深、由易到难、由点到面,循序渐进的训练法则,该书对此也有细致描述。

四、《影视配音艺术》

《影视配音艺术》,王明军、阎亮著。中国传媒大学出版社 2015 年出版。

该书系统讲解了影视配音艺术的界定和分类,以及电视纪录片解说、广告配音、电视栏目配音、影视剧人物配音等的创作原则和创作规律,还通过示例分析详细讲解了影视配音的创作过程和创作方法,并附有多篇稿件供学习者练习使用。

第四节　其他相关重要著作简介

一、《播音主持艺术论》

《播音主持艺术论》，张颂著。2009 年由中国传媒大学出版社出版，2022 第二版。

全书分四个部分：杂记编、教学编、理论编、前沿编。杂记编是作者发表于《现代传播》的 30 篇语言传播杂记，厘清了播音学中的 30 个关键性问题；教学编是作者对播音专业教育教学高屋建瓴的思考；理论编探讨了播音学理论的建构；前沿编探讨了播音主持发展中的前沿问题。

二、《广播电视语言艺术——中国广播电视语言传播研究》

《广播电视语言艺术——中国广播电视语言传播研究》，张颂主编，北京广播学院出版社 2001 年 7 月出版。

《广播电视语言艺术——中国广播电视语言传播研究》是国家社科基金项目成果。从科研项目的角度来说，这是全国广播电视播音主持界最早取得的一项国家级科研项目，意义非凡。它大大提升了播音主持研究的层次和级别，使播音主持这个边缘的交叉学科的研究进入国家社科基金项目的研究范畴。从项目的最终成果来说，这是在 21 世纪初，对播音主持艺术理论研究的新的审视和新的总结，表明播音主持艺术的理论研究依然在扎扎实实地向前推进，并且又将其提升到创新的高度。

全书除"绪论"外共 10 章。"绪论"由张颂撰写。其余几章分别为我国广播电视语言的发音变迁研究、我国广播电视语言规范化研究、我国广播电视新闻播音研究、电视评论语言研究、广播电视语言艺术化研究、播音主持艺术风格研究、广播电视语言传播专业教育与人才培养研究、网络时代的广播电视语言传播研究、我国广播电视语言传播理论研究概要、播音主持艺术发展趋势研究。

作者认为，当代的广播电视事业发展极其迅猛，"理论是灰色的，而生活之树常青"，也许，作者的观点显得陈旧，可是从实践中概括出来的理论，总会带有一定的规律性。作者的概括，不是凭空制造，不是主观臆想。实践中的体验，一直伴随着从业人员；各家之言，一直警醒着从业人员；对于广播电视语言的高质量、高效率传播，又是从业人员的殷切期盼。

中国广播电视语言传播研究，是一个相当大的课题，要做到全面和深刻，几乎是不可能的。作者采取的是广泛性与针对性相结合，散点性与思辨性相结合，实践性与规律性相结合，现实性与前瞻性相结合的方法，从不同的角度阐述，从不同的层面论证，为历史留下些许足迹。

三、《献给祖国的声音》

《献给祖国的声音》，齐越著，中国广播电视出版社 1991 年出版。杨沙林、姚喜双重编后于 2019 年由中国广播影视出版社出版，书名变更为《把声音献给祖国》。

该书包括齐越所著的多篇文章，涉及中国播音历史、播音创作技巧、寄语青年播音员、个人散文与诗歌等。

四、《齐越和他的播音生涯》

《齐越和他的播音生涯》，刘淮著，中国国际广播出版社 1993 年 10 月第一版。全书分为 10 章，生动、具体地介绍了我国著名播音员齐越从解放战争年代起从事人民广播播音工作和培育青年一代播音员的事迹以及他的播音风格。

五、《寄语青年播音员》

《寄语青年播音员》,齐越著,北京广播学院出版社 1986 年 10 月出版,内部发行。该书选编了作者结合自己从事播音工作和播音教学工作时的经历和切身感受撰写的、发表在不同刊物上的论文及回忆文章,包括"播音员和稿件""播音创作漫谈""寄语青年播音员"等内容;有齐越在中央台、上海台和青年播音员谈播音的讲话"实践——认识——实践""思想·感情·语言"等;还有具有史料性质的"播音员日记",记录了齐越在 1947 年 3 月至1949 年 10 月的部分播音工作情况等共 14 篇文章。这些文章、谈话反映和代表了作者的播音理论思想、播音创作实践追求,代序"用延安精神做好工作"更是反映了作者一贯的精神追求和思想境界。

六、《播音风格探》

《播音风格探》,姚喜双著,中国文联出版公司 1992 年出版。

该书对播音风格的含义与特征做了详细介绍,细致分析了播音风格具体体现、成因。

什么是播音风格呢? 张颂指出:"风格化,是播音语言艺术成熟的标志。在实践上已经出现了有风格差异的代表作,在至少是广播爱好者的听众中产生了不同风格的印象。可是由于种种原因,使我们在克服雷同化、公式化中耗费了不少精力。如果从风格化的美学高度来考察,除了音色上的区别,很难说已经形成了各自的个人风格。一个电台的播音风格的形成尤属不易。真正风格化的播音,真正有个人风格的播音员,真是屈指可数。这和我们理论研究的不足,不能说没有关系。"这段话实质上是指出研究播音风格应该提到日程上来了。

姚喜双在张颂对播音风格定义的基础上对其进行了深入细致的研究。

七、《论节目主持人》

《论节目主持人》,壮春雨著,北京广播学院出版社 1991 出版。

该书作者原在新疆电视台工作,熟悉广播电视工作,后调入浙江广播电视高等专科学校任教。该书是国内最早较为系统地总结论述节目主持人的专著之一。一般人认为,主持人节目这种形式,兴起于 20 世纪 50 年代的西方广播电视,80 年代初,中央人民广播电台等相继引进节目主持人形式。1986 年广东珠江经济广播电台的开播,更是开启了节目主持人大发展的时代。作者认为,一方面实践已为理论研究提供了客观条件,另一方面实践又迫切需要理论的指导。该书的目的,就在于和其他研究者共同探求节目主持人工作的一些规律。全书内容共分三个部分。第一部分为第一至第三章:"主持人节目的发展概况""主持人节目的组织结构""主持人的任务",可以说是总论,是阐述节目主持人的基本理论的。第二部分为第四至第九章:"主持人的表演""主持人的语言""主持人的非语言讯息""主持人的魅力""主持人的修饰""主持人的风格"则侧重于节目主持人的应用理论。第三部分为第十至第十二章:"主持人的选拔""主持人的修养""主持人的锻炼"是讲节目主持人思想、业务和组织建设的。

八、《节目主持人通论》

《节目主持人通论》,俞虹著,杭州大学出版社 1996 年 3 月出版。

全书共 12 章,分别是:节目主持人概述、节目主持人的产生与发展、节目主持人的类型、节目主持人的基本素质、节目主持人的个性魅力、主持人的节目构思、主持人的采访艺术、主持人的编与写、主持人的有声语言、电视节目主持人的无声语言、节目主持的状态、主持人的发展与未来的思考。

九、《主持人的语言艺术》

《主持人的语言艺术》,吴郁著,北京广播学院出版社 1999 年 10 月出版。

这是第一本系统论述主持人语言艺术的专著。张颂教授为本书题词:"展个性风采,主持人解读幽径;论语言魅力,话筒前舒卷心声。"广播电影电视部原副部长、中广学会常务副会长刘习良为本书作序,他说,近年来,出版了不少有关广播电视节目主持人的书籍。……但是,专门论述节目主持人语言艺术的专著还是不多见的。而语言艺术恰恰是研究节目主持人本体的关键所在。撒渔网,要"提纲";抓上衣,要"挈领"。吴郁老师抓住了要害,她这本著作不说是为节目主持人语言艺术研究填补了空白吧,也是为这个研究领域增添了一本有分量的专著。

该书共分十二章,分别是:一、引言;二、节目主持人的语境;三、语境中的主体及其语用规则;四、主持人节目语体特征;五、主持人的语言功力;六、节目主持人的语言风格;七、主持人语言的分类研究;八、新闻评论类节目主持人的语言艺术(上);九、新闻评论类节目主持人的语言艺术(下);十、谈话节目主持人的语言艺术;十一、文艺娱乐类节目主持人的语言艺术;十二、电视节目主持人的体态语艺术。

十、《播音主持专业人才培养研究》

《播音主持专业人才培养研究》,吴郁著,中国传媒大学出版社 2009 年出版。

该书上篇是我国当前播音主持专业教育现状的调查报告。对我国播音主持专业的培养目标与人才选拔标准、教学大纲编排、课程设置与教学方法模式、师资队伍结构、教学评估体系等做了全面调查和分析。下篇是调查访问后的研究后果,对播音主持工作、播音主持人才的综合素质、播音主持人才能力需要的新趋势等做了深入的研究。

该书为国家社科基金项目成果。

十一、《中国播音主持评价标准体系发展研究》

《中国播音主持评价标准体系发展研究》,祝捷著,中国广播电视出版社2013年出版。

该书总结了中国大陆各个历史时期播音员、主持人评价标准的发展脉络,分析了播音主持评价标准体系的发展规律,提出了现阶段科学的播音主持评价标准体系的评价系统、评价要素、评价标准、评价原则和评价方法。

十二、《张颂学术年谱》

《张颂学术年谱》,马玉坤、高国庆主编,九州出版社2018年出版。

张颂(1936—2012),中国传媒大学教授,国家级教学名师。作为中国播音学理论重要的奠基人之一、中国播音主持艺术教育重要的创始人之一,在中国播音理论发展史和中国播音教育史上,都占有重要地位,极具代表性。张颂生活的年代,正是广播电视作为最先进的大众传播工具飞速发展,各项功能得到充分发挥,对社会政治、经济、文化发展产生巨大影响的年代。与此同时,与播音关系密切的相关学科也取得历史性的发展,如广播电视事业、技术,汉语规范,普通话推广等,这些因素促成了播音的超常规发展。因此,对于张颂播音学理论研究的系统梳理和研究,在中国播音理论研究、中国播音史的研究上都具有十分重要的现实意义和历史意义。该年谱以张颂的播音学术研究发展历程为经线,以同时代广播电视事业的发展、语言文字研究的发展,以及其他相关行业的发展为纬线,基本勾勒出了近80年广播电视播音实践和播音理论研究的发展轮廓及脉络。全书由三部分内容构成:一是谱主的学术活动。包括迄今为止所能找到的所有谱主的相关学术资料,旨在梳理谱主的播音理论研究发展的学术脉络、播音教育思想发展的学术脉络,以及对播音学当下现实和未来发展整体的思考。二是与谱主同时代的、与播音相关的广播电视行业等专业背景、学术背景、社会背景等的构建，相当于为谱主建立了一个学术发展的基本背景，也为读者提供了方便。三是与播音相关的人物、事件、专著、重要的理论观点等的介绍。可以说，将这些丰富的内容系统地汇集在一起，展现给读者的等同于一部简明播音史，凡是在这个历史阶段出现的、与播音有关的人和事，以及论著观点、理论争鸣等，几乎尽收于此。该书不仅是我国播音界，也是整个广播电视界第一部专家学者的学术年谱，是播音理论研究第一部具有学术研究意义的播音史研究专著，具有填补空白和创新性的价值。

另外，《张颂学术年谱》还具有研究范式的创新意义和跨学科研究的特点。一般的年谱编辑以谱主的资料为主，欠缺学理性、研究性、文献性、工具性，而《张颂学术年谱》的编撰体例，融合了历史研究纪传体和编年体的优势，使一般年谱编撰"线性"纵的编排，变为"线""面"结合、纵横结合的立体编排，由此建立了年谱编撰新范式。同时，该年谱还与播音主持相关学科的相关内容做相应的编排，体现出播音交叉学科的性质特点，为读者、研究者都提供了更丰富的历史资料。

该书为国家社科基金项目成果。

十三、《演员自我修养》

《演员自我修养》，[苏]斯坦尼斯拉夫斯基（1863—1938）著。

该书作者是世界著名演员、导演、戏剧教育家和理论家，他所创立的斯坦尼斯拉夫斯基表演体系，在世界范围内产生了极大的影响。他坚持以"心理体验分析方法"为创作核心，后期又以"形体言语动作分析方法"丰富了以内心体验为核心的戏剧理论。

斯坦尼斯拉夫斯基表演体系，是世界三大表演体系之一，也是世界上对演剧艺术根本的问题进行系统的科学研究与全面阐述的体系，是斯氏毕生创作和教学经验的总结，也是他对演剧艺术领域的先驱者和同时代的世界杰出大师们的经验总结。他主张演员要沉浸在角色的情感之中，发掘和体验每个角色经历的情感瞬间。使用这种表演方法，演员所创造的角色会具有多层次的真实感，而且能诠释角色的行为与内心思想之间微妙的联系。

斯坦尼斯拉夫斯基体系在中国博得梅兰芳等戏剧家的高度评价,并对中国戏剧产生了深远的影响。因此,学习、研究艺术大师的思想精髓,是每个演员和艺术工作者的必修之课。

《演员自我修养》是他最为知名的代表作,是斯坦尼斯拉夫斯基表演体系的精华。它详细阐述了演员在形体、发声、性格、思维逻辑等方面所应具备的素养,不仅是一部经无数表演工作者成功检验的关于演员职业、责任与使命的工具书,更是一部关于演员与社会相结合,提升与完善演员艺术修养、道德修养的人生巨著。

《演员自我修养》这部著作,在播音专业建设初期,成为绝大多数师生的必读书,对播音主持理论产生了深刻的影响。

十四、《朗诵艺术》

《朗诵艺术》,[苏]符·阿克肖诺夫著,齐越、崔玉陵译,中国广播电视出版社 1984 年 2 月出版。

该书作者是苏联著名的艺术语言大师、共和国功勋演员、斯大林奖金获得者。他对自己和他人丰富的朗诵经验加以归纳和总结,确定出一个初步的朗诵创作体系,分析了掌握文学作品的创作过程,详细阐明了朗诵工作的规律及正确的工作方法,为朗诵艺术提供了科学的、系统的理论根据。

⊙ 第三编　播音教育的特殊性 ⊙

播音教育不仅仅是知识的传授,也不仅仅是有声语言表达技能的传授,而是通过知识和技能对人的精神、品格、心灵进行塑造,更是与国家发展、社会变迁紧密相连的文化工程。

播音主持的创造性很难被人们所理解。一般人很难理解作为有声语言表达所承载的社会、文化、历史、心理、道德等方面的内容及其带给人们的显性的或潜在的影响。很多受过专业教育的人,往往也不能清晰地表达播音主持创造性的表现形式,以及怎样表现、怎样去创作一个有声语言表达作品。播音教育的独特属性在于播音教育既是一种培养专业播音与主持人才的教育模式,也是利用广播电台等媒介普及知识文化的社会教育渠道,其学科建设、学术研究及实践体系均围绕着社会需求展开。

播音教育还有一点极其特殊之处,就是它的表现介质:有声语言。播音主持是用无形的、可感的声音来表现有形的、可感的物质世界的。对播音主持而言,所有需要表现、传达的一切,如精神、思想、文化、品格、心理、时代特色等,都必须转化为声音,都必须通过有声语言才能表现出来。这种表现难度超过了任何一种艺术表现形式,也是任何一种艺术表现形式难以想象的。

20世纪初,播音教育与广播电视事业相伴相生,成为推动行业发展的重要力量。随着技术进步和社会需求的变化,播音教育不断调整自身,以适应新的行业要求。播音教育始终具有技术适应性,从模拟信号到数字信号,再到智能化技术的应用,播音教育一直与时俱进,更新教学内容,提高实践能力培养要求,并推动跨学科融合。

播音教育的多重社会功能,在促进文化传播、国家形象塑造以及增强社会凝聚力等方面发挥着重要作用。此外,它还通过宣传地方特色、推广旅游资源等方式,促进了地区经济发展。

　　播音教育对艺术传承具有重要意义。播音艺术教育不仅要培养学生的基本功和艺术表现力,更要引导他们了解播音艺术的历史渊源,实现艺术的跨代际传承与跨文化交流。

　　无论是作为教育对象还是作为一种教育渠道,播音教育都展现出其独特之处。

第十二章　播音教育的创新性

中国传媒大学张颂教授在《传媒与教育散论》一文中指出："播音教育的特点是什么呢？经过对以前电台播音部门'老带新''一带一'的经验总结，经过对相近新闻和艺术专业教育的比较考察，我们在课程设置上，坚持文化基础课同语言功力课并重；在专业教育中，坚持思想道德、新闻敏感同真情实感、表达技巧并重；在专业教学中，坚持理论同实践结合、大课和小课结合、讲授同训练结合、扬长与补短结合、基底与特点结合……例如小课，这是播音专业必不可少的教学环节，一般一位教师带 8—15 个学生。每次课大约四个小时，既要针对小组的共性问题进行辅导，又要根据每一个学生的具体情况，肯定优点，指出不足，并教给相应的解决方法。没有小课，就违背了播音教学的基本规律，学生无法得到具体指正，容易走弯路，甚至不能进步。小课人数过多，辅导不过来，效果就会大打折扣。课时利用率不高，教学针对性不强，实际上是浪费了学生的精力和时间，会极大地影响学生的积极性，负面作用甚至会延续到毕业以后的工作状态中。当学生进入传媒时，便觉得捉襟见肘、应接不暇，有稿播音吭吭哧哧，无稿播音结结巴巴，根本不明白自己的问题所在，更不知道自己的努力方向。"①这段话在向我们阐述播音专业教育的特点的同时，也为我们揭示了播音专业教育的特殊性。那就是，播音专业教育不同于其他任何专业教育的独特之处：一、不能只在课堂上空讲理论、空讲大课，而必须经过小课的具体辅导，使学生在实践中领会和掌

---

①　张颂.播音主持艺术论［M］.北京：中国传媒大学出版社，2009：95.

握理论;二、因为每个学生的具体情况不同,因而这种教学是因人而异的、个性化的教学,真正体现了因材施教的教育原则;三、对于教师来说,教学就相当于医生看病,不但要做到明察秋毫、准确诊断出病人的病症,而且还要能够对症下药,指出具体的解决问题的办法;四、表面看小课中进行的只是专业技能等的训练,实际上它还包括了思想、文化、道德、审美、职业精神等多方面的内容,这些都是融化、贯穿在一节一节的小课之中的。也就是说,播音教育不仅仅只是知识的传授,也不仅仅只是有声语言表达技能的传授,而是通过知识和技能对人的精神、品格、心灵的塑造,从这个意义上来说,播音教育培养的是精神贵族。

第一节　播音主持专业的创作性

播音主持教育作为以有声语言表达为主要内容和表现形式之一的专业,它所具有的特殊性的另一个方面是:播音主持的创造性很难被人们所理解。一般人很难理解作为有声语言表达所承载的社会、文化、历史、心理、道德等的内容和带给人们的显性的、潜在的影响。很多受过专业教育的人,往往也说不清播音主持的创造性表现在哪,怎么表现,怎样去创作一个有声语言表达作品。

在人们传统的、约定俗成的概念中,一个人的有声语言表达能力、语言表现能力,常常被视为是一种聪明、智慧、有学问的表现。能说会道、能言善辩、滔滔不绝、口若悬河、出口成章、锦心绣口、口吐莲花等,无不是形容一个人语言表现能力的。这种语言表现能力的背后,浅层次的是思维敏捷、机智,深层次的则是综合文化素质的积累,是智慧,是人的精神、思想和灵魂的表现。北京大学中文系教授钱理群说:"这样的一种能力,不经过刻苦学习、不经过艰苦训练、不经过融会贯通是很难达到的。"

但是,由于人的自然语言的能力几乎可以说是天生的,是与生俱来的,是在社会环境中自然生成、长成的,因此,也是在人们传统的、约定俗成的概念中,人们并不认为有声语言表达是需要像声乐、戏曲、舞蹈等艺术形式那样经过训练才能达到的,虽然这些艺术形式也都是源于生活,但其对生活的表现具有一定的抽象性,或者说离生活中的自然状态有一定的距离,许多方面已经超出了生活中自然状态的范围,在表现的时候有一定的难度,如声乐、戏曲演员演唱高音的能力,舞蹈演员肢体表现能力等,因而表演者需要(进行)经过特殊的加工、训练才能实现。而有声语言表达与人们日常生活中自然说话的状态离得太近,特别是那些语言表达能力较强的人,他们有声语言表达的状态和生活中的语言状态几乎就是一致的,以至于人们有时很难区分哪些是完全自然的状态,哪些是经过训练才能达到的状态。作为一种艺术表现形式,它与人们日常生活中自然的状态太相接近,使人几乎无法区分,因此,人们往往容易鄙薄和轻视有声语言表达的艺术性和训练的作用。因而无论是在日常生活中,还是在各级各类教育中,都忽视或轻视有声语言表达的教学和教育。

播音主持作为一种创造性的劳动,它的创造性到底表现在哪?怎么表现?中国传媒大学张颂教授曾经有过非常清晰、准确的论述。他说:"播音,是一种创作,是一项创造性的劳动。……播音之所以是'创作',因为它有预定的目的,要付出一定的劳动,要运用一定的手段(技巧),促使事物的存在形态发生改变。这个改变,主要是指:使文字稿件转化为有声语言,或使内部语言外化为有声语言。这有声语言,应该是有目的、有内容、有感情、有对象的播音作品,既不是'照本宣科'的念字出声,也不是'信口开河'的胡聊乱侃。由此,播音形成了自己的创作理想、创作态度、创作道路、创作方法。这其中,有着区别于其他传播环节、其他语言艺术的独特的创作规律……""播音的创作依据,无论是文字稿件还是内部语言,都是人脑对客观事物的反映的产物。播音创作主体要改变其存在形态,转化或外化为有声语言,就存在改变其存在形态的方向问题,这方向,可以是正面的,中性的,也可以是反向的。……一句话如此,一篇稿件、一个话题也是如此。由此可见有声语言的精妙。……有声语言的质量,直接影响信息的清晰度、密集度,直接影响思想、知识的深刻程度、丰厚程度,甚至可以直接影响舆论的导向和节目的品位,而有声语言的质量,主要取决于播音创作主体的观察力、理解力、感受力和表现力。"①从具体的创作来讲,当播音员、主持人面对一篇稿件或一个节目时,理解和想象要大于文字和节目,有声语言表达要大于书面语言和其他创作依据,也就是说,播音员、主持人要赋予有声语言更多的内涵,要通过有声语言表达更丰富的内容,用声音和气息营造一个鲜活的、可感的精神和情感世界。

第二节　播音主持专业的音声性

播音主持教育的特殊性还有一点就是它的表现介质:有声语言。声乐虽然也有有声语言的成分,演唱过程与有声语言表达有近似之处,但它更多地或本质地是通过旋律和节奏来表现内容的,戏曲是通过唱念做打和音乐伴奏等来表现内容的,舞蹈是通过形体表现和音乐伴奏等来表现内容的,除此之外,它们还有服饰、化妆、舞台背景、灯光等效果的烘托。也就是说,这几种艺术形式是用有形的、物质的、可感的形式,来表现有形的、物质的、可感的现实世界。而播音主持是用无形的、可感的声音来表现这个有形的、可感的物质世界的,播音主持只有声音,没有其他的任何辅助手段和设施,电视虽有画面,但也还是以有声语言为主,所有需要表现、传达的一切,精神、思想、文化、品格、心理、时代等,都必须转化为声音,都必须通过有声语言才能表现出来。这种表现难度超过了任何一种艺术表现形式,也是任何一种艺术表现形式难以想象的。这就如同音乐家,在他们那里,世间万物都可以转化为旋律,他们是用旋律来表现丰富多彩的大千世界的,而这种转换和表现还必须使听的人能够心领神会地感觉到;播音员、主持人,则要把世间万物转化为声音,用声音和气息来展现宇宙万物、来表现人类的精神和情感。所不同的是,这种转换和表现要比音乐更通俗、数量更大、速度更快,因而要求也就更高。

---

① 张颂.播音主持艺术论[M].北京:中国传媒大学出版社,2009:118.

第十三章　播音教育的特殊性

在探寻播音教育的独特属性之前，有必要简要回顾一下"播音教育"这一概念的历史沿革。对于熟悉民国教育史的研究者而言，很容易将播音教育的概念与现代"电化教育"相混淆，即认为它是通过广播、电视等大众媒体实现教育目的的一种途径。在此种理解下，播音被视为一种大众传播的过程，主要针对社会大众进行知识文化的普及。然而，播音教育的另一重要面向则是作为教育对象的存在，即培养播音与主持艺术的专业人才。这一面向涉及学科建设、学术研究、话语体系以及实践体系的发展，与国家和社会的需求紧密相关。本章将重点探讨播音教育作为一种专业人才培养模式的特殊性质，同时也将简要提及作为大众教育渠道时的一些特点。无论是作为教育对象还是作为一种教育渠道，播音教育都展现出其独特之处。接下来，著者将深入探讨播音教育与广播电视之间的特殊关系，进而具体探讨播音语言教育和播音艺术教育的历史发展。

第一节　播音教育与广播电视的密切关系

播音教育与广播电视之间存在着密切关系。自 20 世纪初中国广播事业起步以来，播音教育便与其同步发展，共同成长。早期的播音教育随着广播事业在中国的兴起而开始出现，并随着广播电视技术的不断进步而逐步完善。播音教育不仅是培养播音员和主持人的专业领域，还是推动广播电视事业向前发展的关键力量。随着技术的发展和社会需求的变化,播音教育始终紧跟时代步伐,不断调整其教学内容和方法,以适应广播电视行业的新要求,为广播电视事业输送了大量具备专业技能和文化素养的人才,有力地支持了广播电视事业的全面建设和持续发展。

一、播音教育是支撑广播电视事业发展的重要组成部分

20 世纪 20 年代,随着广播事业在中国的兴起,播音教育也开始出现。三四十年代,中国播音教育得到了快速发展,成为民间和政府极力推行的文化教育活动。这一时期,播音教育不仅得到了社会各界的关注,还吸引了许多教育工作者的参与。许多知名人物为播音教育事业做出了卓越贡献,如陶行知在 1931 年开始在上海创办了"空中学校",利用无线电台向大众传播知识,这被视为播音教育早期的重要实践之一。这一时期播音教育指的是利用广播电台普及知识文化,教育大众。

中华人民共和国成立后,播音教育逐渐走向正规化。播音教育专指为广播电视事业培养播音员主持人等专门人才的教育。1963 年起,北京广播学院(现中国传媒大学)等高等教育机构开始系统地培养播音人才。中央人民广播电台和北京广播学院等机构开始承担起播音人才的培养任务。"文化大革命"期间,播音教育受到了较大的冲击,许多教育活动被迫中断。尽管如此,仍有少量的播音教育活动在艰难中继续进行,例如,1973 年北京广播学院复校后的播音基础教研室的设立。

改革开放后,播音教育得到了快速的恢复和发展。教育机构开始重视播音人才的培养,课程设置更加专业化。20 世纪 80 年代,随着电视主持的兴起,播音主持教育体系进一步完善,教育机构开始注重培养学生的实践能力和综合素质,教学内容也更加丰富多样。1963 年至 2000 年,中国播音主持高等教育体系逐渐形成,这期间出版了一系列有关播音主持教育的专著。

进入 21 世纪,随着数字技术和新媒体的发展,播音教育面临着新的挑战与机遇。教育机构开始探索与新媒体技术的融合,培养能够适应新媒体环境的专业人才。这一时期,播音教育更加注重理论与实践的结合,强调专业

技能的培养。同时,教育机构也在探索跨学科的融合,以培养具有多元技能的复合型人才。

总的来说,20世纪中国播音教育经历了从萌芽到正规化再到专业化的历程,随着社会和技术的发展,播音教育也在不断地适应和变革,以满足社会对播音人才的需求。回顾中国播音教育百年发展,国家和社会的巨变深刻影响着播音教育事业发展的每一步。播音教育是支撑广播电视事业发展的组成部分,同时广播电视事业发展也深刻影响着播音教育的发展。其中,广播电视技术的变革对播音教育事业的发展产生了不可忽视的影响,是推动播音教育事业发展的强大驱动力。

二、播音教育适应广播电视技术变革而发展

中国广播电视发展历程中,经历了从模拟广播到数字广播,再到广播智能化的发展路径。为了适应这些变化,播音教育必须不断地调整和优化其教学内容、方法以及目标,以确保培养出能够胜任未来媒体环境的专业人才。

(一)广播电视技术从模拟信号走向数字化与智能化

从技术层面来看,早期的广播和电视信号采用的是模拟信号传输。广播电视模拟信号是指在广播电视传输中使用的一种信号形式。在数字技术广泛应用之前,模拟信号是广播电视领域中最常见的信号传输方式。

20世纪50年代至21世纪初,中国的广播电视系统基本上采用模拟信号进行广播。在中国,模拟电视信号的使用经历了较长的时间。模拟信号的特点是信号强度的变化是连续的,它可以通过电磁波的形式携带音频和视频信息,并通过调幅(AM)或调频(FM)等方式进行广播。在模拟广播中,音频和视频信号被转换为电信号,然后调制到高频载波上进行传输。

模拟信号的优点在于技术成熟、设备成本相对较低,但在信号传输过程中容易受到干扰和失真,而且信号质量会随着传输距离的增加而下降。此外,模拟信号占用的带宽较宽,相对于数字信号来说,频道利用率不高。

2005 年左右,中国开始试点数字电视广播,标志着模拟信号向数字信号过渡的开始。广播电视数字信号是指在广播电视传输中使用的一种信号形式,它采用了数字技术来编码、传输和接收音频和视频信息。与传统的模拟信号相比,数字信号具有许多优势。首先,数字信号在传输过程中具有较强的抗干扰能力。这意味着即使信号经过长距离传输,也能保持较高的信号质量,不易受到噪声和干扰的影响。其次,数字信号通过量化处理,将连续变化的模拟信号转换为离散的数字信号,这使得信号在传输过程中不会因为衰减或失真而降低质量,信号质量得以保持稳定。此外,数字信号可以采用压缩编码技术减少数据量,从而节省传输带宽,提高频谱利用率。这意味着在同一频段内可以传输更多的信号,有效利用了有限的频谱资源。

2015 年 12 月 31 日,中国大陆正式停止发送电视模拟信号,这一举措标志着模拟信号在全国范围内逐步淘汰。2020 年 6 月 1 日至 8 月 31 日,根据国家广播电视总局的安排,全国范围内完成了中央地面模拟电视节目的关停。随着模拟信号的逐步淘汰,数字信号成为主流,用户可以通过无线地面数字(DTMB)电视、有线电视、网络电视(IPTV)等多种渠道收看节目。数字信号的推广和普及大大提升了广播电视的服务质量和用户体验。这些技术使得在一个频道内可以传输多个信号,极大地提高了传输效率。另外,数字信号支持交互式服务和数据服务,如电子节目指南(EPG)、视频点播(VOD)等功能,为观众提供了更多便利。此外,数字信号便于加密传输,可以保护信号内容不被非法接收,保障版权。数字信号还支持高清(HD)甚至超高清(UHD)视频传输,提供更高质量的视听体验,且数字信号易于存储和处理,可以方便地进行编辑、复制等操作,而不会导致质量损失。

从“十三五”规划开始,中国将广播电视技术的智能化作为发展目标之一。2016 年,国家新闻出版广电总局科技司司长王效杰提到,在过去五年(2011—2016 年)里,中国已经加快构建了传播快捷、覆盖广泛的广播电视现代传播体系和公共服务体系,并且在“十三五”期间(2016—2020 年),中国广播影视将从数字化向智能化转型。2023 年,《“十四五”数字经济发展规划》《“十四五”国家信息化规划》《广播电视和网络视听“十四五”科技发展规划》等国家和行业“十四五”规划及多个国家专项规划中智慧广电及相关重点工程建设进入实施阶段,20多个省(自治区、直辖市)发布省级智慧广电建设实施方案,全行业协同发力,智慧广电建设在技术创新、产业结构优化、标准化管理等多个领域取得了显著进步,有效促进了全行业的数字化转型升级和高质量发展。通过这些政策目标的实施,旨在全面提升广播电视的服务质量、技术水平和覆盖范围,更好地满足公众日益增长的文化需求,同时推动广播电视行业的持续健康发展。

智能化对中国广播电视技术产生了重大影响。一是实现技术升级。广播电视技术的智能化意味着在原有的数字化基础上,增加了更多智能化的元素,如智能语音识别、大数据分析、人工智能推荐系统等,这些技术的应用极大地提升了广播电视的制作、播出和接收效率。二是促进服务优化。智能化技术的应用还能够根据用户的喜好和行为习惯提供个性化的服务,比如定制化的节目推荐、智能语音助手等,改善了用户体验。三是带动内容创新。智能化技术也为内容创作带来了新的可能性,例如虚拟现实(VR)、增强现实(AR)等技术的应用,使得广播电视内容更加丰富多样。

广播电视技术的发展经历了从模拟信号到数字信号的重大转变,并朝着智能化的方向迈进。这一技术进步不仅极大地提升了广播电视的服务质量和用户体验,也为播音教育带来了新的机遇与挑战。随着技术的不断演进,播音教育必须不断创新教学内容与方法,以培养能够适应未来媒体环境的专业人才,确保他们在数字化和智能化时代仍能保持竞争力。

(二)广播电视技术推动播音教育事业发展

从模拟信号到数字信号的转变,对播音员的技术要求有了很大的变化。[1] 这一转变不仅仅是技术层面的变化,更是整个广播行业乃至媒体环境的一次重大革新。播音员需要不断学习和适应新技术,以便在数字化的媒体环境中保持竞争力。这些技能包括数字录音设备、音频工作站、非线性编辑系统等。播音员需要掌握如何使用软件进行声音编辑和处理,包括降噪、

---

[1] 龙奋杰.新建本科院校"学科—专业—平台—团队"一体化建设的探索与实践[J].国家教育行政学院学报,2018(03):50-55.

均衡、混响等功能。随着广播内容发布方式的变化,如可以通过多种平台进行发布,包括传统广播、互联网广播、移动应用等,播音员需要适应不同的节目格式和技术要求。此外,随着社交媒体和新媒体平台的兴起,播音员需要掌握如何在这些平台上与听众互动,包括视频直播、短视频制作等技能。

从数字化到智能化的转变不仅是技术的革新,也是对播音员角色的一次重新定义。这些变化要求播音员不仅要具备良好的声音表达能力,还需要掌握一系列新的技术工具和平台操作技能,包括但不限于使用数字录音设备和音频工作站、进行声音编辑和处理、通过互联网和其他新媒体平台发布内容以及制作多媒体内容,如音频故事和播客等。这对播音教育提出了更高要求:一是迫使播音主持专业教学内容更新。播音主持教育的课程设置需要及时更新,应加入新媒体播音、网络直播、智能设备应用等内容,以适应行业发展的新趋势。二是提高了实践能力培养要求。智能化技术的应用要求播音员主持人具备更强的实践能力,教育机构需要提供更多实践机会,让学生接触最新的技术和设备,如模拟演播室、虚拟演播室等。三是推动播音专业教育跨学科融合。智能化背景下,播音主持教育需要加强与其他学科如计算机科学、新媒体技术等的融合,培养复合型人才。四是促进播音教学方法创新。教育机构需要创新教学方法,提高学生的实践操作能力和创新思维能力。

总之,中国广播电视技术从 2016 年开始加速向智能化转型,这一转型不仅推动了技术本身的升级和服务的优化,还对播音主持教育带来了深远的影响,包括技能要求的变化、教学内容的更新、实践能力的培养以及跨学科融合和教学方法的创新等方面。

三、播音教育顺应广播电视事业建设而全面发展

中华人民共和国成立初期,播音教育强调播音员的专业化与政治素养,随着改革开放的推进和社会需求的多样化,播音教育的内容和目标也随之发生了显著的变化。如今,中国式现代化进程加速,播音教育面临着新的挑战和机遇。回望百年中国播音教育发展历程,播音教育始终紧跟时代步伐,

在技术革新、教育理念转变、人才培养目标调整以及内容与形式多样化等方面做出响应,以培养出适应社会文化需求的高级专业人才。

(一)中华人民共和国成立初期播音教育体系的构建与发展

在 20 世纪 50 年代至 60 年代,播音教育的目标是培养出具有高度政治素养和优秀业务能力的专业化播音员。1951 年 3 月 1 日,左荧发表的《从"编播合一"谈到播音应当专业化》①是新中国最早研究播音的理论文章,文中强调了播音的专业化和艺术性。1952 年 12 月 9 日,在第一次全国广播工作会议期间,中央电台播音组召开播音工作座谈会,要求"播音员不仅要重视播音业务学习,还要重视政治理论、时事政策学习,联系群众,联系实际,向群众和实际学习"②。中央广播局于 1954 年 11 月 8—20 日在北京召开了第二次全国广播工作会议。局长梅益在会上作了题为《学习苏联广播工作经验,改进我们的广播工作》的报告。1955 年 3 月召开了中华人民共和国成立以来的第一次全国性的播音会议,形成《全国播音业务学习会报告》。会议上齐越传达了苏联播音经验,提出了学习苏联播音员对党和人民事业的忠诚和对播音业务的钻研精神的要求。中央台播音组在学习外国播音经验的同时,开始对自己的播音进行实践的总结和理论的探讨。③ 由徐力执笔撰写了《播音员和播音工作》,讨论了播音员应具备的条件、培养播音员的方法、训练新播音员时应注意的问题、播音组的思想领导和日常管理工作等内容;由夏青执笔撰写了《克服报告新闻的八股腔》,谈了正确认识广播新闻的特点和要求、深入钻研业务提高质量等内容;由李兵执笔撰写了《播社论的体会》,谈了播音员对社论所持的态度和情感、掌握社论的中心思想和它的逻辑等内容;由张洛执笔撰写了《把现实中的情景鲜明地再现在听众面前》,谈了如何演播通讯作品,提出通讯作品准备应该包括分析、处理、朗读练习

---

① 左荧. 从"编播合一"谈到播音应当专业化[J]. 广播通报, 1951,2(1).

② 高国庆. 中国播音学史研究[M].北京:九州出版社, 2016:108.

③ 中央人民广播电台台史组.中央人民广播电台台史资料汇编(1940—2000)[Z].内部资料,2001:237.

三个过程；由齐越执笔撰写了《播音员和实况广播》，谈了什么是实况转播、播音员在实况转播中的责任、实况转播前播音员的准备工作、实况转播时播音员应注意的事项等内容。① 中央广播事业局地播处处长左莹将自己的业务学习笔记《播音是一种语言艺术活动》在这次会议上讲述了一遍，并征求与会同志的意见，明确播音工作是一种语言表现艺术，提出了播音创作中的几个基本问题，包括播给谁听、播些什么、为什么播讲和怎样播讲等。②

一系列文献和文件的发布为播音员的专业化培养和业务能力提升设定了明确的标准，强调了播音工作的政治性，要求播音员必须具有坚定的政治立场和高度的政治敏锐性。这一时期，播音教育作为一项重要的文化事业，得到了党和政府的高度重视。播音工作被视为宣传党的路线、方针、政策的重要手段，因此，对播音员的政治素养提出了很高的要求。播音员不仅要准确无误地传达党和政府的声音，还要用生动、感人的语言感染听众，使党的主张深入人心。这一时期的播音工作也注重艺术性，播音不仅仅是简单地读稿子，更是一种富有表现力的艺术形式。因此，对播音员的语音、语调、节奏等都有严格的要求，以确保信息的传递既准确又动听。这种艺术性的强调，使得播音工作更加贴近群众，更能引起听众的共鸣。

(二) 改革开放以来播音教育的转型与发展

随着改革开放的推进，中国的播音教育经历了深刻的转型和发展，以适应广播电视事业的快速发展和市场需求的变化。这一时期的播音教育不仅关注播音员的专业技能和政治素养，也开始注重播音员综合素质的培养。

1982 年 1 月，张颂在《研究播音理论是一项紧迫的任务》一文中指出了播音理论研究对于播音教育的重要性，并强调了播音员的专业素养和技术要求。文章明确提出了这一时期播音人才培养的新任务，"新时期任务不同，内容不同，宣传对象不同，要从稿件内容和形式出发，从当前形势和实际出发，进行恰如其分的语言表达，要声情并茂，娓娓动听，深入人心，使播音

---

① 高国庆. 中国播音学史研究[M].北京：九州出版社, 2016：115.
② 高国庆. 中国播音学史研究[M].北京：九州出版社, 2016：116.

风格多样化,百花齐放"①。这篇文章"构筑了播音理论研究的框架,拉开了播音学研究全面发展的序幕"②。1983 年 8 月,张颂《朗读学》问世,该书首次提出建立朗读学的任务,并详细阐明了建立这一学科的目的和意义,规划了它的对象、任务、特点以及它和相关学科的关系。该书系统探讨了朗读的目的和作用,总结了朗读中带规律性的问题,提出了朗读的具体内容,建立了朗读的理论体系。1985 年 9 月张颂《播音基础》和徐恒《播音发声学》相继出版。"这两本著作是改革开放之后首度正式出版的关于中国播音学的学术理论专著,在中国播音学理论发展过程中有着基石的地位"。③《播音基础》(后更名为《播音创作基础》)来源于 1963 年北京广播学院新闻系播音专业学生使用的《播音教材》和 1963 年使用的《语言逻辑》,经过多年的教学实践和总结,最终出版。全书共分九章,涵盖了播音的各个方面,包括播音的正确道路、播音员的特点、认真备稿等内容。《播音发声学》与《播音创作基础》并列为中国播音学理论的两大基石性著作,播音学已开始建立自己的理论体系。这个体系以新闻学、语言学为基础学科,结合广播电视的特点和要求,阐述了播音的创作规律和基本方法,这个体系主要包括播音发声、播音表达、播音文体三大部分,初步形成了中国播音学。

随着改革开放的推进,社会对播音员的需求不再仅仅局限于传统广播电视,而是扩展到了多个领域。这就要求播音员不仅要具备良好的播音技巧,还需要掌握更多的专业知识和技术手段,以适应电视直播、节目主持等多种角色。广播电视事业发展中,受众的主体位置逐渐清晰。张颂《关于受众模式的思考——语言传播杂记之一》④一文,涉及受众传播模式、语言文化、传播者身份、传播者素质等内容。文章为确定受众成为播音教育中应对市场需求的重要概念提供了理论支撑。

播音教育是与时俱进的。张颂先生从 1997 年 8 月至 2022 年 6 月间,先

---

① 张颂. 研究播音理论是一项紧迫的任务[J].北京广播学院学报,1982(1).

② 王文利. 中国广播电视学术研究史稿[M].北京:新华出版社,2013:189.

③ 郑伟.中国播音学术发展研究[D]. 北京:中国传媒大学博士论文,2012.

④ 张颂.关于传受"模式"的思考——语言传播杂记(一)[J].现代传播(北京广播学院学报),1997(04).

后在《现代传播》上发表了三十篇《语言传播杂记》系列文章,探讨了语言传播领域的多个重要议题。通过这些杂记,可以看出他对播音员教育以及语言传播领域的深刻洞察和独到见解。其关键议题包括受众模式与期待:包括对受众模式、受众期待等方面的思考,强调了理解受众需求的重要性。传播者身份与素质:探讨了作为传播者的身份定位及所需具备的基本素质。语言文化传播:对语言文化的传承与传播进行了深入分析。新媒体技术:随着互联网的发展,探讨了新媒体技术对语言传播的影响。传播观念与规格:对传播过程中应持有的观念和规格进行了讨论。有稿与无稿播音:比较了有稿播音和无稿播音的不同之处及其对播音员的要求。专业化与多元化:提出了一专多能的概念,即播音员不仅要有专业的技能,还要有多元化的能力。其核心思想有受众导向:多篇文章关注受众的需求和心理,强调播音员必须了解并满足受众的期待,这是实现有效传播的基础;专业素养提升:强调播音员需要具备高水平的语言表达能力和专业素养,包括有稿播音和无稿播音的能力;适应新媒体环境:随着新媒体技术的发展,播音员需要掌握相关的技术和工具,如网络直播、视频制作等;语言文化的传承与发展:重视语言文化的保护和传播,认为这是语言传播工作的重要组成部分;人性化传播:提倡人文关怀和贴近受众的传播方式,注重传播过程中的情感交流。

这些杂记为播音员教育提供了宝贵的理论基础和实践指导,有助于培养适应现代社会需求的专业人才。强调了播音员不仅是技术的执行者,更是文化的传播者,这要求教育体系注重培养学生的综合素养。鼓励播音员积极面对挑战,不断学习新技术,提高自身竞争力。

张颂教授的《语言传播杂记》系列文章不仅为播音员提供了一套系统的理论框架,也为整个语言传播行业带来了深刻的启示。它们强调了播音员教育的重要性,指出播音员应当具备广泛的知识背景和适应能力,以应对不断变化的媒体环境。这些文章对于指导播音员的职业发展和推动语言传播学科的进步具有重要意义。

(三)中国式现代化进程中播音教育的发展机遇与挑战

随着中国式现代化发展不断推进,新时代中国播音教育迎来了更多的挑战和机遇。中国式现代化是一个全面、协调、可持续的发展过程,它不仅促进了经济的增长,还推动了社会文化的进步。在这种背景下,播音教育需要适应新的市场需求和技术变革。随着新媒体时代的到来,人们对于信息的获取和传播有了更高的要求,播音主持作为信息传播的重要角色,需要适应更多样化的角色。

中国式现代化的发展对播音教育产生了多方面的影响,这些影响主要体现在技术革新、教育理念的转变、人才培养目标的变化以及内容与形式的多样化等方面。

在技术革新与融合方面,中国式现代化强调科技的重要性,特别是在教育领域中利用数字技术推动教育的现代化。随着移动互联网时代的到来,播音主持教育面临着技术革新的挑战和机遇。随着新媒体环境的变化,播音主持教育出现了明显的专业转向,培育善于传播的"新新传播主体",适应新样态,培育多向性语言传播的能力,培养有情怀、有品格、有责任感的媒体人。① 聚焦于播音教学内容与形式的多元化上,则是随着职业性质、作用场域和运作机制的变化,播音与主持专业教育必须进行结构性的转型,以培养出能够适应社会文化需求的高级专门人才。② 人才培养目标也需要跟随媒介环境的变化而及时调整。中国式现代化对教育提出了更高的要求,特别是在人才培养方面,需要培养具备创新能力、跨文化交际能力以及适应新媒体环境的专业人才。③ 因此,播音教育的目标不再仅仅是传授专业知识,更重要的是培养学生在复杂多变的社会环境中解决问题的能力。中国式现代化强调教育的高质量发展,这要求播音教育更新教育理念,更加注重学生的

---

① 时燕子.移动互联网时代播音主持教育的转型升级研究[J].新闻爱好者,2018(11):82-84.

② 孔朝蓬,肖博文.数字时代播音与主持专业教育的转型与变革[J].传媒,2023(04):18-20.

③ 卢晓中,胡洁.中国式现代化视域下教师教育高质量发展[J].江苏高教,2023(10):1-12.

全面发展。① 播音教育不仅是要传授技能,更要培养学生的人文素养、批判性思维能力以及跨文化交际能力。

中国式现代化的发展对播音教育的影响是深远的。它不仅要求播音教育紧跟技术的步伐,不断创新教学方法和内容,而且还需要在教育理念上进行深刻的变革,确保教育能够适应快速变化的社会环境,培养出符合新时代要求的专业人才。这些变化体现了中国式现代化进程中教育领域的转型与升级,旨在更好地服务于国家的现代化建设,为中国成为教育强国奠定坚实的基础。通过这些改变,播音教育不仅能够提升自身的竞争力,还能够在培养具有国际视野和创新能力的高素质人才方面发挥重要作用,进而为中国式现代化的推进贡献力量。

第二节　播音教育与语言及政策的独特发展路径

播音与主持艺术在坚守汉语规范的基础上,巧妙地融入个性化的表达手法,既确保了语言的纯正严谨,又不失灵动活泼。播音教育通过适度穿插方言、精妙运用成语、俗语等方式,不仅为听众带来了亲近感,同时也体现了语言的多样性和文化的包容性。此外,音韵美感的塑造是另一重要方面,播音与主持艺术创作利用汉语四声的抑扬顿挫,形成独特的音乐性,通过语速、音量、语调的灵活调节以及停顿与连贯的巧妙安排,构建出跌宕起伏的语言旋律,让信息的传递如同乐章般流畅,不仅传递知识,更滋养心灵,提升了听觉的享受。同时,播音与主持艺术还蕴含着丰富的文化内涵,它通过精粹口语将历史故事、哲学思想、道德观念、民族精神等文化精髓寓于言谈之间,在无形中传承与弘扬中华文化的博大精深,增强了广播电视节目的文化厚重感。这些丰富的内涵是在播音语言的百年历史演进中沉淀而来的,也是在百年播音教育发展历程中传承而来的。

---

① 王建梁,杨阳. 推进中国式教育现代化的逻辑遵循[N]. 中国社会科学报,2023-08-17.

一、播音语言教育发展历程及其特征

从广播诞生开始,中国播音语言经历了一系列的变化和发展。20世纪20至30年代,广播诞生初期,广播语言百花齐放,尚无明确的规范性要求。40年代,随着延安新华广播电台的建立,播音语言开始承载更多的政治宣传功能,并且逐渐形成了具有时代特色的播音风格。这一时期国民党官办电台开始重视广播语言的规范应用,出台的一系列规定和播音员的招考要求都涉及了语言规范问题。中华人民共和国成立后,普通话被确立为国家通用语言,播音语言更加注重规范性和标准化,以促进普通话的普及。随着改革开放的推进,播音语言逐渐变得更加生动和多样化,同时依然保持着较高的语言标准。90年代后,为了进一步推广普通话的使用,中国建立了普通话水平测试制度,对广播电视播音员实行语言等级准入。这标志着播音语言更加规范化和专业化。21世纪初至今,随着社会的发展和媒体环境的变化,播音语言开始更多地融合个性化表达,实现了多元化发展,但仍保持着极高的规范性要求。总的来说,中国的播音语言经历了不断规范化、标准化和多元个性化的过程。

从已经形成的播音语言教育体系来看,中国播音语言教育三大核心领域是科学发声、语言规范与语言艺术创作。

科学发声教育关注的是如何运用科学的方法和技术,帮助播音员掌握正确的发音技巧,保证声音的清晰度和感染力。这一领域的发展经历了从最初的简单发声练习到综合运用呼吸控制、共鸣调整等技术的演变过程。

语言规范教育强调的是标准语言的使用,确保播音员在播音时能够准确无误地传达信息。这一领域的重点在于推广普通话的正确使用,以及对地方方言和非标准用语的规范。

艺术语言教育则更加侧重于语言的艺术表现力,旨在培养播音员的情感表达能力,使其能够通过声音传递丰富的情感色彩和艺术美感。这一领域的教学涵盖了朗读、配音、解说等多种形式的艺术实践。

中国播音语言教育的演进历史是一部关于声音与话语的艺术与技术交

织的历史,它不仅反映了语言教育的发展脉络,也折射出社会变迁与技术进步的影响,还深刻地影响了整个社会的语言使用习惯。

二、播音语言教育政策的演进与影响

中国播音语言政策的演进历史是一部深刻反映社会变迁和技术进步的编年史。自广播诞生以来,播音语言不仅是一种信息传播工具,更承载着推广国家通用语言——普通话的重要使命。从中华人民共和国成立初期的普通话推广到改革开放后的语言多样化探索,再到数字时代新媒体环境下的语言规范与创新,播音语言政策始终随着社会发展和技术变革的步伐而调整和完善。

(一)国语正音运动与大众教育

国语正音运动与广播语言之间有着密切的关系。广播作为20世纪初以来最为重要的大众传播媒介之一,在推广和规范国语方面发挥了不可替代的作用。

在20世纪初,中国面临着严重的内忧外患,社会动荡不安。语言的不统一成为阻碍民族团结和文化交流的一大障碍,为此,一些有识之士开始倡导推广一种全国通用的语言,以增强民族凝聚力。

这一运动的起始可以追溯到清末民初,直到20世纪中叶仍方兴未艾,其间经历了多次重要的转折点和发展阶段。清末"切音字运动"兴起,目标是为下层社会的民众提供一套拼音符号,以便快速普及教育。这一运动的发起者最初的想法是在不同地区推行以当地方言为基础的切音字,之后再逐步推广全国统一的切音字。1911年,清政府学部中央教育会议通过了"统一国语办法案",标志着官方层面上国语概念的正式确立。1911年辛亥革命后,民国政府成立,推广国语成为当时政府的一项重要任务。1913年,民国政府召开了第一次国语统一筹备会,开始制定国音标准,并着手编写《国音字典》;同年,读音统一会召开,通过投票形式决定国音,这也是历史上第一次以投票形式决定国语标准音。1918年,民国教育部公布了"国语罗马字"

方案,这是一种用拉丁字母拼写国语的拼音系统,旨在帮助人们学习和掌握国语发音。1923 年,北洋政府时期成立了国语统一筹备处,继续推动国语的标准化工作;同年,中国第一座广播电台在上海建立,标志着广播时代的开始。广播作为一种新型的大众传播媒介,迅速成为普及知识、传递信息的有效工具。随着广播的普及,国语正音运动开始利用广播这一平台来推广国语。这一播音过程与民国时期独特存在的"教育播音"密切相关。

这里的"教育播音"即本章开头所述的另一概念,即"通过广播、电视等大众媒体实现教育目的的一种途径",本质上是"电化教育"的雏形。民国时期的文献对此概念的表述也并不统一,有"教育播音"和"播音教育"两种,实际上是同一个意思。民国时期,教育播音的内容极其丰富,它不仅囊括了文学、历史、地理、科学等多元化的知识领域,还特别注重国语教学,利用广播这一新兴的传播媒介,向广大民众普及知识的同时,推广国语的标准发音。国语推广在教育播音的众多内容中占据着举足轻重的位置,它不仅致力于创建一个统一的语言环境,而且在促进国家认同、民族统一及社会整体进步方面扮演着不可或缺的角色。

1940 年,上海商务印书馆发行了由国民政府教育部社会教育司编辑的《教育播音讲演集》。这部书籍收录了 56 篇面向一般民众的讲演稿,内容分为公民训练、科学常识、时事讲演和国语训练四个部分。其中,《国语训练大纲》由著名语言学家赵元任编写,共分为十讲二十五节,涵盖了声母、韵母、声调、拼音、常用字读音、声调变化、矫正方音(分为上下两部分)、练习、复习和答疑等内容。①

在这份大纲中,正音练习的看读内容有孙中山先生的"总理遗嘱",这反映了当时对民主思想的重视与推广。而音节正音练习的内容则选用了按照"阴平、阳平、上声、去声"的声调顺序朗读的双音节词语、三音节词语和四音节词语或成语,例如,"三民主义""山明水秀"等。此外,为了帮助听众矫正发音,还提供了诸如"牛郎年年恋刘娘,刘娘连连念牛郎"这样的绕口令

---

① 赵元任.国语训练大纲[M]//国民政府教育部社会教育司.教育播音演讲集.上海:商务印书馆,1940:601-623.

练习。

《教育播音讲演集》及《国语训练大纲》不仅为当时的广播员和听众提供了国语学习的指导,也为国语正音运动的推广做出了重要贡献。① 赵元任曾在广播电台的播音讲演中指出:"要建设统一而立得住的国家,统一的国语也是一个极要紧的条件,在各种促进统一国语的工具当中,以无线电广播的影响为最广。"②赵元任本人高度评价了国语推广的重要性,并强调了无线电广播在推动国家语言统一中的关键作用。民国教育播音中的《国语训练大纲》为播音语言规范教育奠定了一定的基础,其中的国语语音训练方式至今仍然是播音主持专业语音训练的基本路径。

(二)普通话推广与播音人才培养

中华人民共和国成立后,普通话被确立为官方语言,并制定了更为严格的语言政策,包括推行简化汉字和推广汉语拼音等措施。1955 年,第一届全国文字改革会议召开,提出了"简化汉字""推广普通话""制定和推行汉语拼音方案"三大任务,这标志着普通话推广工作的正式开始。1956 年,国家语言文字工作委员会成立,负责普通话的标准制定和推广工作。1956 年 2 月 6 日,国务院发布了《关于推广普通话的指示》,其中给出了普通话的定义:"以北京语音为标准音,以北方话为基础方言,以典范的现代白话文著作为语法规范。"这一定义确立了普通话的标准。这标志着普通话推广工作的正式启动。1982 年,普通话被写入《中华人民共和国宪法》,成为国家通用语言。

从语言政策演变的角度来讲,普通话推广大致已经经历了三个时期。一是 20 世纪 50 至 70 年代的初始阶段。这一时期的重点是制定标准、培训师资力量、初步在教育系统中推广普通话。从 1955 年开始,通过出版教材、

① 黄小英.民国时期播音教育的历史回顾[J].电化教育研究,2011(06):110-115+120.

② 赵元任.全国转播中央广播电台节目对于促进国语统一的影响[J].广播周报,1936(91).

建立语音实验室等手段推广普通话。教育系统成为推广普通话的重要渠道,通过学校教育使普通话成为教学语言。20 世纪 80 年代到 21 世纪是政策发展阶段。这一阶段重点是进一步深化教育体系中的推广,加强社会层面的应用。标志性措施是 1992 年《国家通用语言文字法》草案的提出,2000 年正式颁布实施,明确了普通话的地位和使用范围。21 世纪以来,普通话推广政策进入利用信息技术高速推广阶段。重点在于利用现代信息技术,如互联网、移动通信等,扩大普通话的影响力。多项措施并举以实现目标,如推动数字资源建设、在线学习平台、语言应用软件等。2021 年 11 月 30 日,国务院办公厅公开了《关于全面加强新时代语言文字工作的意见》,明确了到 2025 年普通话在全国普及率达到 85% 的目标,并提出了五项任务:推广普及国家通用语言文字、推进语言文字基础能力建设、增强国家语言文字服务能力、推进中华优秀语言文化传承发展、提升中文国际地位和影响力。[①]

普通话在广播电视播音主持领域扮演着极其重要的角色。具备一口流利纯正的普通话是播音员和主持人最基本的职业素养。1994 年,国家语委、国家教委、广播电影电视部联合颁布的《关于开展普通话水平测试工作的决定》中明确规定,媒体组织出镜人员的普通话要达到一定的水平。2000 年,《国家通用语言文字法》的实施进一步强化了普通话作为国家通用语言的地位。[②]

2014 年,国家新闻出版广电总局发出通知,要求广播电视节目规范使用通用语言文字,在推广普及普通话方面起到带头示范作用,再次强调了广播电视节目规范使用通用语言文字的重要性。[③] 根据通知精神,规范使用并推广普及国家通用语言文字是落实《国家通用语言文字法》的基本要求,也是

---

① 2025 年全国普通话普及率达 85%——解读《关于全面加强新时代语言文字工作的意见》[EB/OL].(2011 – 11 – 30)[2024 – 08 – 23].https://www.gov.cn/zhengce/zhengceku/2021-11/30/content_5654985.htm.

② 中华人民共和国国家通用语言文字法[EB/OL].(2001-01-20)[2024-08-23]. https://www.gov.cn/gongbao/content/2001/content_61066.htm.

③ 新闻出版广电总局要求节目规范使用通用语言文字[EB/OL].(2014-01-03)[2024-08-23].https://www.gov.cn/jrzg/2014-01/03/content_2559543.htm.

树立文化自信、提升文化软实力、增强中华民族凝聚力的重要内容。作为大众媒体和主流媒体的广播电视,播音员、主持人和嘉宾作为公众人物,必须在推广普及普通话和规范使用通用语言文字方面发挥积极的示范和表率作用。通知要求播音员、主持人除节目特殊需要外,一律使用标准普通话,不得模仿地域特点突出的发音和表达方式,不使用对规范语言有损害的俚语俗词等;用词造句要遵守现代汉语的语法规则,避免滥用生造词语和不规范网络用语;要规范使用外国语言文字,不在普通话中夹杂不必要的外文。通知还要求播出机构邀请嘉宾参与节目时事先对其规范使用语言做出提示,对于嘉宾刻意模仿地域特点突出的发音和表达方式、随意使用方言、夹杂外语等情况及时提醒纠正。此外,通知强调各级广播电视播出机构要把规范使用普通话纳入播音员、主持人和编辑记者的培训、考核和奖惩体系之中,认真开展规范用语自查自纠,做好播前审查,含有不规范用语的内容一律不得播出。针对当时广播电视不规范用语现象主要集中在选秀等综艺娱乐节目中这一情况,广电行政管理部门要求播出机构认真整改,并计划修订《中国广播电视播音员主持人职业道德准则》《中国广播电视播音员主持人自律公约》等文件,细化广播电视节目用语标准规范。这些政策表明普通话在广播电视播音主持领域的法定地位不可动摇。

(三)语言资源保护及特殊群体语言政策

除了推广普通话和国语正音之外,我国还有许多语言政策涉及语言资源保护、特殊群体语言政策等各个方面。中国语言资源保护政策旨在保护和传承国家丰富的语言文化遗产,特别是那些面临消失威胁的方言和少数民族语言。

1.少数民族语言保护政策与播音

根据《中华人民共和国宪法》第三条的规定,各民族都有使用和发展自己的语言文字的自由。这意味着国家鼓励和支持少数民族使用和发展自己的语言文字。推广普通话与少数民族语言政策并行不悖体现了中国语言政策的主体性和多样性。① 自从中华人民共和国成立初期,国家就开始着手帮助少数民族创制、改进和改革少数民族文字。1986 年的全国语言文字工作会议提出了语言文字的规范化、标准化和信息化的"三化"任务。1991 年,国务院批转了《关于进一步做好少数民族语言文字工作的报告》(32 号文件),明确规定少数民族语言文字要在各个领域中继续使用,并提出了民族语文的规范化、标准化和信息处理的新任务。随着信息化时代的到来,为了便于计算机高效处理语言文字信息,语言文字的规范化和标准化变得更加重要。

2011 年,中国共产党十七届六中全会审议通过的《中共中央关于深化文化体制改革、推动社会主义文化大发展大繁荣若干重大问题的决定》中首次明确提出:"大力推广和规范使用国家通用语言文字,科学保护各民族语言文字。"这一决定凸显了语言文字在社会主义文化建设中的战略地位。

2015 年,国家启动了"语言资源保护工程",这是一项采用现代化技术手段来记录、整理和存储各民族语言的大型项目,包括濒危语言、汉语方言和口头语言文化。该项目旨在保护语言多样性,是世界上规模最大、涉及范围最广、投入资金最高、参与人员最多的语言记录保存与展示类项目之一。

2016 年发布的《国家语言文字"十三五"规划》进一步明确了语言文字工作的目标和服务国家战略的方向。规划强调语言文字不仅要服务于国家发展战略,还要关注语言与国家安全、推广普通话与脱贫攻坚、语言与"一带一路"建设、语言认同与中华民族共同体认同、优秀语言文化的传承传播等问题。此外,规划还涉及了一些微观层面的问题,如家庭语言使用与民族语言传承、企业语言规划与企业经济效益等。

2018 年,郝时远先生发表了一篇文章《铸牢中华民族共同体意识必须推广国家通用语言文字》,谈的是少数民族学习普通话有助于铸牢中华民族共同体意识。该文论述了中华民族和各民族的关系是一个大家庭和家庭成员的关系。在多元一体的大家庭中,一体是主线和方向,多元是要素和动力,二者辩证统一,并不矛盾。"'一体'的'主线和方向'引领着大家庭的共同

---

① 周庆生.中国"主体多样"语言政策七十年[J].民族研究,2019(02):7-8.

性,其中包括中华民族大家庭的共同语言。"①

这些政策和规划共同构成了一个全面的语言文字政策体系,旨在促进语言文字的规范化、标准化、信息化,以及保护语言多样性,从而更好地服务于国家和社会发展。同时,这些政策为少数民族语言播音提供了完善的政策支持,使少数民族语言播音成为人民播音事业的重要组成部分。1950年5月22日,中央人民广播电台的藏语节目正式播音,这是中央台开办的第一个少数民族语言节目。同年8月15日,蒙古语节目正式播音。随后,朝鲜语、维吾尔语节目也在中央人民广播电台陆续开播。据统计,"中央人民广播电台和地方台用16种少数民族语言进行广播,地、州、县电台或广播站使用当地语言广播的达20多种。用少数民族语言摄制的故事片达3410部(集)、译制各类影片达10430部(集)。到1998年,全国36家民族类出版社用23种民族文字出版各类图书4100多种,印数达5300多万册。"②

少数民族语言播音具有重要性。少数民族语言播音是向民族聚居地区受众提供信息的有效途径。"少数民族语言广播作为少数民族地区有影响力的主流媒体,具有自身的独特价值……从少数民族语言广播为民族聚居地区受众提供信息、传承文化、展示民族特色和增强民族认同等具体方面进行探析,总结其独特价值。"③通过少数民族语言播音,有助于传承和发扬少数民族的语言文化,能够展现民族特色,增强民族认同感和自豪感,促进不同民族间的理解和交流,增进民族团结。

2.语言资源保护工程

2015年,教育部、国家语委启动实施"中国语言资源保护工程",在全国范围内开展语言资源调查、保存、展示和开发应用。这一工程旨在采用现代

---

① 郝时远.铸牢中华民族共同体意识必须推广国家通用语言文字[N].人民日报,2018-10-31.

② 中华人民共和国国务院新闻办公室.中国的少数民族政策及其实践[EB/OL].(2005-05-26)[2024-08-23].https://www.gov.cn/zhengce/2005-05/26/content_2615709.htm.

③ 王玉凤.少数民族语言广播的独特价值:传播效果视角的探析[J].视听,2016(10):16-17.

化技术手段记录、整理和存储各民族的语言,包括濒危语言、汉语方言和口头语言文化。工程一期完成了 1712 个调查点的语言资源调查采集,涵盖了全国所有省区市的 123 个语种和全部汉语方言。① 2021 年工程启动二期建设,各项工作进展顺利,并取得系列标志性成果。截至 2024 年中,这一工程共开展 1800 多个田野调查点的调查,范围涵盖包括港澳台地区在内的全国 34 个省(区、市)近 130 种语言和各地方言,建成世界上规模最大的语言资源库,产生了广泛社会影响。中国语言资源保护工程 2024 年度工作会议围绕加强国家语言能力建设,系统总结了语保工程二期建设成效,研究部署了中国语言资源保护工程扩容升级,全面服务国家战略需要的重点建设任务。会上,发布《中国语言资源集》黑龙江、河南等 10 省(区、市)分省卷。会议指出,"语保工程要以习近平新时代中国特色社会主义思想为指导,全面贯彻落实党的二十大精神,全面对标教育强国建设要求,准确把握形势任务,切实增强工作责任感使命感。一是充分发挥语言文字战略资源功能,全面服务国家语言能力建设;二是加快增强语言文字立德树人效果,有效服务教育强国建设大局;三是有效推动语言科技创新发展应用,持续助力国家科技自立自强;四是继续实施语言文化系列重大工程,着力传承发展中华优秀文化;五是切实开发利用区域特色语言资源,主动服务当地经济社会发展。"②

语言资源保护工程政策目标与重点是加强语言文字战略资源功能,全面服务国家语言能力建设。加快增强语言文字立德树人效果,有效服务教育强国建设大局。推动语言科技创新发展应用,持续助力国家科技自立自强。实施语言文化系列重大工程,传承发展中华优秀文化。开发利用区域特色语言资源,服务当地经济社会发展。

在中国语言资源保护工程中,播音事业扮演着重要的角色。播音事业不仅可以作为保护语言资源的一种手段,还可以作为一种推广和传承语言

---

① 郭兴. 世界最大语言资源库是怎样建起来的?[EB/OL].(2021-04-21)[2024-08-23].https://www.ccdi.gov.cn/yaowen/202104/t20210421_240035.html.

② 教育部. 中国语言资源保护工程 2024 年度工作会议召开.[EB/OL].(2024-06-21)[2024-08-23].https://hudong.moe.gov.cn/jyb_xwfb/gzdt_gzdt/s5987/202406/t20240621_1137100.html.

文化的方式。首先,体现在语言资源的展示与传播上。通过广播、电视和网络平台播放使用特定方言或少数民族语言的节目,可以提高公众对这些语言的认识和兴趣。播音员的专业技能可以帮助将这些语言的魅力呈现给更广泛的听众,从而促进语言文化的传承和发展。其次,体现在语言资源的教育与普及上。播音员可以通过教育性质的节目,如语言教学节目,帮助人们学习和使用这些语言。播音节目还可以介绍语言背后的文化背景和历史故事,加深人们对语言文化的了解。再者,体现在语言资源的社会价值提升上。播音事业有助于提升方言和少数民族语言的社会地位,增强人们的语言认同感和自豪感。通过播音事业的推广,可以让更多的人意识到保护语言资源的重要性。伴随而来的还有语言资源的开发利用机会。播音员的专业知识和技术可以帮助发掘语言资源的潜在价值,比如将其应用于文化创意产业中。通过播音节目的制作和播出,可以探索语言资源在商业和社会层面的应用。最后,播音事业参与中国语言资源保护工程有利于促进民族团结与文化交流。使用少数民族语言进行播音可以增进不同民族之间的相互理解和尊重,促进民族团结。播音节目还可以作为一个平台,让不同文化背景的人们分享各自的故事和经历。

播音事业在中国语言资源保护工程中发挥着推波助澜的作用,它不仅是保护和传承语言文化的一种方式,也是连接过去与未来、促进社会和谐的重要桥梁。通过播音事业的努力,可以有效地保护和推广我国丰富多样的语言资源。

3.特殊群体语言政策

2013年9月9日,教育部语言文字应用管理司发部《教育部语言文字应用管理司关于开展视障人员普通话水平测试工作的通知》,根据《国家通用语言文字法》规定和《国家中长期语言文字事业改革和发展规划纲要(2012—2020年)》精神,为了进一步推动普通话的普及,提高视障人员平等参与社会生活的机会和能力,有条件的省级普通话测试中心或经省级语委办批准的测试站,可以开展视障人员普通话水平测试工作。① 测试采用人工测试方法,并为应试人提供统一印制的盲文版专用试卷。

2023 年 8 月 28 日,教育部、中国残联据《中华人民共和国国家通用语言文字法》《中华人民共和国残疾人保障法》《中华人民共和国无障碍环境建设法》以及《普通话水平测试管理规定》(教育部令第 51 号),共同制定了《视力残疾和听力残疾人员普通话水平测试管理办法(试行)》,以进一步推动国家通用语言文字的推广普及和应用,保障残疾人平等、充分、便捷地参与和融入社会生活,完善规范普通话水平测试管理,适应视力残疾和听力残疾人员参加普通话水平测试的特殊需要。参加测试的听力残疾人员应掌握《汉语拼音方案》、国家通用语言文字、《汉语手指字母方案》和国家通用手语,具有书写和手语表达的能力。

此外,教育部及相关部门定期召开会议,讨论如何更好地服务于视力残疾和听力残疾人员的普通话水平测试需求,以便为他们提供专门的服务和支持,确保这些群体能够方便地参与各类语言测试和培训。

目前,全国范围内已经有大量的视障和听障人员参加了普通话水平测试并获得了相应的等级证书。中国特殊群体的语言环境在特殊群体语言政策演进过程中总体上得到了改善。这些政策和措施的实施旨在确保视障人士和听障人士能够享有平等的语言学习和使用权利,同时也提升了他们参与社会活动的能力。通过这些努力,中国政府致力于构建一个更加包容和无障碍的社会环境。

在中国,盲人播音员已经成为一个受到广泛关注的职业群体。所谓盲人播音员,是指那些虽然有视觉障碍但仍能在广播、电视或网络媒体中担任播音工作的专业人员。

董丽娜是中国首位视障播音硕士,她 10 岁时失明,通过不懈的努力,她不仅获得了普通话一级甲等证书,还成为《丽娜品读时间》节目的主持人,并

---

① 教育部语言文字应用管理司.教育部语言文字应用管理司关于开展视障人员普通话水平测试工作的通知[EB/OL].(2013-09-09)[2024-08-23].http://www.moe.gov.cn/s78/A18/tongzhi/201309/t20130903_156754.html.

最终考入中国传媒大学攻读播音主持艺术学硕士学位。① 叶泓霆是一位"00后"的视障男孩,他不仅自己从事播客和有声读物主播的工作,还在带徒弟,帮助其他视障人士在这个领域找到就业机会。在他的辅导下,至少有17位视障人士在有声读物行业找到了稳定的收入来源。②

盲人播音员的存在打破了人们对视障人士只能从事某些特定职业的刻板印象,促进了社会包容。他们的成功故事鼓励社会更加包容和接纳不同能力的人士,推动了无障碍环境的建设和改善。盲人播音员通过自己的努力证明了即使面对身体上的挑战,也能追求个人梦想并实现自我价值。同时,他们成为许多视障人士和其他有志于突破障碍者的榜样,激励他们追求自己的梦想。中国在支持视障人士方面取得了一定的进步,并且正在逐步建立一个更加包容和平等的社会环境。

尽管视障人士、听障人士在传统意义上从事播音工作较为少见,但随着技术的进步和无障碍环境的改善,也有一些听障人士通过创新的方式参与到播音工作中。

随着直播行业的兴起,一些听障人士开始利用无声直播间进行直播,通过手语、文字等方式与观众互动。这种方式不仅为听障人士提供了新的就业机会,也促进了社会对听障群体的理解和支持。③

此外,口述影像是近期国内兴起的专门以盲人为服务对象的、通过口语转译的无障碍视听传播方式,是一种为视障人士描述视频内容的技术,以帮助他们理解影视作品的情节和场景。④ 虽然这是一种为视障人士设计的技

---

① 首都精神文明建设委员会办公室. 董丽娜:用声音描述世界的光明 中传首位视障硕士奏响生之华章[EB/OL].(2023-11-23)[2024-08-23].https://news.bjd.com.cn/2023/11/23/10627920.shtml.

② 高磊,丁然,黄成. 做播客、当有声书主播!"00后"视障男孩用声音"看见"[EB/OL].(2024-05-19)[2024-08-23].https://new.qq.com/rain/a/20240519A00ABX00.

③ 肖淙文. 在无声直播间里,做听障世界的"摆渡人"[EB/OL].(2024-05-19)[2024-08-23].https://new.qq.com/rain/a/20240519A010O200.

④ 周景.无障碍理念下口述影像的播音实践与研究[J].吉林艺术学院学报,2019(05):70-77.

术,但它也展示了如何利用不同的媒介和技术手段,让听障人士能够参与播音工作的一种有益尝试。

此外,通过使用先进的语音识别技术和人工智能手段,可以将声音实时转换成文字,为听障人士提供即时的字幕支持。这项技术不仅有助于听障人士更好地理解和参与播音内容,也为他们提供了新的就业途径,例如,制作无障碍电影和节目。[①]

这些案例展示了视障和听障人士克服障碍,在播音领域所取得的成就。无论是通过传统的播音方式还是借助新技术的支持,他们都展现了极大的勇气和决心,并且为社会的多元化和包容性做出了重要贡献。

第三节 播音教育与艺术:播音艺术教育 实现艺术传承与交流

播音教育的特殊性不仅在于其对艺术性的追求和表达技巧的训练,更在于其承载着艺术传承与交流的重要使命。播音艺术作为一种独特的表演艺术形式,不仅需要继承传统的声音美学和技术精髓,还需要不断地吸收新的艺术理念和技术手段,以适应不断变化的社会文化环境。在这种背景下,播音艺术教育不仅要注重培养学生的基本功和艺术表现力,还要引导他们理解播音艺术的历史渊源及其在不同文化背景下的演变,从而使新一代播音员和主持人能够在继承传统的基础上进行创新,实现艺术的跨代际传承与跨文化交流。

一、播音主持艺术教育中艺术价值的独特传承

播音主持艺术是一门融合了语言、声音与表演的综合艺术,展现了语言

---

① 陈诗文. 如何突破障碍让听障群体"看见声音"[EB/OL].(2021-07-06)[2024-08-23].https://news.cctv.com/2021/07/06/ARTI1blyoZvD7x1BhT4Grm5t210706.shtml.

艺术的独特魅力。艺术性是播音主持艺术的核心属性,它不仅是一种审美追求,也是深化信息传达与情感共鸣的关键。在审美层面,播音主持艺术通过声音的音质、节奏、语调变化等技巧,创造出富有吸引力和感染力的听觉体验。这种审美体验能够提升信息传播的效果,使内容更加生动、感人,让听众在接收信息的同时受到美的熏陶。在表达层面,播音员和主持人通过专业训练,掌握如何运用语音的抑扬顿挫、停连重音等手段,增强语言的表现力和艺术魅力,实现情感的真实流露与内容的深度挖掘。优秀的播音员、主持人不只是信息的简单传递者,更是情感的传递者和故事的讲述者。

(一)播音主持的艺术价值

在艺术价值方面,播音主持艺术通过声音的抑扬顿挫、情感的细腻表达以及内容的精心构思,不仅传递了信息,还营造了一种情境,让听众在接收内容的同时享受到一场听觉盛宴,体会到语言艺术的深层美感。

在声音的运用上,播音主持艺术通过对播音员、主持人声音特质的挖掘与训练,如音色的调控、音量的变换、语速的快慢以及停顿的巧妙安排,使其每一次发声都能精准服务于内容的表达,达到声情并茂的效果。这种对声音的精细雕琢,展示了声音艺术的无限可能性。

内容的构思与编排同样体现了播音主持艺术的艺术价值。优秀的播音主持作品在内容选择、结构布局、语言组织上精雕细琢,力求每一句话、每一个环节都恰到好处,既能准确传达信息,又能激发听众的思考,甚至触动心灵。这种内容上的精巧构思,与声音艺术完美结合,共同构建出层次分明、情感丰富的艺术空间,可以有效提升听众的审美感受和精神享受。

此外,播音主持艺术还通过不断的技术创新和形式探索,如运用现代音频处理技术、多媒体融合、现场互动等,拓展艺术的边界,使得这一传统艺术形式在保持其核心美学价值的同时,更加符合现代观众的审美习惯和需求,为艺术表现形式的多样性做出了贡献。

总之,播音主持艺术的艺术价值在于其对语言、声音与情感表达的精妙结合,不仅可以展现声音艺术的极致魅力,更通过内容的精心设计和艺术形式的不断创新,丰富艺术的表达手段,提升听众的审美体验,为文化艺术的发展注入新的活力。

(二)播音教育传承艺术价值的路径

播音艺术教育在中国经历了从萌芽到成熟的发展历程,并在这个过程中形成了稳定的播音艺术价值传承路径。这一路径不仅体现了播音艺术教育的专业化和规范化,也反映了播音艺术在社会文化发展中的重要作用。

1.基础技能训练路径

播音艺术教育始终重视基础技能的训练,如科学发声、语言规范等。

如前文所述,科学发声是播音艺术教育的基础,它不仅关乎播音员的声音质量,还直接影响到听众的接受程度。为此,播音艺术教育特别注重对播音员进行系统的发声训练,包括呼吸控制、口腔开合、喉部放松等方面的练习。这些训练有助于播音员发出清晰、有力且持久的声音,减少因过度使用声带而造成的损伤。

语言规范则是指播音员在播音过程中应遵循的语言标准,包括语音准确、语法正确、用词恰当等方面。中国播音艺术教育在这一方面有着严格的要求,旨在确保播音员能够使用规范化的普通话进行播音,以达到传播信息的准确性与权威性。

播音艺术教育还强调对语音语调的控制。语音语调能够直接影响听众的情绪反应,因此播音员需要学习如何根据不同的内容调整自己的语调,以增强信息的感染力。此外,节奏控制也是播音艺术中的一个重要组成部分,它涉及语速的选择和停顿的安排,能够让播音内容听起来更加流畅自然。

基础技能训练路径是中国播音艺术教育中非常重要的一部分,它为播音员提供了扎实的专业技能基础,也为播音艺术价值的传承打下了坚实的基础。通过这些基础训练,播音员不仅能够提高自己的专业水平,还能更好地服务于社会公众,传递有价值的信息和文化内容。

2.艺术性培养路径

随着播音艺术教育的发展,艺术性的培养成为重要内容之一,包括情感表达的细腻度、内容构思与编排的能力等。播音主持艺术强调通过声音的抑扬顿挫、情感的细腻表达,以及内容的精巧构思,来展现语言艺术的美。①

情感是连接播音员与听众的重要桥梁。播音员不仅要准确传达信息,还需恰当地表达信息背后的情感色彩。这要求播音员具备良好的情感调控能力和同理心,能在适当的时候调整语气和表情,让听众感受到信息的真实性和温度。情感表达的细腻度是衡量播音艺术水平高低的一个重要标志。

声音是播音艺术中最直接的表达工具,声音艺术的处理是播音艺术教育的核心技能之一。这包括声音的抑扬顿挫、语速的变化、音量的调节等。播音员需学会根据内容的不同,灵活运用声音的变化来增强表达效果,使语言更加生动有力。

播音主持艺术不仅关注声音本身,还注重内容的构思与编排。播音员需具备一定的文学修养和创意思维,能够根据不同的节目类型和目标受众设计出既符合节目主题又富有创意的内容。此外,播音员还需要掌握节目结构的设计,确保整个节目流畅连贯、引人入胜。

播音员作为文化传播者,需要具备较高的艺术鉴赏能力和审美情趣。播音艺术教育通过引入音乐、戏剧、文学等艺术形式的学习,帮助播音员提高自身的艺术修养,更好地理解和表现作品的艺术内涵,从而提升播音的艺术价值。

艺术性培养路径是中国播音艺术教育中不可或缺的一环,它不仅要求播音员具备高水平的技术技能,更重要的是要具备深厚的艺术修养和情感表达能力。通过这一路径的培养,播音员不仅能够提升自己的专业水平,还能更好地服务于社会公众,传递有价值的信息和文化内容。

3.技术创新与应用教育路径

随着科技的进步,播音艺术教育不断引入新技术,如音频处理技术、多媒体融合等,以适应新的传播环境。②

音频处理技术是播音艺术教育中的一个核心部分。随着数字音频技术的发展,播音员需要掌握各种音频编辑软件的使用,如 Adobe Audition、Pro

---

① 吴迎雪.播音主持艺术的传承与创新研究[J].大观:论坛, 2022(2):99-101.

② 王欢.互联网时代播音主持教育的创新[J].新闻爱好者,2017(10):72-74.

Tools 等,以便进行高质量的音频剪辑、混音和后期制作。此外,对于现场直播和录制工作来说,掌握正确的麦克风选择与使用方法、声音均衡调整、噪声消除等技术也同样重要。

多媒体融合技术是指将音频、视频、文字等多种媒介形式整合在一起的技术。随着新媒体时代的到来,播音员不仅需要掌握传统的音频播音技能,还需要熟悉视频制作和直播技术。这包括使用摄像机进行视频录制、使用直播平台进行在线直播、利用社交媒体工具进行互动等。多媒体融合技术的应用能够极大地扩展播音员的工作范围,使其能够在多个平台上有效地传播信息。

虚拟现实(VR)和增强现实(AR)技术正在逐步应用于播音艺术领域。这些技术能够提供沉浸式的视听体验,使得播音员能够创造出更为生动和互动性强的内容。例如,播音员可以在虚拟环境中进行现场报道,或者使用增强现实技术来展示相关背景资料,从而增强观众的参与感和信息理解度。

智能媒体技术包括人工智能(AI)、大数据分析等前沿技术。随着 AI 技术的发展,播音员需要了解如何利用语音识别、自然语言处理等技术来进行内容创作和编辑。此外,大数据分析技术可以帮助播音员更好地了解受众偏好,定制个性化的节目内容和服务,从而提高节目质量和收视率。

移动互联网技术的发展使得播音员能够随时随地进行内容创作和发布。掌握智能手机应用、社交媒体平台的使用方法变得尤为重要。播音员需要学会如何利用移动设备进行现场直播、即时分享以及与观众进行互动,这对于扩大节目影响力和提高受众黏性具有重要意义。

随着媒体形态的多样化,播音员需要具备跨平台传播的能力。这不仅要求播音员能够根据不同平台的特点调整内容形式,还需要掌握多渠道推广的策略。例如,播音员可以通过社交媒体、播客、视频平台等多种渠道分发内容,以覆盖更广泛的受众群体。

技术创新与应用教育路径是中国播音艺术教育中不可或缺的一部分,它不仅要求播音员具备高水平的技术技能,更重要的是要具备不断学习和适应新技术的能力。通过这一路径的培养,播音员不仅能够提升自己的专业水平,还能更好地服务于社会公众,传递有价值的信息和文化内容。

4.个性化培养路径

播音艺术教育的一个重要方面是鼓励播音员的个性化发展,强调创新意识的培养,使播音员能够在播音艺术领域中展现出独特的风格和创新能力。这一路径不仅关注传统技能的传授,更注重培养播音员的创造力和个人特色。播音艺术教育鼓励播音员发掘和发展个人特色,形成独特的播音风格。这包括创新意识培养、个性化表达方式、个性化形象塑造等方面。

创新意识是指播音员在内容创作、节目形式等方面寻求新颖和独到之处的能力。播音艺术教育通过开设创新思维课程、组织创新实践活动等方式,激发播音员的创新潜能,鼓励他们在播音实践中尝试新的方法和技术。

个性化表达是指播音员在播音过程中能够真实地展现自我,将个人的情感、观点和态度融入节目中。播音艺术教育通过模拟实践、角色扮演等活动,帮助播音员在播音中更好地表达自己的情感,让听众能够感受到播音员的真实性和亲和力。个性化表达还可以通过播音员的独特视角来呈现故事,从而增加节目的吸引力和独特性。

个性化的培养还包括对播音员个人形象的塑造,帮助他们建立独特的品牌形象。个性化形象塑造包括外在形象打造、内在气质培养、媒体形象管理、个人品牌推广等方面。播音艺术教育会指导播音员根据不同的节目类型和个人风格选择合适的装扮,使之既符合节目定位又能展现个人特色。内在气质是指播音员的性格特征、情感态度和价值观念等。播音艺术教育通过一系列的课程和实践活动,如心理学、公共关系学等,帮助播音员培养良好的个人品质,如自信、亲和力、幽默感等,这些都能在播音过程中自然而然地展现出来,增强与听众的连接。随着社交媒体的普及,播音员的个人形象不仅限于节目中的表现,还包括社交媒体上的形象。播音艺术教育会教授播音员管理和运营各类媒体上的个人形象,包括发布合适的内容、与粉丝互动等,以维护良好的公众形象等。

个性化培养路径是中国播音艺术教育中不可或缺的一部分,它不仅要求播音员具备高水平的专业技能,更重要的是要具备创新精神和个人特色。通过这一路径的培养,播音员不仅能够提升自己的专业水平,还能更好地服务于社会公众,传递有价值的信息和文化内容。

5.文化传承与社会责任培养路径

播音艺术教育不仅致力于培养播音员的专业技能和艺术修养,还非常重视文化传承与社会责任的培养。这一路径旨在让播音员深刻理解自己的社会责任,成为能够传播正能量、弘扬主流价值观的传媒人。

播音艺术教育强调对播音员文化素养的培养,通过讲解文学、历史、哲学等相关内容,让播音员深入了解中华优秀传统文化和其他国家的文化精髓。这样不仅可以丰富播音员的知识面,还能够提升其在播音过程中的文化品位和底蕴,使播音内容更加丰富和有深度。

播音员作为社会信息的传播者,承担着重要的社会责任。播音艺术教育通过理论学习和社会实践活动,培养播音员对社会问题的关注和思考,让他们认识到自己在促进社会进步和文化繁荣方面的作用。播音员需要学会如何在节目中传播正面信息,倡导健康向上的生活方式,弘扬社会主义核心价值观。

播音艺术教育鼓励播音员在播音实践中积极传播主流价值观,通过节目内容引导社会舆论,传递正能量。这包括但不限于宣传法律法规、倡导公平正义、提倡环保意识等。播音员需要具备良好的判断力和社会责任感,确保所传播的信息准确无误,符合社会公序良俗。

媒体伦理和法律知识是播音艺术教育中的重要组成部分。播音员需要学习相关的法律法规,如《中华人民共和国著作权法》《中华人民共和国网络安全法》等,以及行业内的行为准则,确保自己的播音活动合法合规。此外,还需要了解如何保护版权、尊重隐私权等,避免侵犯他人权益。

在全球化的背景下,播音艺术教育还注重培养播音员的国际视野。这包括了解不同国家和地区的文化差异、学习外语、参与国际文化交流活动等。通过这些活动,播音员可以更好地理解和尊重多元文化,提高跨文化交流的能力,成为具有国际竞争力的传媒人才。

文化传承与社会责任培养路径是中国播音艺术教育中不可或缺的一部分。它不仅要求播音员具备高水平的专业技能,更重要的是要有强烈的社会责任感和使命感,成为能够传播正能量、弘扬主流价值观的传媒人。通过这一路径的培养,播音员不仅能够提升自己的专业水平,还能更好地服务于社会公众,传递有价值的信息和文化内容。

以上五个路径共同构成了播音艺术教育的重要组成部分,它们相互交织、相辅相成,旨在全方位地培养新一代播音员。通过这些精心设计的培养路径,不仅能够确保学生掌握扎实的专业技能,还能够引导他们在艺术修养上追求卓越,注重个性化的表达方式,并且深刻理解其作为传媒人的社会责任。这样的教育模式有助于塑造出一批既具备高水平的专业能力又富有深厚文化底蕴和社会责任感的播音人才,为社会传播正能量、弘扬主流价值观贡献力量。

二、播音艺术与其他艺术形式的交流与借鉴

中国播音艺术与其他艺术形式的交流与借鉴,是推动该领域发展的重要驱动力。这一过程经历了从模仿到创新、由单一向多元的深刻转变,不仅映射了艺术自身的成熟与进步,也是中国社会文化及传播环境变迁的缩影。

(一)中国播音主持艺术理论在交流借鉴中完成建构

早期,中国播音主持艺术的理论建构深受苏联模式的影响,侧重于其在社会主义建设中的政治宣传和意识形态传播功能。这一阶段,播音艺术与其他艺术形式的交流与借鉴主要体现在对苏联广播理念和方法的学习,并在此基础上根据国内实际情况进行了初步的本土化调整。这一时期的播音艺术强调作为国家声音的权威性与统一性,体现了强烈的意识形态色彩。

随着改革开放的推进,中国播音主持艺术的理论探索进入了一个新的阶段,开始构建具有中国特色的理论体系。这一时期,理论研究的视野得到了拓宽,不再仅仅聚焦于政治宣传,而是深入探讨了传播效果、受众需求多样性以及艺术与社会价值。实践中涌现了多样化的节目类型与主持风格,理论界紧跟实践的脚步,提炼出了"以人为本"的传播理念和"服务大局、贴近群众"的实践导向等重要成果。理论与实践的相互促进,加速了播音主持艺术的理论深化与实践创新。

学术争论成为理论深化和实践革新的催化剂。关于播音主持性质的讨

论,如"宣传工具"与"信息服务",以及"艺术表现"与"社会服务"之间的辨析,不仅促进了理论的细分和深化,也推动了实践领域的多元化探索。从新闻播音到综艺主持,从传统媒体到新媒体直播,实践案例的丰富为理论研究提供了丰富的素材,推动了对播音主持艺术本质的深入思考。

理论的深化反过来指导实践的优化与创新。情感传播理论、受众心理学等的应用,提升了播音员、主持人与听众之间的情感共鸣和传播效率;媒介融合的理论探索,则助力播音主持艺术在新媒体时代实现转型与创新。理论与实践的互动,不仅推动了播音主持艺术的专业化、标准化进程,也为教育与人才培养提供了系统的理论框架。

中国播音主持艺术的理论与实践互动演变,是一个从模仿学习到自我创新、从单一模式到多元化发展的过程。它不仅体现了艺术形式与传播技术的迭代升级,也深刻反映了中国社会文化的变迁与传播环境的演进,是中国特色社会主义现代化进程在文化传播领域的一个生动例证。

(二)借鉴古典文学,提升语言审美

播音艺术与其他艺术形式的交流与借鉴,不仅体现在理论层面的探讨与革新,更在实践中不断汲取营养,实现艺术表现力的提升。其中,古典文学与戏曲艺术对播音艺术的影响尤为深远。接下来,著者将具体探讨播音艺术是如何借鉴古典文学,提升语言审美的。

"文学性与表演性是播音与主持艺术的基础特征之一,现代广播与电视节目的创作离不开文学性。一方面,播音员和主持人在上台前必须打好腹稿,认真地对节目稿子进行文学性的修改,以利于受众能够更好地接受节目内容;另一方面,每一个播音员和主持人都要拥有一定的临场适应的表演性,即能够在遇到突发情况时化险为夷,将节目的秩序牢牢地把握住。"[①]播音主持艺术深受古典文学中语言的美学影响。古典文学作品,如《诗经》、唐诗、宋词等,不仅在词汇、语法结构上丰富了汉语,其韵律感、节奏感和意境美也深深影响了播音主持的语言风格。播音员在朗诵或解读这些作品时,

---

① 徐庆.浅论播音与主持艺术的审美特征[J].当代电视,2018(10).

能够更好地掌握语调的变化、节奏的控制,使语言更具表现力。

1.韵律感与节奏感的融合

古典文学作品,尤其是《诗经》、唐诗、宋词,以其独特的韵律和节奏构成了汉语美学的核心部分。《诗经》中的四言句式,唐诗的五言、七言律绝,以及宋词的长短句,各自拥有鲜明的节奏感,形成了汉语特有的音乐美。这些韵律和节奏,不仅仅是文字排列的规则,更是情感表达的载体,能够引发读者或听众的共鸣。

播音主持艺术在语言表达上,充分借鉴了古典文学的韵律感和节奏感。播音员在播读时,会根据文本的特点调整语速、停顿和重音,以模仿古典文学的韵律,使得即使是最平凡的话语也能充满诗意和音乐感。例如,在播报新闻时,通过适当的节奏变化,可以使内容听起来更为生动有趣;在朗诵诗词时,对韵脚的强调和语调的升降,能够更好地诠释作品的情感,增强表现力。

2.意境美的呈现

古典文学作品往往通过简练的文字,营造出丰富的意境,如杜甫的"国破山河在,城春草木深",寥寥数字便勾勒出一幅国家动荡、自然依旧的壮阔画面。播音员在解读这类作品时,不仅需要准确传达字面意思,更需深入挖掘其背后的意象和情感,通过声音的抑扬顿挫,将听众带入诗人所创造的意境之中。

播音主持艺术中的意境呈现,不仅仅局限于古典文学的朗诵。在日常播报中,播音员也常常采用比喻、象征等修辞手法,以增强语言的生动性和感染力。例如,在描述自然风光时,可以借用山水诗中的意境,让听众仿佛置身于画中;在讲述历史故事时,引用古文中的典故,增添历史的厚重感。这种对意境美的追求,使得播音主持的语言超越了简单的信息传递,成为一种艺术享受。

3.词汇与语法的丰富

古典文学作品中的词汇和语法结构,为汉语语言的丰富性和表现力提供了宝贵的资源。从《诗经》中的"关关雎鸠,在河之洲",到唐诗中的"床前明月光,疑是地上霜",再到宋词里的"人生若只如初见,何事秋风悲画扇",

每一句都蕴含着丰富的文化信息和情感色彩。播音主持艺术在语言选择上,常常汲取古典文学的词汇精华,使用典雅的词语和优美的句式,使语言表达更加精准、生动。古典文学中的特殊语法结构,如倒装、省略、对仗等,也为播音主持艺术的语言风格增添了变化。在特定情境下,播音员适当运用这些语法特点,可以使语言显得更加凝练有力,达到意想不到的艺术效果。

可见,古典文学对播音主持艺术的影响是全方位的,不仅体现在语言的韵律感、节奏感和意境美上,还体现在词汇的选择和语法的运用上。播音员通过深入研究古典文学,可以不断提升自身的语言审美水平,使播音主持艺术更加精致、高雅,更能触动人心。

(三)融合中国戏曲,形成独特腔调

中国播音主持艺术的风格形成与传统戏曲有千丝万缕的联系。早期民国广播繁荣时期,"播音艺人将中国传统戏曲、说唱艺术理论和技巧引进广播播音领域,拓展了播音理论的领域和视野。当时有位作者陈西平在报刊上发表文章,对范雪君、姚慕双、沈菊隐等播音艺人的演播风格进行了点评。"[①]"点评从一个侧面反映了戏曲、说唱艺术对广播播音发声、创作等方面的影响。"[②]中国戏曲,尤其是京剧、昆曲等,对声音的运用极为讲究,包括吐字清晰、音色变化、声腔的抑扬顿挫等。播音主持艺术在发声技巧上借鉴了戏曲的许多精华,比如气息控制、共鸣腔的运用,以及如何通过声音塑造不同的情感氛围。

1.声音审美与情感表达的共通性

声音审美方面,戏曲与播音主持的共通之处。中国戏曲,作为中华民族独特的艺术形式,其声音美学源远流长,博大精深。京剧、昆曲等传统剧种,尤其注重声音的表现力,通过精准的吐字、多变的音色、细腻的声腔处理,以

---

① 陈西平.播音员一字评[J].播音天地,1949(02):04.

② 王灿,王文利.民国时期上海民营广播播音艺人特点浅析[J].现代传播(中国传媒大学学报),2016,38(08):157-158.

及抑扬顿挫的节奏变化,传达角色的情感起伏和剧情的跌宕转折。这种对声音的极致追求,不仅体现了戏曲艺术的高度成熟,也为其他声音艺术提供了宝贵的参考和灵感源泉。

声音的抑扬顿挫上,戏曲与播音主持都追求情感的细腻传达。戏曲中的声腔变化,是情感表达的重要手段。通过抑扬顿挫的声线,演员能够准确地传达角色内心的喜怒哀乐,使观众产生强烈的共鸣。播音主持艺术同样重视声音的动态变化,播音员通过对语气、语速、停顿的巧妙运用,能够细腻地传达稿件的内容和情感,使听众感受到文字背后的温度和深度。这种对声音细节的精准把握,是播音主持艺术专业性和感染力的关键所在。

情感氛围的塑造上,播音主持完成了从舞台到荧屏的转换。戏曲表演中,声音不仅是传递信息的工具,更是构建情感氛围、塑造舞台空间的重要元素。播音主持艺术虽然没有直观的视觉辅助,但通过声音技巧的运用,同样能够营造出丰富的情感氛围,引导听众的情绪走向。播音员通过学习戏曲中声音塑造情感的手法,可以更自如地在不同节目类型中切换声音风格,无论是新闻播报的严肃,还是娱乐节目的轻松,都能恰到好处地把握声音的分寸,使每一次播音都成为一次情感的交流和共鸣。

中国戏曲与播音主持艺术在声音技巧上的融合,不仅体现了传统与现代的对话,也是东方美学与声音艺术创新的完美结合。播音员通过借鉴戏曲中的声音美学,不仅能够提升自身的声音表现力,还能在播音主持实践中探索更多元化的艺术表达,为听众带来更加丰富、生动的听觉体验。

2.气息与共鸣控制的借鉴

气息控制方面,戏曲与播音主持都是内在力量的展现。戏曲表演中,气息控制被视为塑造声音的基础。演员们通过长期的呼吸训练,学会如何运用丹田之气,使声音饱满而有力,即使在没有扩音设备的情况下,也能让声音传遍整个剧场。播音主持艺术同样强调气息的重要性,良好的气息控制不仅能够保证声音的稳定输出,还能增强声音的表现力,使播音员在长时间的工作中保持声音的活力和清晰度。

在共鸣腔的运用上,戏曲与播音主持都追求声音的色彩与质感。戏曲中,演员通过调整头部、口腔、鼻腔等共鸣腔的使用,创造出不同音色和音质,以适应不同角色的需要。这种技巧在播音主持艺术中也有广泛的应用。播音员通过学习如何有效利用共鸣腔,可以改变自己声音的色彩和质感,使声音更加圆润、富有磁性,从而更好地表达情感,营造特定的氛围。例如,在播报新闻时,适当增加胸腔共鸣可以使声音显得更加庄重;而在讲述故事时,则可以通过调整口腔共鸣,使声音变得更加柔和、亲切。

3.副语言表达与戏曲身段的融合

戏曲表演强调身段、眼神、手势等非语言元素的表达,播音主持艺术同样重视肢体语言和表情的配合,特别是在电视和网络直播中,这些非语言因素能极大地增强节目的观赏性和表现力。

中国戏曲与播音主持艺术均展现了非语言元素在表达情感、塑造形象及增强观赏性方面的关键作用。戏曲表演中,演员通过身段的灵动、眼神的流转与手势的细腻变化,无声胜有声地传递角色性格与剧情发展,营造出强烈的情感共鸣与视觉冲击。而在播音主持领域,特别是在电视和网络直播中,主持人的肢体语言与表情成为连接观众的桥梁,它们不仅强化了节目内容的表现力,更通过直观的非语言信号拉近了与观众的距离,使节目更加生动、引人入胜。中国戏曲以其独特的非语言元素著称,这些元素包括身段、眼神、手势等,共同构成了戏曲表演的美学核心。身段通过演员的身体动态反映角色性格与情感变化;眼神则是角色内心世界的直接窗口,细微的眼神变化能精准传达复杂情感;手势,或称为"指法",则是描绘情境、表达思想的重要工具,通过特定手势,即使没有语言,观众也能理解剧情发展和人物心理。

戏曲表演中的身段、眼神与手势,构成了角色表达的核心。身段动作如同一幅流动的画卷,通过不同的姿态和移动,准确地描绘出角色的身份、情感与故事背景;眼神则如同心灵的窗口,细微的眼神变化能够揭示角色内心的复杂情感;手势则是描绘场景、表达情感的有力工具,通过手势的灵活运用,演员能够在没有言语的情况下讲述故事。这些非语言元素的巧妙结合,使得戏曲表演超越了语言的局限,成为一种跨越文化和时空的艺术形式。

在播音主持艺术中,非语言元素的应用进一步拓展了表达的边界。主持人的肢体语言与面部表情成为节目内容的重要补充,它们不仅能够增强信息的传递效果,还能通过直接的情感交流,加深观众对节目主题的理解与感受。随着科技的发展,虚拟现实与增强现实技术为播音主持艺术提供了新的舞台,非语言元素的表达得以在虚拟空间中实现创新与突破,创造出更为沉浸、互动的观看体验,推动播音主持艺术向着更加多元与个性化的方向发展。

戏曲表演与播音主持在非语言元素的运用上虽有共通之处,如都旨在增强表达效果和情感交流,但亦存在显著差异。戏曲强调传统程式化表达,追求艺术美感;播音主持则侧重自然流畅的即时沟通,追求清晰度与互动性。现代科技的应用进一步丰富了播音主持的非语言表达形式,使其在灵活性和创意上有更大空间。两者均展现了非语言沟通的艺术魅力,但各自在不同的文化背景和传播环境中,形成了独特的风格和价值。

综上所述,无论是中国戏曲的古典韵味,还是现代播音主持的前沿探索,非语言元素始终扮演着至关重要的角色。它们不仅丰富了艺术表现的形式与内涵,更是连接艺术家与观众情感共鸣的关键纽带,展现了人类共通的情感语言与审美追求。在不断变化的时代背景下,非语言元素的创新运用将持续推动表演艺术的繁荣与发展。

(三)艺术关联与传承

播音主持艺术与古典文学、中国戏曲的关联,体现了中国传统文化与现代传媒艺术的有机结合。通过播音主持的专业培训,古典文学与戏曲艺术的精华得以提炼,并以现代的方式传播,不仅丰富了播音主持的内容,也推动了中华优秀传统文化的传承与发展。播音员和主持人在这一过程中扮演着文化使者的重要角色,他们不仅传递信息,更是在传播文化,让古典文学与戏曲艺术的魅力穿越时空,触达更多人的心灵。

在中国传统文化与现代传媒艺术的交汇点上,播音主持艺术扮演着不可或缺的角色,它既是古典文学与戏曲艺术精华的现代诠释者,也是中华优秀传统文化传承与发展的推动力。播音员和主持人通过专业的培训与实践,不仅掌握了播音主持的基本技能,更深入挖掘了古典文学的韵味与戏曲艺术的精髓,将这些传统文化的瑰宝以创新的方式呈现在现代传播平台上,使得古典之美与现代之声相得益彰。

如前文所述，古典文学作品不仅以其独特的语言魅力丰富了汉语的表达，更为播音主持艺术提供了取之不尽的灵感。播音员在解读这些文学作品时，不仅传达了文字表面的意义，更通过声音的抑扬顿挫、情感的细腻把握，将作品背后的文化内涵与情感深度展现给听众，使古典文学的美学价值在现代语境下得到新的诠释。这种对古典文学的现代解读，不仅丰富了播音主持的内容，也让传统文化在新一代受众中焕发新生。

中国戏曲作为中国传统艺术的瑰宝，其独特的表演形式、唱腔韵律、身段手势等，为播音主持艺术提供了丰富的表现手法。播音员在节目中介绍戏曲文化，不仅传承了这一宝贵的文化遗产，还通过现代传媒手段，如视频演示、现场访谈、互动体验等，让戏曲艺术以更加生动直观的方式走近普通民众，促进了戏曲艺术的普及与创新发展。播音主持艺术与戏曲艺术的结合，不仅是一种艺术形式的相互借鉴，更是一种文化精神的现代延续。

播音员和主持人作为文化使者，承担着传播文化、教育公众的重要职责。他们不仅传递信息，更通过声音与影像，将古典文学与戏曲艺术的魅力传递给广大听众和观众，让这些传统艺术形式跨越时空的界限，触达更多人的心灵。在这一过程中，播音员和主持人不仅是传统文化的传承者，也是现代传媒艺术的创新者，他们以专业的素养与对文化的热爱，搭建起一座座连接古今、融汇东西的文化桥梁，推动了中华优秀传统文化在全球范围内的传播与交流。

播音主持艺术与古典文学、中国戏曲的深度融合，不仅展现了中国传统文化的无限魅力，也体现了现代传媒艺术的创新活力。在未来的道路上，播音员和主持人将继续扮演文化使者的角色，以更加开放的心态和创新的手段，推动中华优秀传统文化的传承与发展，让古典之美与现代之声在更广阔的舞台上交相辉映，共同谱写中华文化的辉煌篇章。

第十四章 播音教育的历史影响和意义

当代播音教育的根本意义在于立德树人,培养德才兼备的传媒人才。这一目标要求播音教育不仅要传授专业知识和技能,更要注重道德品质和人文素养的培育,从而为社会输送既有专业素养又有社会责任感的优秀传媒工作者。在信息传播的历史长河中,播音主持艺术不仅承载着传递知识和文化的重任,还深刻地影响着社会的发展进程。因此,播音教育在文化传承方面的责任尤为重要。它不仅是语言艺术的学习,更是对民族文化和价值观的继承与发扬。教育者需要引导学习者理解和尊重多元文化背景,培养学习者良好的审美情趣和高尚的道德情操,使他们成为能够代表国家和民族形象的优秀传媒工作者。

随着社会的不断发展,播音教育也在不断地与时俱进。从最初的无线电广播到现代的多媒体平台,播音行业经历了翻天覆地的变化。这些变化不仅体现在技术层面,更体现在播音内容和形式的多样性上。播音教育通过培养具有创新能力的传媒人才,为社会的进步注入了新鲜血液。这些人才能够运用新媒体技术和手段,创作出符合时代需求的内容,满足不同受众群体的需求,推动社会信息的高效传播和交流。此外,播音教育还强调社会责任感的培养,鼓励播音员和主持人积极参与公益活动,传播正能量,为构建和谐社会贡献力量。

播音教育的历史影响深远而广泛。自播音作为一门职业出现以来,它就成为连接政府与民众、文化与大众之间的桥梁。从早期的新闻播报到今天的多媒体节目制作,播音员和主持人在社会中的地位和影响力日益增强。

他们不仅是信息的传递者,也是社会文化的塑造者。播音教育在这一过程中扮演着至关重要的角色,它不断地为这个行业输送新鲜血液,确保了播音艺术的生命力和发展潜力。同时,播音教育还通过对历史经验的总结和理论的研究,为播音艺术的发展提供了坚实的理论基础和技术支持,推动了整个行业的进步和发展。

回顾播音教育发展史,可以清晰地看到播音教育在文化传承、社会发展以及历史影响方面的深远意义。它不仅关注于个体的专业成长,更着眼于对社会整体文化的贡献,体现了播音教育在新时代下的使命与价值。

第一节　播音教育传承社会文化

中国播音主持艺术的社会文化意义体现在多个维度。它不仅关乎语言艺术的传承和发展,还涉及文化的保护、传播和创新等多个方面。播音主持艺术在社会文化层面上发挥着独特而重要的作用,不仅促进了语言艺术的传承和发展,还通过播音员的声音传递着丰富多彩的文化信息,成为不同文化之间交流与理解的桥梁。此外,播音主持艺术还积极参与到文化遗产的保护工作中,通过播音节目等形式传承传统文化,并利用现代技术手段记录和传播非物质文化遗产。在新媒体时代,播音主持艺术不断创新教学方法和内容,以适应数字化时代的需求,推动文化创新,并注重培养播音员根据不同文化背景和受众特点进行适应性传播的能力,使他们能够有效地与不同文化背景的人进行沟通。

一、播音教育与社会文化传承的关系

播音员通过声音传递信息,不仅传达内容,而且是文化价值的传递者。[①]播音员、主持人是广播电视的窗口岗位,同时也是党的宣传事业的排头兵和

---

① 杨小锋.张颂:一个播音学者的文化自觉[J].中国电视,2013(03):74-78.

生力军,是社会主义主流价值观的引领者和传播者。① 在这一角色中,他们不仅要确保信息的准确无误,还要通过语言的艺术性表达,使得传播的内容充满活力和感染力,进而更好地促进中华优秀传统文化的传承与发展。

播音教育强调语言的准确性和规范性,对保持传统文化的原汁原味至关重要。播音员、主持人在日常工作中,必须严格遵守语言规范,确保传播的内容不偏离文化本意。

播音教育还强调语言的表现力和艺术性,有利于增强受众对传统文化的体验感。播音员、主持人需要掌握恰当的语速、节奏和情感表达技巧,以便更好地传达信息的情感色彩。例如,在讲述传统故事或介绍文化遗产时,通过声音的变化来营造情境,可以加深听众对内容的理解和记忆,同时也能增强其文化体验的丰富性。

播音教育培养学习者的跨文化沟通技巧,有利于促进文化交流。跨文化沟通技巧使他们能够更好地理解和传达不同文化背景下的信息,促进不同文化之间的交流与理解。② 播音教育也鼓励多元文化的表达,通过播音节目展示和传播各地的文化特色,有助于保护和传承地方文化。③

播音教育在传承和发展中华优秀传统文化中发挥着不可替代的作用。播音员、主持人通过准确、规范和富有表现力的语言,不仅能够有效地传播文化内容,还能激发公众对传统文化的兴趣和尊重。

二、播音教育有助于传播优秀传统文化

播音教育可以从文化传播的面向,培养致力于保护和传播优秀中华文化的传媒人才。习近平总书记强调:"中华优秀传统文化是中华民族的精神

---

① 李芮.全媒体传播格局下播音员主持人的转型与升级[J].新闻爱好者,2019 (06):85-88.

② 陈虹,杨启飞.基于场景匹配的口语传播:智媒时代之播音主持教育[J].现代传播(中国传媒大学学报),2020,42(06):164-168.

③ 王黎明,孙会婷.内蒙古"播音与主持艺术专业"(汉授)本科教育人才培养现状调查与思考[J].内蒙古师范大学学报(教育科学版),2014,27(11):101-103.

命脉,是涵养社会主义核心价值观的重要源泉,也是我们在世界文化激荡中站稳脚跟的坚实根基。"①播音教育参与传统文化的保护工作,如讲述历史故事、介绍民俗节日等,通过播音节目等形式传承传统文化。② 这种方式不仅能够帮助人们了解传统文化的丰富内涵,还能激发年轻人对传统文化的兴趣,从而促进文化的传承和发展。对于青少年而言,运用短视频、全息投影、虚拟现实等形式,创制新的育人场景,将传统文化巧妙嵌入其中,营造身临其境的体验,这是近年来中华优秀传统文化走近青少年的新趋势。沉浸式、互动式的学习环境,让古籍活起来、让文物动起来,也让传统文化之美直抵人心。未来,继续以数字技术赋能传统文化传承创新,打造更多符合时代特征和青少年特点的文化产品,中华优秀传统文化教育将拥有更广阔的发展空间。这些故事的讲述、优质内容的制作都离不开优秀的播音专业人才培养。播音教育可以持续发挥作用,进一步激发青少年对中华优秀传统文化的兴趣,让优秀传统文化的种子在心中牢牢扎根。

非物质文化遗产是各族人民世代相传,并视为文化遗产重要组成部分的各种传统文化的表现形式,是民族精神文化的重要标识和集中反映。③ 在我国的一些民族院校中,播音教育在非物质文化遗产的保护与传承中发挥了重要作用。播音教育致力于非物质文化遗产的保护和传承,利用现代技术手段记录和传播这些珍贵的文化遗产。④ 创新形式的载体让非物质文化遗产更加贴近现代人的生活。例如,通过制作专题节目、播客等形式,利用互联网平台进行传播,让更多的人能够接触到这些宝贵的文化遗产。利用现代录音技术和数字媒体技术,记录非物质文化遗产中的表演艺术、口头传说等内容,确保这些文化遗产得以保存并便于传播。结合视频、音频等多种媒介,制作高质量的非物质文化遗产介绍节目,增强观众的视听体验。这些都能与播音教育产生关联。

---

① 丁雅诵. 让优秀传统文化在心中生根发芽[N]. 人民日报, 2023-02-26.

② 郑艺.论创新民族院校播音主持艺术教育[J].新闻爱好者,2011(22):94-95.

③ 戴珩. 非遗保护传承机制创新之思[N]. 中国文化报, 2020-01-08.

④ 朱叶.从国民党中央广播电台谈国民党电化教育[J].兰州大学学报(社会科学版),2014,42(06):123-129.

三、播音教育普及助力文化保护与传承

播音教育普及是指随着社会的发展和技术的进步,播音教育不再局限于传统的广播电视行业和高等教育机构,而是逐渐向社会各个层面普及,尤其是在中小学和基层社区教育领域。播音教育普及的特点体现在面向更广泛的受众群体,不仅包括专业学生,也涵盖中小学生、成人业余爱好者等。一方面,播音教育融入日常教育体系,让学生从小接触播音艺术的基础知识和技能训练;另一方面,社区教育和终身学习也成为重要组成部分,在社区中心、老年大学等场所开设播音主持培训班,也成为播音教育普及的一种有效途径。

播音教育普及对优秀传统文化和非物质文化遗产有着积极的影响,使其以大众文艺创作的方式走向普及,进而促进优秀传统文化和非物质文化遗产的传承和发展。通过播音教育普及,可以将优秀的传统文化元素融入现代的播音创作中,使得传统与现代相结合,焕发新的生命力。在普及播音教育的同时,可以结合地方特色和文化遗产进行教学,让学生们从小就了解到自己家乡的文化遗产。此外,鼓励社区居民参与播音主持活动,比如,组织地方文化节目的录制和播放,让非物质文化遗产通过社区居民的声音得以传承。播音教育普及还有助于提高公众对传统文化和非物质文化遗产重要性的认识,可以激发更多人参与到保护和传承的工作中来。

播音教育不仅在传统文化的保护中起到了积极作用,还在非物质文化遗产的保护与传承方面做出了贡献。播音教育的普及不仅可以提高大众的语言艺术素养,还能有效地促进优秀传统文化和非物质文化遗产的保护与传承,使之以更加生动活泼的形式走向大众。播音教育通过这些方式,为文化遗产的保护与传承提供了有力的支持。

第二节　播音教育推动社会发展

播音教育作为一种特殊的教育形式,在推动社会发展方面发挥着独特而重要的作用。通过培养高素质的播音员和主持人,播音教育助力提升国家的软实力和国际影响力。播音教育培养的具备社会整合能力的专业人才,在面对自然灾害、公共卫生事件等危急时刻能够迅速、准确地传递关键信息,安抚民众情绪,并激发社会互助和支持,增强社会的凝聚力和公共精神。同时,通过宣传地方特色、推广旅游资源、助力品牌建设等途径,播音教育培养的专业人才能够促进地方经济的繁荣,带动相关产业的发展,实现文化产业与经济发展的良性互动。

一、促进文化传播与国家形象塑造

播音教育通过培养高素质的播音员和主持人,使他们成为文化传播的使者。这些专业人员能够有效地传播中国的传统文化和现代价值观,不仅在国内加强文化认同,也在国际舞台上展示中国形象,提升国家的软实力和国际影响力。

第一,强化国内文化认同。播音教育通过系统的语言训练和文化素养培养,使播音员和主持人成为文化传播的使者。他们不仅掌握了标准语言的运用技巧,还深入了解了中国丰富的历史文化传统和现代价值观。通过精心策划的节目和专业的表达,这些播音员和主持人能够有效地传播中国悠久的历史文化、现代社会发展成就和国家政策。例如,中央电视台的《新闻联播》《焦点访谈》等节目不仅在国内广受欢迎,也是传播主流文化和价值观的重要平台。这些节目通过播音员的专业播报,传递了国家的声音,加深了民众对中国传统文化的理解和认同,促进了社会的和谐稳定。《新闻联播》《焦点访谈》等节目在中国的广泛影响力显示了播音员在传播国家政策和主流价值观方面的作用。

第二,展示国家形象。在全球化的背景下,播音员和主持人在国际舞台上的表现直接关系到国家的形象和声誉。他们通过参与国际广播、电视节目和文化交流活动,向世界展示了中国的文化魅力和发展成就。这不仅有助于提升国家的软实力,还能增进国际社会对中国文化的理解和尊重。例如,中国国际广播电台(CRI)通过多种语言向全球播出,其中的播音员和主持人不仅传递了中国的文化故事,还介绍了中国的社会变迁和对外开放政策,为国际友人了解中国打开了一扇窗。中国国际广播电台通过多种语言向全球播出,播音员和主持人在其中发挥了重要作用,向世界展示了中国的文化魅力和发展成就,向国际友人介绍中国的社会变迁和对外开放政策,增进了国际社会对中国文化的理解和尊重。

第三,提升国际影响力。随着中国在全球事务中扮演的角色日益重要,播音员和主持人作为文化外交的重要载体,对于提升中国的国际影响力发挥着重要作用。通过参与国际会议、论坛等活动,他们不仅能够传播中国文化,还能代表中国与其他国家进行交流对话,增强国际合作的机会。例如,中国媒体集团在国际媒体合作中扮演了重要角色,通过与世界各地的媒体机构建立合作关系,共同制作和播出节目,不仅扩大了中国声音的传播范围,还促进了中外文化的交流与互鉴。

第四,创新文化传播方式。随着新媒体技术和社交媒体的兴起,播音教育也在不断探索新的文化传播方式。播音员和主持人不仅活跃在传统的广播和电视领域,也开始利用微博、微信公众号等社交平台与受众进行互动。这种方式不仅能够更直接地触达年轻一代,还能够通过个性化的内容吸引更多海外观众的关注。

播音教育通过培养高素质的播音员和主持人,不仅在国内加强了文化认同,也在国际舞台上成功展示了中国形象,提升了国家的软实力和国际影响力。通过传统媒体和新媒体相结合的方式,播音员和主持人成为连接中国与世界的桥梁,为促进文化交流、增进国际理解做出了重要贡献。

二、增强社会凝聚力与公共精神

如前文所述，播音员、主持人的社会整合能力离不开专业的播音教育培养，尤其在面临自然灾害、公共卫生事件等危急时刻，经过播音教育培养的专业人才能够迅速、准确地传递关键信息，安抚民众情绪，并激发社会互助和支持，增强社会的凝聚力。此处举突发事件与公共卫生事件的典型例子，旨在说明播音教育致力于培养凝聚人心的专业人才，但播音教育对形成社会凝聚力的重要意义远不止于此。

第一，提供专业信息传递与安抚公众情绪。在紧急情况下，如地震、洪水、台风等自然灾害发生时，经过播音教育培养的专业人才能够利用应急广播系统迅速、准确地传递关键信息，如疏散指南、救援进展、安全提示等。①这种及时有效的信息传播有助于减少恐慌情绪，稳定人心，为救援工作的顺利开展创造有利条件。例如，在2008年汶川地震期间，广播成为唯一可以依赖的信息来源之一。在公共卫生事件如疫情暴发时，播音员和主持人通过各种媒体平台向公众传达疫情防控知识、政策措施和积极心态的重要性。他们不仅能够提供实用的防疫指导，还能鼓励民众保持乐观、团结一致的态度，激发社会成员之间的互助精神。例如，2020年初新冠疫情暴发时，各地广播电视台纷纷推出特别节目，通过播音员的专业播报，传递正能量，鼓舞人心。

第二，承担社会责任，促进社会团结。播音教育培养的专业人才通过其职业操守和道德责任感，能够在危机时刻发挥模范作用。他们通过自己的言行传递积极的社会价值观，如诚信、责任、关爱等，进而主动承担社会责任。例如，在灾难发生时，许多播音员自愿加入志愿者队伍，利用自己的专业技能帮助受灾群众。播音员和主持人通过其专业能力和影响力，在危机时刻能够有效地将社会各界的力量汇聚起来，共同应对困难。无论是通过

---

① 左志红. 应急广播：灾难来临时的最佳传播载体［EB/OL］.（2014-10-16）［2024-08-24］.http://xinhuanet.com/zgjx/2014-10/16/c_133720646.htm.

广播、电视还是新媒体平台,他们都能发挥桥梁作用,促进政府与民众之间的沟通,增强社会的团结协作能力。[1]

经过播音教育培养的专业人才在面临自然灾害、公共卫生事件等危机时刻,能够迅速、准确地传递关键信息,安抚民众情绪,并激发社会互助和支持,从而增强社会的凝聚力。他们的工作不仅能在紧急情况下发挥重要作用,也能为维护社会稳定和促进社会和谐做出贡献。播音教育在培养这些专业人才的过程中,不仅注重专业技能的提升,更重视社会责任感和职业道德的培养。

三、促进经济发展与地区推广

播音教育培养新媒体传播人才,通过宣传地方特色、推广旅游资源、助力品牌建设等途径,直接促进了地方经济的繁荣,带动了相关产业的发展,实现了文化产业与经济发展的良性互动,促进了区域经济的均衡与协调发展。

第一,地方特色的宣传。播音教育培养的播音员和主持人通过各种媒介平台,如广播、电视、网络直播等,能够生动形象地介绍当地的文化遗产、民俗风情、自然风光等地方特色。这些专业的介绍不仅吸引了更多的游客前来参观,也促进了地方旅游业的发展。例如,通过地方电视台和广播电台推出的旅游节目,可以详细介绍当地的景点和特色美食,吸引游客的兴趣。

第二,旅游资源的推广。播音员和主持人在节目中通过讲故事等方式,介绍当地的旅游资源,包括历史遗迹、自然景观、文化活动等,可以增加人们对这些资源的认识和兴趣。此外,通过与旅游机构的合作,播音员和主持人还可以参与到旅游节目的录制中,亲自体验并推荐旅游线路,进一步促进旅游业的发展。

第三,助力品牌建设。播音员和主持人通过参与各类商业活动和广告

---

① 李真,李华伟.新时代国际传播播音主持人才培养策略[J].传媒,2021(03):86-88.

宣传,可以为本地品牌代言,提升品牌的知名度和美誉度。这些品牌可能涉及食品、手工艺品、农产品等多个领域,通过播音员和主持人的专业推荐,可以吸引更多消费者的关注,从而促进当地企业的销售增长。

随着互联网技术的发展,尤其是直播带货这一新兴模式的兴起,播音教育培养的新媒体专业人才在助力经济发展方面发挥了重要作用。许多高校依托播音主持专业建设互联网直播微专业方向,引入更加多元的实践资源,形成了新媒体主播培养的成功经验。播音教育通过培养具备专业技能和互联网思维的人才,在互联网直播带货等领域发挥了重要作用,不仅促进了地方特色产品的销售,还带动了相关产业的发展,为地方经济的繁荣做出了贡献。随着技术的不断进步和市场需求的变化,播音教育也将继续探索新的教学模式和技术手段,培养更多能够适应未来发展趋势的专业人才,为促进经济发展做出更大的贡献。

第三节　播音教育的历史影响

中国播音教育的发展与中国社会变迁紧密相连,它的历史演进不仅反映了国家政治、经济、文化和社会结构的深刻变化,而且在这一过程中发挥了重要的作用。中国播音教育的历史演进,与其所处的社会变迁环境紧密相连,共同勾勒出一幅动态发展的壮阔图景。从最初培养作为纯粹的官方喉舌、严格传达国家意志和政策导向的播音员,到逐步融入市场经济体系,探索多元化节目内容与风格,直至迈入新媒体时代,拥抱技术革新带来的广阔天地,中国播音教育的每一次蜕变都是中国社会发展进程的反映。

一、中国播音教育在中国社会变迁中持续发展

中国社会变迁的每一个阶段都深深植根于其独特的历史背景和国际环境之中,反映了国家与社会持续演进的动态过程。在中国式现代化的宏大进程中,播音主持艺术作为文化与信息传播的重要载体,经历了深刻的转型

与创新,这一演进轨迹与国家政治、经济、社会、技术的全面发展紧密相扣。

内容上的深化与形式上的创新是中国播音教育演进的鲜明特征。从单一的新闻播报教学到涵盖知识传播、文化解读、生活方式等多元化内容的教学拓展,播音教育不断丰富其内涵。同时,随着网络直播、短视频、播客等新媒体形式的兴起,播音教育在传播渠道和表达方式上也实现了多样化,大大增强了与学生的互动性和教学内容的吸引力。

在这个过程中,个性化教学风格的凸显和艺术审美的融入,使播音教育不仅是一种信息传播技能的传授,也成为情感交流与艺术享受的平台,提升了其社会文化价值。播音教育通过培养学生的个性表达能力和审美情趣,不仅能够提高他们的专业技能,还能让他们更好地理解和传递丰富多彩的文化内容,进而为社会的文化交流和文化传播做出贡献。

教育与理论体系的同步发展是支撑播音主持艺术演进的关键要素。高等教育中播音主持专业的设立,标志着人才培养模式从单一技能训练向综合素养教育的转变,旨在培育具备深厚理论基础、熟练掌握现代传播技术,并能适应多元化市场需求的复合型人才。与此同时,基于马克思主义文艺理论与中国现实的播音主持艺术理论体系构建,为实践提供了理论指导,强化了理论与实践的互动与融合。

技术进步,特别是互联网、移动通信、人工智能等新技术的应用,对中国播音教育产生了深远影响。从智能化技术的引入到新媒体平台的广泛利用,不仅提高了教学效率,增强了教学互动性和即时性,还推动了教学形式的不断创新。例如,AI主播的出现展示了技术与艺术结合的广阔前景,为播音教育带来了全新的教学手段和实践机会。

在全球化背景下,播音教育还承担起了国际传播的使命,成为讲述中国故事、展示中国文化的重要窗口。通过多语种教学、国际交流项目、社交媒体等渠道,中国播音教育不仅向世界传播了中华文化,也在国际交流中汲取了外部经验,促进了文化的互鉴与融合。

中国式现代化进程中的播音教育演进,是一系列复杂而动态变化的综合体现。它在传承中创新,在开放中发展,不断丰富其内涵与外延,展现出与时代同行、与世界对话的活力与魅力。

二、中国播音教育理论与实践互动演变

中国播音教育理论与实践互动演变经历了从模仿到创新、由单一向多元的深刻转型。这一历程不仅映射出教育自身的成熟与进步，也是中国社会文化及传播环境变迁的缩影。

(一)理论建构的初期借鉴

中华人民共和国成立初期，中国播音教育的理论建构深受苏联模式影响，侧重于政治宣传和意识形态教育的功能性研究。这一时期，理论探索主要围绕如何更好地发挥播音教育在社会主义建设中的作用，强化其作为国家声音的权威性和统一性。理论与实践的互动体现在学习苏联的广播理念和方法，并结合中国实际情况进行初步的应用与调整。

中国播音教育的理论建构在中华人民共和国成立初期，是在特定历史背景和国际环境下展开的，这一阶段的理论探索深受苏联模式的影响，体现了浓厚的意识形态色彩和国家主导性。当时，播音教育被视为社会主义意识形态传播和国家意志表达的重要工具，其理论研究的核心在于如何有效发挥这一媒介在国家建设和社会动员中的作用，确保信息传播的一致性和权威性，强化民众对社会主义理想的认同与追求。

在理论与实践的互动模式上，初期主要表现为对苏联广播理念和技术方法的借鉴与本土化改造。中国学者和从业者积极学习苏联的广播体系，包括其节目制作流程、播音风格、宣传策略等，并尝试将这些经验与中国的具体国情相结合，进行适当的调整与创新。这种学习不仅仅是技术层面的模仿，更重要的是对苏联广播背后所蕴含的政治宣传理念和组织管理方式的吸收与内化，旨在通过播音教育这一媒介，巩固政权基础，促进社会团结，推动国家发展目标的实现。

实践上，这一时期的播音教育工作强调规范化、标准化，力求语言表达的准确无误和政治立场的鲜明坚定，体现了高度的纪律性和统一性。同时，理论的建构也反馈到实践中，指导着播音员和主持人的选拔、培训以及课程

内容的设计,确保教学内容既能符合政治要求,又能贴近民众生活,有效传递党和国家的声音。

中华人民共和国成立初期中国播音教育的理论建构,是一个在特定意识形态导向下,通过对苏联模式的借鉴与适应性调整,逐步探索适合本国国情的发展道路的过程。这一时期的工作,为后续中国播音教育的理论与实践发展奠定了基础,也为理解中国传媒体系的形成与发展提供了重要视角。

(二)中国特色理论体系的探索

随着社会的发展和改革开放的推进,中国播音教育开始探索建立具有中国特色的理论体系,在理论与实践两个维度上都取得了重大的突破。

随着中国社会的持续发展和改革开放的深入,播音教育逐渐摆脱了单一的政治宣传模式,迈向了一个更加多元化和开放的发展阶段。这一时期,理论体系的构建开始聚焦于构建具有中国特色的理论框架,不再仅仅局限于政治维度,而是广泛吸纳传播学、社会学、心理学等多学科的理论成果,形成了一个跨学科的研究视角。理论探索的重点转移到了提升教学效果、满足不同受众的多样化需求、促进文化多样性发展以及强化播音教育的审美与社会价值等方面,这标志着播音教育理论研究的深度和广度都有了显著提升。

在实践层面,这一时期播音教育呈现出百花齐放的局面,各种教学方法和实训模式层出不穷,从新闻播报教学、深度访谈实训、文化评论到娱乐节目主持实训、生活服务教学等,内容和形式的多样化满足了广大受众的多元化需求。理论研究紧随实践的脚步,对这些新兴现象进行了深入的分析和理论提升,通过总结实践经验,提炼出了诸多具有时代特色的理论成果,比如,"以人为本"的教育理念,强调以满足受众需求为核心,尊重个体差异,提升教学的人文关怀;"服务大局、贴近群众"的教学导向,意味着播音教育不仅要服务于国家与社会的整体利益,更要深入受众的生活,反映实际需求,增强教学的亲和力与实效性。

这一系列理论与实践的互动,不仅推动了播音教育的创新发展,也促进了相关理论研究的成熟与完善,为中国播音教育的长远发展奠定了坚实的理论基础,同时也反映了中国社会文化环境的开放性、包容性和进步性。

(三)学术争论与实践创新

在理论与实践的互动过程中,学术界的争论往往催化了理论的深化和实践的创新。例如,关于播音教育是"宣传工具"还是"信息服务"、是"艺术表现"还是"社会服务"的讨论,不仅推动了理论的细化和分化,也促进了播音教育实践的多样化尝试。实践中,从新闻播报教学到综艺节目主持实训,从传统广播教学到网络音频直播教学,不同的实践案例丰富了理论研究的土壤,激发了对播音教育本质、功能、技巧、风格等多方面的深入探讨。

在播音教育的发展历程中,学术界的争论扮演了至关重要的角色,成为理论深化和实践创新的重要催化剂。这些争论往往围绕播音教育的本质属性展开,比如是被视为单纯的"宣传工具",还是更加广泛的"信息服务";是专注于"艺术表现",还是强调"社会服务"等功能。这些讨论促使理论研究不再停留于表面,而是深入更细微的层面,对播音教育的定位、功能、作用有了更加精细的划分和理解,从而推动了理论体系的丰富和完善。

与此同时,实践领域的探索与尝试也在这些学术争论的背景下不断拓展。从传统的新闻播报教学到充满活力的综艺节目主持实训,从广播电台的固定时段播出教学到网络音频直播教学的即时互动,每一种新的实践形式都不仅仅是技术进步的产物,更是对理论探讨的响应和实验场。这些实践案例不仅检验了理论的有效性,还不断提出新的问题,为理论研究提供了丰富而鲜活的素材。例如,网络音频直播教学的兴起,就引发了对于即时互动、个性化教学、受众参与度等新维度的理论探讨,促使学者和从业者重新审视播音教育的本质、教学技巧、教学风格等核心议题。

在这样的互动循环中,理论与实践相互促进,共同推动了播音教育的发展。理论研究的深化为实践提供了指导思路和评价标准,而实践的创新又不断给理论研究带来新的挑战和启示,两者相辅相成,形成了良性循环。这种动态的互动不仅促进了播音教育形式的多样化,也提升了其社会影响力和文化价值,使之在快速变化的教育环境中保持了生命力和时代感。在这个过程中,播音教育不仅作为一种信息传播手段在不断进化,更作为一种文化力量,参与塑造并反映了中国社会的现代化进程。

第四节　当代播音教育的意义

当代播音教育的意义不仅在于传授专业知识和技能,更重要的是立德树人,培养德才兼备的传媒人才。

一、立德树人,提升综合素养

当代播音教育强调职业道德和社会责任感的培养,旨在培养具有良好道德品质和人文素养的传媒工作者。习近平总书记指出:"文化是一个国家、一个民族的灵魂。文化兴国运兴,文化强民族强。"文化认同和文化自信是人才培养的基本要求。"播音与主持专业学生是播音员主持人的重要来源,其文化素质直接反映着未来这一行业文化素质的整体水平。"①文化素质是衡量播音主持人的重要标准。

播音教育过程中注重综合素质的提升,包括语言表达能力、沟通技巧、心理素质等,以适应多元化媒体环境的需求。这一过程中,语言素质的培养尤为关键,它涉及基本理论的学习、语言素材的积累以及持续不断的实践锻炼,旨在提升学生的语言表达能力和感染力。同时,播音教育还注重培养学生的新闻素质,强调正确的价值观和社会责任感,通过理论与实践相结合的方式提高学生的新闻敏感度和判断力。此外,加强协调沟通能力的培养同样重要,包括内部团队的有效沟通以及与受众的良好互动,通过多样化的实践活动和有效的沟通技巧训练来实现。为了应对不可预测的现场状况,播音教育还重视提升学生的应变能力,通过模拟演练和案例分析来增强学生的心理素质和快速反应能力。最后,强化文化艺术素质的教育旨在培养学

---

① 杨浩琛.播音与主持专业学生文化素质培养之我见[J].今传媒,2019,27(09):131-132.

生的综合素养和审美能力,通过广泛涉猎文学、艺术、历史等多个领域的知识来丰富学生的内涵。在整个教育过程中,不仅重视学习与实践的结合,还强调师资队伍的建设,确保学生能够在全方位的培养下成长为既有专业技能又能承担社会责任的新时代传媒人才。

二、培养新时代"德艺双馨"的传媒艺术人才

培养新时代"德艺双馨"的传媒艺术人才是当代播音教育的重要使命。随着信息技术的快速发展和社会对高质量传媒内容的需求不断增加,播音教育不仅需要传授学生专业知识和技能,更要注重道德品质和人文素养的培育。这意味着播音教育要全方位地培养学生,既要让他们掌握先进的媒体技术和传播策略,也要引导他们树立正确的价值观和社会责任感。通过开设伦理道德、法律法规等相关课程,结合实践活动,帮助学生建立良好的职业操守和道德底线,确保他们在职业生涯中能够始终坚守诚信原则,传递正能量。

同时,当代播音教育还致力于培养学生的创新能力和批判性思维,使他们不仅成为技艺精湛的传媒工作者,也成为具有独立思考能力和深厚文化底蕴的文化传播者。这样的教育模式鼓励学生积极探索新的传播形式和技术,创造性地解决实际问题,以适应不断变化的媒体环境。通过参与各种创意项目和社会实践活动,学生能够更好地理解社会需求,为社会提供有价值的信息和服务。最终,通过这样的培养方式,当代播音教育不仅能够为社会输送一批批既有专业素养又有社会责任感的新时代传媒人才,还能促进整个社会文化的繁荣与发展。

三、推动社会信息传播与交流

随着信息技术的飞速发展,当代播音教育紧跟时代的步伐,致力于培养学生掌握新媒体技术,提高信息传播的效率。在数字时代,多媒体和互联网技术已成为信息传播的主要工具,播音教育因此不断更新教学内容和方法,

确保学生能够熟练运用这些新技术。通过实践教学和项目制学习,学生不仅能够掌握最新的播音软件和技术,还能学会如何利用社交媒体和其他在线平台进行有效沟通。这样的教育模式不仅提升了学生的专业技能,还增强了他们应对未来媒体环境变化的能力。

通过培养具有创新能力的传媒人才,当代播音教育为社会提供了高质量的信息服务,促进了社会信息的高效流通。这些受过良好教育的专业人士能够运用新媒体技术创作出更具吸引力的内容,更好地满足不同受众群体的需求。他们不仅能够提供准确、及时的信息,还能通过创新的方式传播知识和文化,增强公众的信息获取能力。此外,当代播音教育还鼓励学生积极参与社会服务项目,利用所学知识和技术传递正能量,为构建和谐社会贡献力量。总之,当代播音教育不仅关注于技术技能的培养,更注重培养学生的社会责任感和人文关怀,使他们成为能够引领社会正向发展的传媒精英。

四、促进文化传播与传承

当代播音教育的意义在于促进文化传播与传承,通过将中华优秀传统文化融入播音主持艺术创作与教学之中,不仅能够提升播音员、主持人的文化底蕴和专业素养,还能增强受众的文化认同感与民族自豪感。播音员、主持人作为文化传播的重要载体,肩负着传播社会文化价值的责任,他们通过声音及画面的形式发扬中华优秀传统文化,促进了文化的传承与发展。在教学中融入传统文化元素,不仅能丰富学生的专业知识,还能提升他们的文化自信和创新能力,使他们在未来的播音主持工作中更好地服务于社会,满足人民群众日益增长的精神文化需求。同时,通过优化课程体系、采用浸润式多元化教学模式以及提高教师的文化教学素养,可以有效地推进中华优秀传统文化在播音主持专业教育中的传承和发展。

当代播音教育的意义不仅在于传承和发扬中华优秀传统文化,还在于培养学生的全球视野和跨文化交流能力。通过教育内容涵盖国内外文化背景,播音主持专业的学生能够更全面地理解和尊重多元文化,进而成为文化的使者。这样的教育模式不仅可以提升学生的国际竞争力,还能促进不同文化之间的相互理解和尊重。在全球化的背景下,播音员、主持人需要具备跨文化交际的能力,能够在各种国际场合中准确传达信息,有效沟通,推动文化的交流与融合。因此,当代播音教育致力于培养既深谙本国文化精髓又了解世界文化多样性的专业人才,使他们在国际舞台上更好地传播中华文化,促进全球文化的和谐共存。

五、适应行业发展需求

面对快速变化的媒体环境,当代播音教育不断更新教学内容和方法,确保毕业生能够满足行业发展的新要求。随着新媒体技术的不断进步和社会对高质量内容需求的增长,播音教育机构积极调整课程设置,引入最新的技术和理论知识,使学生能够跟上行业发展的步伐。通过与业界紧密合作,教育机构能够及时了解行业动态和技术趋势,确保课程内容与市场需求保持同步。此外,通过开设实践性强的课程,如新媒体运营、数据分析等,学生不仅能够掌握必要的专业技能,还能培养创新思维和解决问题的能力,为将来在职场上取得成功奠定坚实的基础。

为了使学生在校期间就能积累宝贵的实践经验,播音教育还通过校企合作等多种方式加强实践教学。这种合作模式不仅可以为学生提供实习和实践的机会,还能够让他们直接参与到真实的项目中,了解行业运作的实际流程。通过与企业的密切合作,学生有机会接触到最新的行业实践和技术应用,这对于他们适应未来的职场挑战至关重要。此外,校企合作还有助于建立学生与行业之间的联系,为他们的职业生涯铺平道路。这样的教育模式不仅能提高学生的就业竞争力,还可以为行业输送一批批既有扎实理论基础又有丰富实践经验的优秀传媒人才。

第十五章　播音教育中的教师和学生

在播音教育中,教师和学生是两个至关重要的组成部分。教师的专业背景与资格要求、教学方法与实践案例,以及职业发展路径,都是确保播音教育质量的关键因素。与此同时,学生的选拔标准与入学条件、学习过程中的重点与难点,以及毕业后的就业趋势与前景,则直接影响着播音教育的成效和社会认可度。本章将探讨播音教师和学生在这两个方面的特点和要求,为播音教育的发展提供有益的参考。

第一节　播音教师

播音教师是播音教育中的关键角色,他们的专业背景、教学方法以及职业发展路径对于培养新一代播音人才至关重要。这些教师通常拥有深厚的播音专业背景,不仅具备扎实的理论知识,还往往有着丰富的实践经验。他们能够将行业内的最新动态和技术传授给学生,帮助学生建立起坚实的播音基础。从播音教育史的角度来看,播音教师的角色及其教学方法经历了从传统到现代的转变,不断适应技术进步和社会需求的变化。播音教师不仅是播音教育领域的灵魂人物,更是连接传统与现代、理论与实践的重要桥梁,对于培养适应新时代需求的高质量播音人才具有不可替代的作用。

一、播音教师发展历程

播音教师的发展历程可以从早期播音教育的萌芽到现代播音教育的成熟过程来概述。播音教师发展历程反映了播音教师在不同历史时期的职责、教学方法以及面临的挑战。

(一) 中华人民共和国成立时期,播音教师的早期发展

从严格意义上讲,专门的播音教师是在北京广播学院(中国传媒大学的前身)诞生后出现的。1959 年,北京广播学院成立,标志着我国播音教育的开端。1963 年,北京广播学院正式招收中文播音专业,成为中国最早设立播音专业的高等教育机构之一,对播音教育的发展起到了开创性的作用。这一时期,教材建设和理论体系的构建成为播音教育的重要组成部分。

1963 年,随着北京广播学院正式招收中文播音专业,播音教师的角色正式确立。齐越、张颂、徐恒等老一辈播音教育家开辟了我国播音员与主持人培养的先河。早期播音教师主要负责教授学生标准的普通话发音、播音发声技巧等基础知识。这一时期的播音教育强调严格的发音训练和专业技能的培养,开设了"发声教学""基本表达"(时称"语言逻辑")等课程,并印发了相关教材和资料。这些教材虽然比较简单,但已经涵盖了播音理论的主体部分,包括播音的性质和任务,播音创作的目的,用气发声以及感情、停顿、重音、节奏等内外部技巧。播音理论体系开始建立一定的格局和基本观点,标志着播音研究由此开始走向体系化。

1979 年,张颂编写的《播音创作基础》得到了全国播音基础教材研讨会的认可,尽管尚未正式出版,但标志着已经有了较为完整的播音教材。《播音创作基础》中出现了"正确的创作道路""新中国播音风格""播音表达规律"等内容,为中国播音学的理论建设提供了较为清晰的方向和思路。此后,陆续出版了一系列关于播音学理论的专著和丛书,如《播音基础》《播音发声学》《播音学简明教程》《播音文体业务理论》《论播音艺术》等,内容涉及有声语言再创作的基本要求、基本流程、基本规律等。从出版数量上看,

中国播音学的教材和理论著作已经逐渐丰富起来。

中国播音学教材和理论著作的出版,有利于系统化、深入地研究播音学的相关问题,推动了中国播音学的发展和进步。张颂等人的理论研究为中国播音学的学科建设和学术体系的形成打下了重要基础。这些教材和理论著作的出版,也为广大播音工作者提供了可借鉴的教材和理论基础,有助于提高播音业务和理论水平。

从1963年开始,随着北京广播学院播音专业的设立,播音教育逐步走上了正规化的道路。教材建设和理论体系的构建不仅丰富了播音教学的内容,也为播音学的学科发展奠定了坚实的基础。早期播音教师在教学内容和方法上的探索,为后续播音教育的发展奠定了基础,促进了播音学理论体系的建立和完善。

(二)改革开放以后,播音教师队伍扩大

20世纪80年代以后,为了满足持续发展广播电视专业人才需求,1986年9月,浙江广播电视专科学校(浙江传媒学院前身)在省内招收首届播音班学生23名,学制两年。由此形成了"北有北广,南有浙广"的播音教育双格局。1987年,经国务院批准,我国正式确定播音专业技术职务职称系列:播音指导、主任播音员、一级播音员、二级播音员。中央台夏青、林田,天津台关山,上海台陈醇,辽宁台路虹五位同志成为我国第一批播音指导。1987年,中国广播电视学会播音学研究委员会在北京广播学院成立,齐越当选为名誉会长,夏青担任会长,张颂担任常务副会长,全国各省均有著名播音员担任常务理事或理事。1990年中国广播电视学会成立主持人节目研究会,赵忠祥任会长,徐曼、雅坤、虹云等任副会长。80年代末至90年代初,全国各省均成立了广播电视学会播音专业委员会。

播音教师对中国播音学体系建设做出了重大贡献。这一时期,随着改革开放政策的实施,中国社会和文化环境发生了深刻的变化,播音教育也随之经历了快速的发展,陆续出版了一系列关于播音学理论的专著和丛书,如《播音基础》《播音发声学》《播音学简明教程》《播音文体业务理论》《论播音艺术》等。1994年8月,吴郁发表《从市场竞争看播音系教学改革》,提出深

化教学改革以适应社会主义市场经济体制和现代化建设的需要。① 1994 年
10 月,《中国播音学》出版发行,该书从学理层面进行了集成性研究,宣告一
门学科的诞生。1995 年,李德富在《浙江广播电视高等专科学校学报》上发
表的文章《对播音教学法的思考》中探讨了播音教学方法应该遵循的原则规
律和自身功能的完善健全等问题。② 这反映出早期播音教师不仅需要传授
专业知识,还需要培养学生的专业技能。这些教材和理论著作内容涉及有
声语言再创作的基本要求、基本流程、基本规律等,从出版数量上看,中国播
音学的教材和理论著作已经逐渐丰富起来。

1996 年 9 月 16 日,北京广播学院播音主持艺术学院成立,张颂为首任
院长。1998 年,张颂成为中国播音学首位博士生导师,张政、李凤辉、马玉
坤、喻梅等陆续攻读张颂老师的博士生。高水平播音教师队伍建设逐步
推进。

从国家开始改革开放到 2000 年间,播音教师对中国播音学体系建设做
出了重大贡献,不仅丰富了教材内容,还促进了理论体系的完善和发展。这
一时期的教材和理论著作不仅推动了播音学的研究,也为播音教育的发展
奠定了坚实的理论基础。

(三) 新时代以来,播音教师队伍跟随时代需求发展壮大

新时代以来,党中央、国务院高度重视教师队伍建设,始终坚持把教师
队伍建设作为建设教育强国最重要的基础工作来抓。③ 中国播音教师队伍
建设经历了一系列重要的发展历程,并展现出了一些鲜明的特征。这一时
期,播音教师队伍得到了显著的壮大与优化,为播音教育的发展提供了强有
力的人才支持。

随着新媒体技术的发展,播音教师们积极探索新的教学方法与手段,以

---

① 吴郁. 从市场竞争看播音系教学改革[J]. 现代传播(北京广播学院学报),1994
(08).
② 李德富. 对播音教学法的思考[J]. 浙江广播电视高等专科学校学报, 1995(2).
③ 于发友. 新时代中国教师队伍建设改革发展报告(2012—2022)[R]. 中国教育
科学研究院, 2023.

适应新时代的需求。比如,利用数字化教学资源,采用线上与线下相结合的教学模式,提高教学效率和学生的学习兴趣。[1] 增加新媒体技术的应用、社交媒体播音等新兴领域的教学内容。播音教师们不断更新课程内容,使之更加贴近时代和社会的需求。同时,许多播音教师投入实践前沿,加强与媒体机构的合作,提供更多实践机会,让学生能够在真实的环境中锻炼技能。通过校企合作等形式,让学生参与到真实项目中,提高学生的实践能力和就业竞争力。[2] 随着新媒体技术的发展,播音教师积极探索新的教学方法与手段,如线上线下混合式教学、微格教学等。[3] 这些教学改革的目的在于提高教学效率和学生的学习兴趣,培养学生的实践能力和创新能力。

播音教师在高校思政工作方面经历了一系列的发展变化。这些变化反映了党和国家对高校思想政治教育工作的高度重视,以及在新时代背景下播音教师如何将思政教育融入专业教学中。高校播音教师积极探索将思政教育与专业教育紧密结合的方式。这种结合有助于培养学生的社会责任感和正确的价值观,同时也为播音主持专业的学生提供了更加全面的教育,尤其是高校播音教师在专业课程中融入思政教育元素,探索课程思政的教学模式。通过这种方式,学生不仅能够学到专业知识,还能在学习过程中接受正确的价值观引导。与此同时,校方高度重视思政教育,加强对播音教师的思政工作能力培训,提升教师在教学中融入思政教育的能力。这有助于教师更好地将思政教育融入日常教学活动中,提升教学效果。此外,高校十分注重播音教师的师德师风建设,强化教师的职业道德教育,为学生树立良好的榜样。在各方鼓励下,高校播音教师也积极探索创新的教学方法,如案例教学、情景教学等,以提高思政教育的实效性。"十四五"以来,高校开展了一系列课程思政教学改革,将思想政治教育融入专业课程教学中,旨在培养

① 宋存杰. 新文科背景下《播音发声》的课程改革与教学创新[J]. 新闻前哨, 2024 (02).

② 李朝珍,丁肇一. 基于校企合作的"即兴口语表达"课程建设与教学升级路径 [J]. 视听, 2023(04).

③ 秦敏,付焱. 数智化转型背景下播音主持课程"双线混融"教学模式探究[J]. 传媒, 2024(11).

具有社会责任感和正确价值观的播音人才。① 新时代以来,播音教师在高校思政工作中经历了从理论到实践的全面发展。从课程思政的探索与实践到教师思政工作能力的提升,再到创新教学方法和加强师德师风建设,这些变化反映了播音教师在新时代背景下对于培养具有社会责任感和正确价值观的专业人才的不懈努力。

播音教师作为播音教育的灵魂人物,在播音教育史上扮演了不可或缺的角色。从中华人民共和国成立初期播音专业的创立,到改革开放后的快速发展,再到新时代的全面深化,播音教师始终站在播音教育的最前线,不断探索与创新。他们不仅传承了播音艺术的传统精髓,还积极拥抱新技术、新理念,不断拓展播音教育的边界。播音教师不仅仅是知识的传递者,更是学生职业生涯的引路人,他们通过自身的专业素养和人格魅力,激励着一代又一代的播音人才成长起来。随着社会的不断发展,播音教师将继续肩负起培养适应新时代需求的高质量播音人才的重任,为播音事业的发展贡献力量。

二、播音教师的专业背景与能力要求

从播音教师的发展历程来看,早期播音教师大多来自广播电视行业的一线实践,他们通常拥有丰富的播音员或主持人的工作经验。随着广播电视行业的蓬勃发展,特别是改革开放以后,全球媒体的相互影响促使广播电视节目形式日益多样化,播音主持专业人才的需求类型和数量大幅增加。这一时期,播音教师队伍逐渐丰富,不仅包括了一线播音员和主持人,还引入了广播电视行业的其他岗位工作人员。

同时,随着播音学术研究的深入,具有较高理论水平和文化素养的播音教师在中国播音学的学科建设、学术研究和话语体系构建方面发挥了重要作用。这些教师不仅传授专业知识,还致力于播音学理论的研究和发展,为

---

① 司雯雯.高校播音与主持艺术专业课程思政教学改革探索[J].洛阳理工学院学报(社会科学版),2024,39(4).

播音教育提供了坚实的理论基础。

进入互联网时代，数字技术的迅速发展带来了传媒行业的巨大变革。特别是在媒体智能化的趋势下，播音教师队伍建设面临着新的挑战和机遇。为了适应专业发展的需求，播音教师队伍需要吸收更多具有跨学科背景的人才。这些人才不仅具备扎实的播音专业知识，还能够融合计算机科学、数据科学、心理学等多个领域的知识，从而培养出符合党、国家和社会需要的高级复合型专业人才。

总而言之，播音教师的专业背景与资格要求随着时代的发展而不断演变。从早期的一线实践经验丰富的播音员、主持人，到具有较高理论水平和文化素养的研究型教师，再到跨学科背景的复合型人才，播音教师队伍建设始终紧跟行业发展步伐，确保能够培养出适应新时代需求的高素质播音人才。

（一）丰富的行业实践经验

具有丰富行业经验的播音教师在播音教育中扮演着极其重要的角色。这些教师不仅能够传授专业知识，更重要的是能够将行业内的最新动态和技术传授给学生，帮助学生建立起坚实的播音基础。行业经验丰富的教师具有行业洞察力，能够及时了解并掌握行业内的最新动态和发展趋势，如新兴的播音技术和传播方式。这些教师能够向学生介绍最新的技术革新，如新媒体技术、人工智能在播音中的应用等。此外，他们可以分享自己的实际工作经验，包括成功的案例和遇到的挑战，帮助学生理解如何在实践中解决问题。通过模拟真实的播音场景，教师可以帮助学生提高应对各种复杂情况的能力。这一点在传统的播音教学的反复检验中已经得以验证。例如，基于自己的行业经验，教师可以为学生提供关于未来职业发展的建议和指导，甚至还可以利用自己的人脉网络为学生创造实习和就业的机会。

具有丰富行业经验的播音教师能够为学生提供宝贵的实战经验和行业洞见，帮助他们在未来的职业生涯中取得成功。通过传授专业知识、分享实践经验、提供职业规划指导等多种方式，这些教师为学生打下了坚实的专业基础，使其能够在快速变化的媒体行业中立足。

(二) 深厚的理论素养

随着播音学术研究的深入,具有较高理论水平和文化素养的播音教师在中国播音学的学科建设、学术研究和话语体系构建方面发挥了重要作用。这些教师不仅传授专业知识,还致力于播音学理论的研究和发展,为播音教育提供了坚实的理论基础。

在学科建设方面,通过自己的研究成果和教学实践,这些教师为播音学的学科建设提供了理论支撑,构建了系统的播音学理论框架。他们参与设计和开发适合现代播音教育需求的课程体系,确保课程内容既符合学术要求又能满足行业需求。

在学术研究与创新方面,通过撰写论文、专著等形式,播音教师进行播音学理论的研究,推动播音学领域的学术进步。他们关注播音学的最新研究动态和发展趋势,引领学生探索前沿领域,如新媒体播音、智能语音技术等。

在话语体系构建方面,播音教师参与制定和推广播音学的专业术语和概念,为播音教育和实践提供统一的语言工具。通过播音教育促进文化的传播和交流,帮助学生理解和尊重不同的文化和价值观念。

在理论与实践结合方面,他们将理论研究成果应用于教学实践,使学生能够将理论知识转化为实际操作能力。运用典型的案例分析来解释理论原理,增强学生对理论的理解和应用能力。

具有深厚理论素养的播音教师通过其在学科建设、学术研究、话语体系构建等方面的工作,不仅为播音教育提供了坚实的理论基础,还促进了播音学的发展和创新。这些教师通过自己的研究成果和教学实践,培养了一批批既有深厚理论功底又有丰富实践经验的播音人才,为播音事业的发展做出了重要贡献。

(三) 跨学科的知识结构

随着互联网时代的到来,数字技术带来传媒业的大变革,尤其是在媒体智能化的发展趋势下,播音教师队伍建设需要更多跨学科背景人才的加入,以适应专业发展需求。这些人才不仅具备扎实的播音专业知识,还能够融合计算机科学、数据科学、心理学等多个领域的知识,从而培养出符合党、国家和社会需要的高级复合型专业人才。

在新的技术环境下,播音教师需要具备跨学科的知识结构,以应对媒体行业快速变化的需求。这意味着教师不仅需要精通播音专业知识,还要了解并掌握与播音相关的其他学科知识,如计算机科学、数据科学、心理学等。例如,随着新媒体技术的发展,播音教师需要掌握新媒体平台的运作机制和传播特点,以便能够指导学生有效地利用这些平台进行内容创作和传播。

计算机科学为播音教师提供了技术工具和方法,使得他们能够更好地利用数字技术来提升教学质量和学生的学习体验。数据科学则帮助教师掌握数据分析技能,以评估播音内容的效果和受众反馈,这对于优化播音内容和提升传播效果至关重要。心理学知识则有助于教师理解受众的心理特点和行为模式,从而指导学生如何更好地与观众建立情感联系,提高播音内容的吸引力和影响力。

跨学科的知识结构不仅增强了播音教师的专业能力,也为学生提供了更加全面和实用的教育。通过整合不同学科的知识,播音教师能够培养学生具备跨学科的思维方式和解决问题的能力,这对于培养能够在复杂多变的媒体环境中脱颖而出的高级复合型专业人才至关重要。

总之,具有跨学科知识结构的播音教师能够更好地适应新时代媒体行业的需求,不仅为学生提供了坚实的专业基础,还培养了他们成为符合党、国家和社会需要的高级复合型专业人才。这些教师通过自己的专业知识和跨学科能力,为播音教育和传媒行业的发展做出了重要贡献。

(四)与时俱进的教学理念和适应新技术的能力

随着新媒体技术的迅速发展和传媒行业的不断变化,播音教师不仅需要具备深厚的专业背景和理论素养,还必须具备与时俱进的教学理念和适应新技术的能力。这是因为新技术的应用正在重塑传媒行业的面貌,同时也对播音教育提出了新的要求。

与时俱进的教学理念意味着播音教师需要不断更新自己的教学方法和

理念,以适应不断变化的传媒环境。一是课程内容的更新:教师需要密切关注行业动态和技术发展趋势,及时调整课程内容,确保学生能够接触到最新的知识和技术。二是教学方法的创新:采用多样化的教学方法,如项目式学习、翻转课堂等,以提高学生的学习兴趣和参与度。三是思政教育的融入:将思政教育有机地融入专业课程之中,帮助学生树立正确的价值观和社会责任感。四是实践教学的强化:通过校企合作等方式,为学生提供更多的实践机会,让他们能够在真实的环境中锻炼技能。

此外,播音教师需要具备应新技术的能力。这是指播音教师需要掌握并运用新媒体技术来优化教学过程,提高教学效果。一是数字化教学资源的利用:利用在线课程、虚拟实验室等数字化教学资源,丰富教学手段,提高教学效率。二是新媒体技术的应用:掌握新媒体平台的使用方法,如社交媒体、直播平台等,以培养学生的数字媒体素养。三是数据分析能力的培养:学习数据科学的基本知识,利用数据分析工具来评估教学效果和学生表现。

总之,播音教师需要具备与时俱进的教学理念和适应新技术的能力,才能更好地培养出符合新时代需求的高质量播音人才。这不仅要求教师能够紧跟行业和技术的发展步伐,还需要不断地自我提升和发展,以确保能够为学生提供最优质的教育。通过不断学习和实践,播音教师可以成为连接传统与现代、理论与实践的重要桥梁,为播音教育的发展做出贡献。

三、播音教学方法与实践案例

播音教学方法与实践案例是播音教育中极为重要的一部分,它不仅体现了教师的教学理念,还反映了教师如何将理论知识与实践技能相结合,以培养出符合新时代需求的高质量播音人才。

(一) 线上线下混合式教学模式

线上线下混合式教学模式是一种结合线上资源和线下课堂教学的教学方法,旨在提高教学效率和学生的学习兴趣。通过线上平台发布预习材料、录制示范视频,线下进行实践演练和师生互动,实现了理论与实践的有效结合。①

假设一位播音教师计划采用线上线下混合式教学模式,开展一堂关于"播音发声技巧"的课程。该课程分为线上部分和线下部分展开。

首先是线上部分。在课程开始前一周,教师通过在线平台发布一份详细的预习指南。这份指南包括关于发声原理的理论知识、经典播音作品的音频链接以及相关的学术文章。目的是让学生提前了解发声的基本原理和技术要点,为线下课程做充分准备。此外,教师还需要录制一系列示范视频,详细展示正确的呼吸方法、口腔控制、共鸣技巧等。学生可以在课前观看这些视频,模仿教师的动作和发音,进行初步的自我练习。

然后是线下部分。在线下课程中,教师首先回顾线上预习材料中的重点内容,并通过提问检验学生的预习情况。接下来,教师组织学生进行分组练习,每组由一名学生演示发声技巧,其他同学观察并给出反馈。教师也会亲自指导每位学生的发音,纠正错误,确保每个学生都能掌握正确的发声方法。在实践演练之后,教师组织全体学生进行讨论,分享各自在练习过程中遇到的问题和解决方法。教师还会解答学生提出的疑问,并鼓励学生之间相互学习,形成良好的学习氛围。课程的最后阶段,学生被分成小组,每组选择一段新闻稿进行播音练习。教师要给予每组具体的指导建议,帮助学生改进发音技巧,并提高播音质量。小组成员之间的互动和合作也是这部分的重点,目的是培养学生的团队合作能力。

课程结束后,教师通过线上平台收集学生的反馈意见,并根据反馈调整后续课程的设计。学生还需要提交个人的录音、录像作业,教师根据作业的质量给出评分,并提供个性化的改进建议。

通过上述实例可以看出,线上线下混合式教学模式能够充分利用线上资源的优势,如灵活性和便捷性,同时保留线下课堂教学的互动性和实践性。这种模式不仅提高了教学效率,还极大地提升了学生的学习兴趣和参

---

① 秦敏,付焱.数智化转型背景下播音主持课程的"双线混融"教学模式[J].中国传媒教育,2022(01):35-39.

与度。通过理论与实践的有效结合,学生能够在较短的时间内掌握播音发声技巧,为进一步的专业学习打下坚实的基础。

(二)微格教学

微格教学是一种针对特定教学技能进行集中训练的方法。播音教师可以利用微格教学来帮助学生专注于某一项技能的训练,比如发音、情感表达等。通过短小精悍的教学单元,学生可以在模拟环境中反复练习,教师则可以给予即时反馈和指导,从而提高学生的实践能力。

假设一位播音教师计划采用微格教学法来帮助学生提高播音中的情感表达能力。该教学单元的具体设计可以包括确定教学目标、设计教学单元、模拟环境、学生联系、即时反馈、反复练习和总结与反思几个部分。

首先,教师明确本次微格教学的目标是提高学生的情感表达能力,让学生能够更自然、更生动地传达信息。接着,需要设计短小精悍的教学单元,例如,一段包含多种情感色彩的新闻报道,时长往往控制在 5 分钟以内,便于学生集中注意力进行练习。微格教学的一大特征是模拟场景,即必须为学生提供一个模拟播音室的环境,配备必要的设备,如麦克风、耳机等,让学生感觉自己置身于真实的播音环境中。然后,学生被分成小组,轮流进入模拟播音室进行练习,每位学生需要按照提供的新闻报道文本进行播音,尝试用不同的情感表达方式来演绎同一段文字。教师和其他小组成员通过监听设备观察每位学生的播音表现,并记录下他们的优点和需要改进的地方。练习结束后,教师立即给予每位学生针对性的反馈,指出他们在情感表达上的不足之处,并提出改进意见。根据教师的反馈,学生再次进入模拟播音室进行练习,尝试改进之前的表现,这个过程重复几次,直到学生能够达到预期的情感表达水平为止。整个微格教学单元完成后,教师组织学生进行总结讨论,分享彼此的经验和感受,并引导学生反思整个练习过程中的收获,以及如何在未来的学习和工作中进一步提高情感表达能力。

微格教学是播音教学方法中一种极为常用且非常有效的教学方法,它允许学生在一个安全的、模拟的环境中专注于某一项特定技能的训练。通过教师的即时反馈和指导,学生能够在短时间内显著提高自己的实践能力。

这种教学方法特别适用于播音教育,因为它能够帮助学生在短时间内掌握和改善关键技能,这对于成为一名优秀的播音员至关重要。

(三)思政教育融入专业教学

将思想政治教育融入专业课程教学中,旨在培养学生的社会责任感和正确的价值观。教师可以设计一些与社会热点相关的播音案例,引导学生从多个角度分析问题,并思考作为播音员或主持人应该如何传递正确的信息和社会正能量。①

(四)跨学科合作

随着新媒体技术的发展,播音教师需要与计算机科学、心理学等其他学科的教师合作,共同开发跨学科课程。例如,与计算机科学教师合作,教授学生如何使用数字工具进行声音处理和后期制作;与心理学教师合作,讲解如何更好地理解听众心理,提高播音内容的吸引力。

例如,河海大学播音与主持艺术专业通过构建"1+2+3+N"的课程案例开发模式,积极探索艺术与工科专业的学科交融途径。② 该模式以跨学科案例主题模块设计为切入点,在不同学科和课程之间建立关联,通过创建跨学科实践场景,综合运用多种教学手段,开发跨学科主题教学案例,实现学科交融。

1个"关键":案例设计融入跨学科元素。结合河海大学的水利特色,设计了六个水利主题模块,包括自然灾害与水利工程、水利工程的历史和发展、水资源管理和保护、水利工程与可持续发展、水利国际合作与交流、水文化传播活动等。这些模块旨在探索水利领域的重要话题,如水利工程对社会经济的影响、水资源危机的应对策略等。根据不同课程的教学知识点,运

① 司雯雯. 高校播音与主持艺术专业课程思政教学改革探索[J]. 中国传媒教育, 2022(02):56-58.

② 于红,胡兴波.新文科背景下工科院校播音与主持艺术专业课程案例开发研究 [J].黑河学刊,2023(04):45-52.

用采访、播报、主持、直播等多种专业形式和水利主题自由组合,开发特色主题案例。例如,以《中华人民共和国长江保护法》的实施为契机,学生作为主持人邀请校内水资源专家、南京秦淮河区域的河长走进演播室进行对话,对法规出台的意义进行解读,传递政府应对水资源危机的策略。

2个"支撑":创建跨学科案例实践场景。利用水利学科实践基地为播音与主持艺术专业学生提供一个理想的机会去掌握跨行业的知识和技能。学生可以在提升专业技能的同时了解水利工程的相关知识,促进他们毕业后能够适应更广泛的工作环境。通过参与水利科研项目的启动仪式或现场观察活动,播音与主持艺术专业的学生不仅可以提高自身的实践能力和综合素质,还能够将水利科研项目的建设和成果通过影像记录和网络直播进行传播。

3个"手段":多渠道确保案例实施。在实景演播室开展案例教学的同时,利用虚拟演播室技术模拟现实场景,构建沉浸式教学模式,为学生提供更为丰富的学习体验。线下展示时优选不同课程群中的优秀案例成果进行展示,线上则借助互联网平台、社交媒体等对案例成果进行展演。

N个"维度":多方面促进学生能力培养。设计跨学科案例主题模块,实现学科交融,让学生在案例实践中了解和应用不同学科的知识,加深对学科间关系的理解和学科之间的融合。依托课程群开发案例素材,实现案例体系化,将不同课程之间的教学内容进行有效衔接,帮助学生形成系统性知识结构,提高学生的综合能力和创新能力。注重跨学科思维和能力培养,实现人才素质多元化,通过参与案例的开发和应用,学生可以深入思考和探索问题,激发其主观能动性和创新能力,培养批判性思维和解决问题的能力。

通过以上措施,河海大学播音与主持艺术专业成功地实现了跨学科合作,不仅加强了学生跨学科的知识和技能,还提高了他们的实践能力和综合素质,为他们未来的职业生涯奠定了坚实的基础。

播音教学方法与实践案例是播音教育中不可或缺的一部分,它们不仅体现了教师的教学理念,还反映了教师如何将理论知识与实践技能相结合,以培养出符合新时代需求的高质量播音人才。通过线上线下混合式教学模式、微格教学、思政教育融入专业教学以及跨学科合作等方法,播音教育不仅提高了教学效率和学生的学习兴趣,还极大地提升了学生的实践能力和综合素质。这些教学方法的成功应用不仅为学生未来的职业生涯奠定了坚实的基础,也为播音教育的发展注入了新的活力。

第二节　播音学生

播音学生的培养是播音教育的培养对象。本节将探讨播音学生的选拔标准与入学条件、学习过程中的重点与难点,以及播音专业的学位、学历体系和实践方向。通过深入了解这些方面,可以更好地理解播音教育是如何塑造学生的专业技能和个人特质的,以及这些学生如何在毕业后适应并成功地在播音领域中发展。

一、学生的选拔标准与入学条件

高校播音与主持艺术专业的选拔方式是由一系列政策依据和教育指导原则形成的。这些选拔方式旨在确保被录取的学生既具备良好的专业技能又拥有较高的文化素养。

(一)选拔政策形成依据与实施过程

播音与主持艺术专业学生的选拔必须依据一定的政策,这是因为政策为选拔过程提供了必要的指导和规范,确保了选拔的公正性、透明性和专业性。

1.政策形成与实施过程

播音与主持艺术专业学生的选拔是一个多层级、系统化的过程,旨在确保选拔出的学生不仅具备扎实的专业技能,还拥有较高的文化素养和综合素质。这一过程从国家层面的指导原则出发,经过省级教育行政部门的细化调整,最终落实到各高校的具体招生实践中。

首先,播音学生选拔政策由教育部发布指导原则。教育部每年都会发布有关艺术类专业招生的通知,明确招生的基本原则和要求,为高校播音专业的选拔提供政策依据。这些指导原则确保了选拔过程的统一性和规范性,为全国各地的高校提供了共同遵守的基本框架。通过这种方式,教育部能够确保播音与主持艺术专业的选拔标准在全国范围内保持一致,同时也为考生提供了一个公平竞争的平台。

其次,各省级教育行政部门会根据教育部的指导原则,结合本地区的实际情况,制定具体的招生实施细则。省级教育行政部门的作用在于将教育部的指导原则落地实施,考虑到不同省份之间的差异,这些实施细则可能会有所调整,以适应当地的实际情况。例如,不同省份可能会根据本地的教育资源和需求来设置不同的选拔标准或考试内容,这有助于确保选拔过程既符合国家标准又能体现地方特色。

最后,具有一定资格的高校可以实行自主招生。高校根据自身的教学特点和培养目标,在遵守国家和地方政策的前提下,制定播音专业的招生计划和选拔方式。这意味着高校在选拔播音与主持艺术专业学生的过程中拥有一定的自主权,可以根据自己的教学理念和专业特点来设计选拔方案。例如,一些高校可能会更加注重学生的专业技能,而另一些高校则可能更看重学生的文化素养或综合素质。这种灵活性有助于高校吸引最适合其培养模式的学生,同时也为学生提供了多样化的选择。

播音与主持艺术专业学生的选拔是一个由上至下的过程,从教育部的指导原则开始,经过省级教育行政部门的细化和调整,最终落实到各个高校的具体招生实践中。这个过程确保了选拔过程既符合国家的整体要求,又能够充分考虑地方特色和高校自身的特点。

2.确保选拔的公正性

政策文件,如《普通高等学校招生全国统一考试大纲》《关于做好2023年普通高等学校部分特殊类型招生工作的通知》《普通高等学校招生工作规定》和《普通高校艺术类专业招生办法》等,为选拔播音与主持艺术专业的学生提供了统一的标准和程序。这有助于确保所有考生在相同的条件下参与选拔,避免了主观偏见和不公。《普通高等学校招生全国统一考试大纲》作为全国普通高校招生考试的基本纲领,它包含了艺术类专业的考试大纲,为播音与主持艺术专业的选拔提供了基本框架。这意味着该大纲不仅定义了考试的内容范围和标准,而且确保了选拔过程的专业性和公平性。《关于做好 2023 年普通高等学校部分特殊类型招生工作的通知》是由教育部发布的文件明确了艺术类专业招生的基本原则和要求,包括播音与主持艺术专业的招生政策。这有助于确保招生工作的规范性和一致性,同时也为学校和学生提供了明确的指导。《普通高等学校招生工作规定》从宏观层面上规范了艺术类专业的招生流程,为播音与主持艺术专业的招生提供了指导。这有助于维护招生工作的透明度和公正性,保障每位考生的合法权益。《普通高校艺术类专业招生办法》明确了艺术类专业招生的具体办法,包括播音与主持艺术专业的选拔标准和程序。通过这些具体的指导原则和操作细则,招生工作得以有序进行,同时也为考生提供了清晰的选拔路径。

这些政策文件共同构成了播音与主持艺术专业学生选拔的基础框架。它们不仅确保了选拔过程的专业性和公平性,还为播音与主持艺术专业的学生提供了更加清晰和合理的选拔路径。此外,这些政策也促进了教育公平,确保了每一位有才华的学生都有机会接受高等教育,为未来的职业生涯打下坚实的基础。

3.维护选拔的专业性

维护选拔的专业性是确保播音与主持艺术专业学生选拔质量的关键因素。政策文件通过明确选拔的标准和程序,为选拔过程提供了专业性的指导和支持。这样的标准确保了被选拔的学生具备播音与主持艺术专业所需的专业技能和综合素质。

公开政策对播音生的选拔条件有明确的说明。归纳起来大致归为形象气质、普通话发音、表达能力、文化素养和综合素质五个方面。形象气质:良好的形象气质对于播音学生尤为重要,包括仪表端庄、形象健康等方面。普通话发音:要求考生具备良好的普通话发音能力,这是播音与主持艺术专业学生最基本也是最重要的技能之一。表达能力:考生需要具备清晰、流利的口头表达能力,能够有效地传达信息。文化素养:选拔标准还包括对文化素养的要求,如阅读理解能力、写作能力和对文学艺术作品的理解能力等。综合素质:除了专业技能之外,还考察考生的形象气质、心理素质以及团队合作能力等综合素质。

此外,政策文件规定了标准化的考试形式和内容,如省级统考中的文稿朗读、图片述评和才艺展示等,这些考试项目旨在全面评估考生的专业技能和综合素质。部分政策文件提倡将专业课成绩与文化课成绩相结合,通过综合评价的方式录取学生。这种做法既考虑了考生的专业能力,也兼顾了其文化素养,从而确保选拔出的学生不仅具备专业技能,还具有较高的文化水平。除了笔试外,政策文件还鼓励高校组织面试和实操测试,直接考察考生的临场应变能力和实际操作能力,这对于播音与主持艺术专业尤为重要。政策文件支持高校在选拔过程中考虑考生的综合素质,包括社会实践经历、个人陈述、推荐信等非考试因素,以更全面地评估考生的潜力和发展前景。

4.促进教育公平和提高选拔效率

通过遵循统一的政策,所有考生都有平等的机会参与选拔,不论他们的背景如何。这有助于确保教育机会的公平分配,使真正有才华的学生能够脱颖而出。政策文件提供了选拔的具体流程和操作指南,有助于高校高效地组织选拔过程,减少不必要的行政负担。政策规定了选拔的基本原则和程序,保护了考生的合法权益,比如,明确规定了选拔标准、考试内容和录取程序等,确保选拔过程的透明度。选拔政策有助于培养高质量的播音与主持艺术专业人才,这对行业的发展至关重要。这些人才将成为未来的广播电视播音员、节目主持人等,对传播行业产生积极的影响。

通过明确选拔标准和程序,政策文件不仅保证了选拔过程的专业性,还促进了播音与主持艺术专业的发展。人才培养方面,保障选拔出具备良好专业技能和综合素质的学生,有利于培养未来的广播电视播音员、节目主持人等,为行业输送高质量的人才。行业规范方面,确保高标准的选拔要求有助于提升整个行业的专业水平,促进播音与主持艺术领域的规范化和专业化发展。社会影响方面,高素质的播音与主持艺术专业毕业生可以更好地服务于社会,传递正确的价值观和社会正能量。

(二)播音学生选拔方式和考试实施过程

高校播音与主持艺术专业的选拔方式通常包括专业优先模式、专业课和文化课兼顾模式、文化优先模式、专业差异性模式、"专业差异+省份差异"模式几种。

专业优先模式即文化课成绩过省提档线,按照专业课成绩从高到低录取。这种方式适用于强调专业技能的选拔。专业课、文化课兼顾模式即文化课成绩过省提档线,专业课和文化课各取一定的比例,按综合分从高到低录取。这种方式提升了对文化课成绩的要求,旨在培养综合素质更高的学生。文化优先模式即文化课成绩过省提档线,专业课过关的情况下,按文化课成绩从高到低录取。这种方式适用于强调文化素养的选拔。专业差异性模式即在同一个高校里,不同专业的录取方法和分数的比例都不相同。这种方式根据不同专业的特点设定不同的选拔标准。"专业差异+省份差异"模式即根据不同专业和不同省份设定不同的录取规则。这种方式适用于那些在不同地区有不同的招生政策的高校。

具体的考试实施包括省统考、校考和综合评价三个过程。省级统考是各省组织的播音与主持艺术专业统一考试,旨在对学生的基本专业技能进行评估。考查内容包括语音面貌、构思创意、阅读理解及语言表达能力等。校考是部分高校会组织校内专业考试,进一步筛选和评估考生的专业能力。可能包括面试、模拟播音、才艺展示等环节。综合评价是除了考试成绩外,高校还会考虑考生的综合素质,如社会实践经历、个人陈述、推荐信等。

综上所述,高校播音与主持艺术专业的选拔方式涵盖了多种模式,旨在根据不同情况和需求选拔最合适的学生。选拔实施过程则通过省级统考、校考和综合评价等多种方式,确保选拔出的学生不仅具备良好的专业技能,还拥有较高的文化素养和综合素质。高校播音与主持艺术专业的选拔方式是由国家和地方教育部门的政策指导与高校的自主招生相结合形成的。这些选拔方式旨在确保被录取的学生不仅具有出色的专业技能,同时也具备良好的文化素养和综合素质。上述内容综合了关于高校播音与主持艺术专业选拔政策的相关信息,具体细节需要参考教育部及各高校发布的最新招生简章和官方通知。

二、学习过程中的重点与难点

播音与主持艺术专业的学习过程涉及多个方面,既有重点也有难点。

(一)学习重点

播音与主持艺术专业的学习重点在于培养学生具备扎实的专业技能和良好的综合素质。具体来说,主要体现在语音训练、语言表达能力、文化艺术修养和实践能力几个方面。

语音训练方面,重点在于掌握标准的普通话发音,包括声母、韵母、声调的准确发音。训练中还需要注意语速、语调、重音等语音元素的运用,以达到清晰、流畅、富有表现力的语音效果。这不仅要求学生能够准确地发音,还需要他们能够根据情境调整语气,以更好地传达信息。

语言表达能力培养,包括口头表达和书面表达两方面,重点在于提高语言组织能力、逻辑思维能力和即兴应变能力。通过模拟播音、新闻播报、节目主持等方式进行训练,以增强语言表达的准确性和感染力。这要求学生不仅要有良好的语言功底,还需要具备较强的沟通技巧和临场发挥能力。

文化艺术修养是指通过学习文学、历史、哲学、艺术等方面的知识,提高个人的文化底蕴和审美鉴赏能力。这对于播音与主持艺术专业的学生来说非常重要,因为良好的文化底蕴能够帮助他们在节目中更好地理解和传达信息,提升节目的深度和广度。

实践能力,则包括节目策划、采访技巧、后期制作等内容,重点在于培养学生的实践操作能力和创新意识。通过实习、模拟节目制作等方式进行训练,以提高解决实际问题的能力。这不仅需要理论知识的学习,还需要大量的实践操作经验积累。

(二)学习难点

播音与主持艺术专业的学习是一个充满挑战的过程,它不仅要求学生掌握扎实的专业技能,还强调综合素质的培养。在这个过程中,学生会遇到各种学习难点,这些难点既是对学生能力的考验,也是成长的机会。以下是播音与主持艺术专业学习中的一些主要难点,这些难点包括语音纠正与改善、情感表达与控制、快速反应与即兴创作、跨学科知识融合以及技术与新媒体应用等方面。面对这些难点,学生需要坚持不懈地努力,并在实践中不断提升自己。

语音纠正与改善。对于普通话发音不够标准的学生而言,纠正方言习惯、改善发音是一个挑战。这需要长期坚持练习和专业教师的指导。学生需要克服方言习惯,不断练习以达到标准的普通话发音。

情感表达与控制。如何在播报新闻或主持节目时恰当地表达情感,同时保持客观性和专业性,这是一种挑战。这需要学生具备良好的情绪管理能力,并能够在不同的情境中灵活调整自己的表达方式。在不同类型的节目中,情感的表达方式也需要有所不同,这需要学生具备较高的情感把控能力。

快速反应与即兴创作。在直播或现场活动中,播音员和主持人需要具备快速反应的能力和即兴创作的才能。这要求学生不仅要有扎实的专业知识,还要具备丰富的实践经验。在面对突发状况时,能够迅速做出反应并进行适当的处理,这对学生的心理素质和应变能力提出了较高要求。

跨学科知识融合。播音与主持艺术专业的学习不仅仅是语音和表达的训练,还需要学生具备广泛的知识面。如何将跨学科知识融入播音与主持中,以丰富节目的内涵和提升观众体验,是一个需要不断探索的领域。学生需要不断拓宽自己的知识边界,以便在节目中能够更加游刃有余地表达观点。

技术与新媒体应用。随着新媒体技术的快速发展,掌握新媒体工具和技术成为播音与主持艺术专业学生的一项重要技能。学生需要了解并熟练使用各种音频、视频编辑软件和其他新媒体工具。这不仅要求学生掌握传统的广播技术和技巧,还需要他们紧跟技术发展的步伐,学会利用新技术和新媒体手段进行创作。

综上所述,播音与主持艺术专业的学习既注重专业技能的培养,也强调综合素质的提升。学生在学习过程中不仅要掌握语音、表达等基础知识,还要具备良好的文化素养、实践能力和创新意识。面对学习中的难点,学生需要坚持不懈地努力,并在实践中不断提升自己。

三、播音专业的学位、学历体系和实践方向

播音与主持艺术专业的学位体系不仅注重理论知识的学习,也非常重视实践能力的培养。为了让学生更好地适应未来的工作环境,播音专业的学位体系设置了多个实践方向,旨在通过系统的实践训练提高学生的专业技能和综合素质。

(一)播音专业的学位、学历体系

播音与主持艺术专业的学位学历体系是高等教育体系的一个重要组成部分,旨在通过系统的理论学习和实践训练,培养具备新闻传播基本理论知识和深厚文化功底的学生,使其能够胜任广播电视播音员、节目主持人等工作。播音与主持艺术专业的学位学历体系通常包括专科、本科、研究生三个层次。

专科学历层次中,学生通过完成三年制的专科学习后,可以获得相应的专科学历证书。专科层次的学习侧重于播音与主持艺术专业的基本技能训练和技术应用能力的培养。专科层次的课程设置更加侧重于技能训练和技术应用。毕业要求为完成规定的学分要求;通过毕业设计或实习报告答辩;达到一定的专业技能水平,如普通话水平测试等级证书。

本科层次中,学生完成四年制本科教育后,学生可以获得文学学士、艺术学士学位或其他规定的学士学位。这一阶段的学习侧重于播音与主持艺术专业的基础理论知识和基本技能训练,更加强调理论学习和综合素质,实践能力和创新能力的培养。本科层次目标是培养具备新闻传播基本理论知识和深厚文化功底的学生,熟悉中国的新闻传播环境,能够胜任广播电视播音员、节目主持人等工作。本科生毕业要求为完成规定的学分要求;通过毕业论文或毕业设计答辩;达到一定的专业技能水平,如普通话水平测试等级证书。

研究生层次分为硕士学位和博士学位。完成两年或三年制硕士研究生教育后,学生可以获得新闻传播学硕士、艺术硕士学位其他规定的硕士学位。这一阶段的学习更加注重理论研究和专业实践能力的提升。完成三年或以上博士研究生教育后,学生可以获得新闻传播学博士、艺术学博士学位其他规定的博士学位。这一阶段的学习主要侧重于原创性的学术研究和高水平的艺术创作。在前一学位的基础上进一步深化理论知识,提高科研能力和专业实践能力。研究生阶段的学习更加注重学术研究和个人艺术风格的塑造。研究生的毕业要求为完成规定的学分要求;发表学术论文或实践作品;完成硕士论文或博士论文的研究和撰写,参加并通过论文答辩。

播音与主持艺术专业的学历通常受到国家教育主管部门的认可,学生毕业后可以获得相应的学历证书。播音与主持艺术专业的学位学历体系旨在通过系统的理论学习和实践训练,培养具有良好专业技能和综合素质的播音与主持人才。这一专业特别注重实践能力的培养,通过多种形式的实践教学活动提高学生的实际操作能力,确保学生能够将理论知识应用于实践中。同时,该专业还强调综合素质的培养,除了专业知识和技能外,还重视学生的语言表达能力、文化素养等多方面的素质提升。随着新媒体技术的不断发展,课程内容和教学方法也在不断更新,以适应行业发展的新趋势,确保学生能够掌握最新的技术和工具,为未来的职业生涯做好准备。

(二)播音专业学生的就业方向

播音与主持艺术专业的毕业生在就业市场上拥有广泛的选择,不仅可以在传统媒体领域发展,还能涉足新媒体、教育、企业事业单位宣传等多个领域。

在传统媒体领域,最直接的职业路径是成为电视台或广播电台的主持人或记者,这类岗位要求良好的口才、演讲技巧和写作能力。此外,播音专业的学生还可以从事新闻采编工作,这需要较强的沟通能力和新闻敏感度。配音员也是一个不错的选择,他们为影视作品、动画片、游戏、广告等提供声音,需要专业的配音技巧和表演能力。

新媒体领域的兴起为播音专业的学生提供了更多机会。网络主播或网络节目主持人的角色越来越受欢迎，这些岗位要求利用自身播音主持技能在网络平台上进行直播、制作视频等内容创作，积累粉丝和影响力。新媒体运营工作同样适合播音专业的学生，他们可以从事内容策划、编辑和推广工作，需要掌握新媒体技术和营销策略。此外，学生还可以成为自媒体创作者，通过社交媒体平台建立个人品牌。

企事业单位的宣传部门也是播音专业学生的一个重要去向。他们可以在企业内部担任主持人或讲师的角色，负责媒体宣传、会议主持、员工培训和文艺组织等工作。公共关系专员的工作则涉及公关活动的策划和执行，需要出色的沟通和协调能力。

教育行业对于播音专业的学生来说也是一个不错的方向。他们可以在学校或培训机构担任播音主持教师，教授相关课程或进行普通话辅导。对于对艺术类考试感兴趣的学生，也可以成为艺考培训师，为准备艺术类考试的学生提供播音主持专业的辅导和培训。

随着电子竞技产业的发展，电竞解说员或主持人也成为一个新兴的职业方向，需要具备良好的语言条件和对电竞行业的深入了解。最后，播音专业的学生还可以在影视公司担任媒体策划人员，根据公司的宣传需求制定宣传方案，提升影视作品的知名度和吸引力。

无论选择哪个方向，播音与主持艺术专业的学生都需要不断提高自己的专业技能和综合素质，以适应不断变化的媒体环境。此外，持续学习新技术和工具也是必不可少的，特别是在新媒体领域，技术更新换代速度非常快。

结 语

《百年中国播音教育发展史》一书全景式地展现了中国播音教育从萌芽、成长到成熟，直至今日的全过程。通过对播音教育历史渊源、创新发展历程，以及其特殊性的详细阐述，本书勾勒出一幅生动的画卷，记录了播音教育在中国社会变迁中的独特轨迹。

播音教育的学科历史渊源揭示了"说"与"写"在语言发展中的地位变化。从最初的语言以口语形式存在，到文字的出现让语言有了固定的形态，"说"与"写"的发展呈现出严重的不平衡。"写"成为文化的载体，而"说"则逐渐退化为一种本能，直至广播的出现，才重新赋予了口语新的生命力。这不仅是技术进步的结果，也是社会对口语表达需求增长的体现。

播音教育的创新发展历程展示了播音职业从无到有、逐渐专业化的过程。从最早的播音员以新闻播报为主，到后来节目多样化，播音员的角色也随之扩展，不仅限于新闻播报，还包括节目主持、现场采访等多重职责。随着电视的普及，播音员的工作更加多样化，这不仅要求他们有良好的语言表达能力，还需要具备广泛的综合素养，以适应日益复杂的工作环境。而播音教育也顺应这一趋势，逐渐形成了完整的教学体系，为社会培养了大批优秀的播音人才。

播音教育的特殊性在于它与广播电视事业的紧密联系。随着技术的发展，从模拟信号到数字信号，再到如今的智能化技术的应用，每一次技术革命都对播音教育产生了深远影响。播音教育机构不断调整教学内容和方法，以培养能够适应新媒体环境的专业人才。同时，随着信息技术的发展，播音教育更加注重理论与实践的结合，强调跨学科融合，培养具有多元技能的复合型人才。

此外,普通话的推广与播音人才的培养密切相关。普通话作为国家通用语言,在广播电视播音主持领域扮演着极其重要的角色。具备一口流利纯正的普通话是播音员和主持人最基本的职业素养。从 1955 年至今,普通话推广经历了三个重要阶段,从制定标准、初步推广,到深化教育体系中的应用,再到利用信息技术高速推广。这一系列变化表明,普通话在广播电视播音主持领域的法定地位不可动摇。

本书还特别关注了语言资源保护及特殊群体语言政策。在推广普通话的同时,国家也十分重视保护和传承少数民族语言文化,推动语言文字的规范化、标准化和信息化,以更好地服务于国家和社会发展。这些政策和规划共同构成了一个全面的语言文字政策体系,不仅促进了语言文字的现代化进程,也为少数民族语言播音提供了完善的政策支持。

终身学习机制的建立与发展大大扩宽了播音教育的外延。鉴于媒体行业的快速变化,终身学习将成为播音从业者不可或缺的基本素养。教育机构需要建立健全终身学习机制,为在职人员提供多样化、个性化的继续教育资源,以满足不同层次和需求的学习者。这包括在线课程、短期培训、工作坊等多种形式的学习机会,旨在帮助从业者不断更新知识结构,掌握最新的技术和行业动态,确保其专业技能始终与时俱进。

播音教育正面临一个充满机遇的时代。通过技术创新、跨学科融合、国际化视野以及终身学习机制的建立,播音教育不仅能够培养出适应新时代要求的专业人才,还将为推动整个行业的发展做出重要贡献。

在不断变化的媒体环境中,每一位从业者都应当始终保持学习的热情,积极探索学习新的知识和技术,以适应行业的发展需求。尽管著者以极其认真负责的态度进行了研究和撰写,但由于研究时间有限以及著者及研究团队能力的局限,书中仍然可能存在不尽如人意之处,甚至出现谬误。在此,著者恳请读者朋友们批评指正,以便将来有机会改进与完善。

最后,衷心希望每位从事或关注播音教育的同仁能够共同努力,为推动播音教育事业的进步和发展做出贡献。让我们携手共进,迎接中国播音教育更加辉煌灿烂的明天!

参考文献

一、著 作

［1］曹仲渊.无线电常识［M］.上海：民智书局，1926.

［2］本书编委会.中国广播电视年鉴.1987［M］.北京：中国广播电视出版社，1988.

［3］高国庆，侯博.民国时期美国广播播音译著研究——从《广播常识》到《广播手册》［M］.九州出版社，2021

［4］高国庆.中国播音学史研究［M］.九州出版社，2016.

［5］国际联盟秘书处.第十七次国联文化合作报告［M］.上海：中华书局，1936.

［6］王文利.中国广播电视学术研究史稿［M］.北京：新华出版社，2013.

［7］张颂.播音语言通论：危机与对策［M］.4版.北京：中国传媒大学出版社，2022.

［8］张颂.播音创作基础［M］.4版.北京：中国传媒大学出版社，2022.

［9］赵元任.国语训练大纲［M］∥赵元任.教育播音演讲集.上海：商务印书馆，1940.

［10］［法］白吉尔.上海史［M］.王菊，赵念国，译.上海：上海社会科学院出版社，2014.

［11］［美］罗伯特·L.西利亚德，迈克尔·C.基思.美国广播电视史［M］.秦珊，邱一江，译.北京：清华大学出版社，2012.

[12]北京广播学院新闻系选编.中国人民广播回忆录续集[M].北京:中国广播电视出版社,1986.

[13]陈醇.陈醇播音文集[M].北京:中国广播电视出版社,2007.

[14]郭镇之.中外广播电视史[M].上海:复旦大学出版社,2005.

[15]廖声武.节目主持人教程[M].北京:中国人民大学出版社,2012.

[16]刘淮.齐越和他的播音生涯[M].北京:中国国际广播电台出版社,1994.

[17]吕大渝.走近往事:一位共和国第一代女电视播音员的自述[M].北京:中国文联出版社,1999.

[18]马玉坤,高峰强.播音主持心理学教程[M].北京:北京大学出版社,2008.

[19]祁芃.播音主持心理学[M].北京:北京广播学院出版社,1999.

[20]邱沛篁,吴信训,向纯武,等.新闻传播百科全书[M].成都:四川人民出版社,1998.

[21]上海市档案馆,北京广播学院,上海市广播电视局.旧中国的上海广播事业[M].北京:档案出版社,1985.

[22]汪学起,是翰生.第四战线:国民党中央广播电台掇实[M].北京:中国文史出版社,1988.

[23]王文利.中国广播电视学术研究史稿[M].北京:新华出版社,2013.

[24]徐学铠.广播常识[M].南京:国民图书出版社,1946.

[25]徐卓呆.无线电播音[M].上海:商务印书馆,1937.

[26]许焕隆.中国现代新闻史简编[M].郑州:河南人民出版社,1988

[27]杨沙林.用生命播音的人:忆齐越[M].北京:中国广播电视出版社,1999.

[28]杨兆麟,赵玉明.人民大众的号角:延安(陕北)广播史话[M].北京:中国广播电视出版社,2000.

[29]姚喜双.播音风格初探[M].北京:中国文联出版社,1992.

[30]于根元.播音主持语言研究十篇[M].北京:中国经济出版社,2006.

[31]俞香顺.传媒语言社会[M].北京:新华出版社,2006.

［32］张颂.播音主持艺术论［M］.北京:中国传媒大学出版社,2009.

［33］张颂.中国播音学［M］.北京:北京广播学院,1996.

［34］张颂.全国播音经验交流会简况［M］//广播出版社.话筒前的工作.北京:广播出版社,1983.

［35］赵玉明.风范长存:左荧纪念文集［M］.北京:中国传媒大学出版社,2005.

［36］赵玉明.现代中国广播史料选编［M］.汕头:汕头大学出版社,2007.

［37］赵玉明.中国广播电视通史［M］.北京:北京广播学院出版社,2004.

［38］中国广播电视编辑委员会.中国广播电视年鉴.1986［M］.北京:中国广播电视出版社,1987.

［39］中国广播电视编辑委员会.中国广播电视年鉴.1987［M］.北京:中国广播电视出版社,1988.

［40］中国广播电视编辑委员会.中国广播电视年鉴.1988［M］.北京:北京广播学院出版社,1989.

［41］中国广播电视学会史学研究委员会,北京广播学院新闻传播学院新闻系.延安(陕北)新华广播电台回忆录新编［M］.北京:中国广播电视出版社,2000.

［42］周殿福.艺术语言发声基础［M］.北京:中国社会科学出版社,1980.

［43］祝捷.中国播音主持评价体系发展研究［M］.北京:中国广播电视出版社,2013.

［44］谭正璧.中国文学家大辞典［Z］.北京:中华书局,2006.

［45］赵玉明,王福顺.广播电视词典［Z］.北京:北京广播学院出版社,1999.

［46］周家珍.20世纪中华人物名字号辞典［Z］.北京:法律出版社,2000.

［47］中央人民广播电台台史组.中央人民广播电台台史资料汇编(1949—1984)［G］内部资料,1985.

［48］中央人民广播电台台史组.中央人民广播电台台史资料汇编(1940—2000)［G］.内部资料,2001.

［49］杨沙林.齐越生平和播音业务活动简编(征求意见稿)［Z］.内部资

料,2000.

二、论　文

[1]陈虹,杨启飞.基于场景匹配的口语传播:智媒时代之播音主持教育[J].现代传播(中国传媒大学学报),2020(06).

[2]陈西平.播音员一字评[J].播音天地,1949(02).

[3]高国庆,马玉坤.论开展中国播音学科史研究的意义:张颂播音学术成果回望[J].中国广播电视学刊,2023(04).

[4]高国庆,秦霄.原貌、定位与意义:中国境内第一座广播电台的出版史料研究[J].现代传播(中国传媒大学学报),2024(03).

[5]黄小英.民国时期播音教育的历史回顾[J].电化教育研究,2011(06).

[6]靳德龄.作一个永不退色的红色播音员[J].新闻战线,1960(13).

[7]孔朝蓬,肖博文.数字时代播音与主持专业教育的转型与变革[J].传媒,2023(04).

[8]李朝珍,丁肇一.基于校企合作的"即兴口语表达"课程建设与教学升级路径[J].视听,2023(04).

[9]李德富.对播音教学法的思考[J].浙江广播电视高等专科学校学报,1995(2).

[10]李芮.全媒体传播格局下播音员主持人的转型与升级[J].新闻爱好者,2019(06).

[11]李义.关于广播的口语化问题[J].新闻战线,1959(15).

[12]李真,李华伟.新时代国际传播播音主持人才培养策略[J].传媒,2021(03).

[13]林田,夏青.做一个红透专深的广播员[J].新闻战线,1958(08).

[14]龙奋杰.新建本科院校"学科—专业—平台—团队"一体化建设的探索与实践[J].国家教育行政学院学报,2018(03).

[15]卢晓中,胡洁.中国式现代化视域下教师教育高质量发展[J].江苏高教,2023(10).

[16]孟启予.规模巨大的苏联音乐广播工作[J].人民音乐,1951(05).

[17]秦敏,付焱.数智化转型背景下播音主持课程"双线混融"教学模式探究[J].传媒,2024(11).

[18]时燕子.移动互联网时代播音主持教育的转型升级研究[J].新闻爱好者,2018(11).

[19]司雯雯.高校播音与主持艺术专业课程思政教学改革探索[J].中国传媒教育,2022(02).

[20]宋存杰.新文科背景下《播音发声》的课程改革与教学创新[J].新闻前哨,2024(02).

[21]王灿,王文利.民国时期上海民营广播播音艺人特点浅析[J].现代传播(中国传媒大学学报),2016(08).

[22]王欢.互联网时代播音主持教育的创新[J].新闻爱好者,2017(10).

[23]王黎明,孙会婷.内蒙古"播音与主持艺术专业"(汉授)本科教育人才培养现状调查与思考[J].内蒙古师范大学学报(教育科学版),2014(11).

[24]王兮.广播电台编辑的呼声[J].新闻业务,1964(06).

[25]吴迎雪.播音主持艺术的传承与创新研究[J].大观:论坛,2022(2).

[26]吴郁.从市场竞争看播音系教学改革[J].现代传播(北京广播学院学报),1994(08).

[27]夏青.吴老和我们在一起[J].新闻战线,1959(12).

[28]徐庆.浅论播音与主持艺术的审美特征[J].当代电视,2018(10).

[29]杨浩琛.播音与主持专业学生文化素质培养之我见[J].今传媒,2019(09).

[30]杨小锋.张颂:一个播音学者的文化自觉[J].中国电视,2013(03).

[31]于红,胡兴波.新文科背景下工科院校播音与主持艺术专业课程案例开发研究[J].黑河学刊,2023(04).

[32]张君昌.简论中国广播电视90年学术发展轨迹:萌芽与起步阶段[J].北方传媒研究,2010(3).

[33]张颂.研究播音理论是一项紧迫的任务[J].北京广播学院学报,

1982(1).

[34]张颂.关于传受"模式"的思考:语言传播杂记(一) [J].现代传播(北京广播学院学报),1997(04).

[35]赵玉明."文革"前的《广播业务》究竟出了多少期? [J].中国广播电视学刊,2010(04).

[36]赵元任.全国转播中央广播电台节目对于促进国语统一的影响[J].广播周报,1936(91).

[37]郑艺.论创新民族院校播音主持艺术教育[J].新闻爱好者,2011(22).

[38]周景.无障碍理念下口述影像的播音实践与研究[J].吉林艺术学院学报,2019(05).

[39]周庆生.中国"主体多样"语言政策七十年[J].民族研究,2019(02).

[40]朱叶.从国民党中央广播电台谈国民党电化教育[J].兰州大学学报(社会科学版),2014(06).

[41]左荧.从"编播合一"谈到播音应当专业化[J].广播通报,1951(02).

三、报　告

于发友.新时代中国教师队伍建设改革发展报告(2012—2022) [R].中国教育科学研究院,2023.